Antony C. Sutton

Wall Street et Franklin D. Roosevelt

Antony C. Sutton
(1925-2002)

Économiste et essayiste américain d'origine britannique, chercheur à Stanford au sein de la fondation Hoover de 1968 à 1973. Il enseigna l'économie à l'UCLA. Il étudia à Londres, Göttingen et UCLA et fut titulaire d'un doctorat en sciences de l'Université de Southampton, en Angleterre.

Wall Street et Franklin D. Roosevelt

Wall Street and FDR (1976)

Traduit de l'américain par Le Retour aux Sources

Publié par Le Retour aux Sources

www.leretourauxsources.com

© Le Retour aux Sources – 2021

Tous droits réservés. Aucune partie de cette publication ne peut être reproduite par quelque moyen que ce soit sans la permission préalable de l'éditeur. Le code de la propriété intellectuelle interdit les copies ou reproductions destinées à une utilisation collective. Toute représentation ou reproduction intégrale ou partielle faite par quelque procédé que ce soit, sans le consentement de l'éditeur, de l'auteur ou de leurs ayants cause, est illicite et constitue une contrefaçon sanctionnée par les articles L-335-2 et suivants du Code de la propriété intellectuelle.

ANTONY C. SUTTON 11

WALL STREET ET FRANKLIN D. ROOSEVELT 13

CHAPITRE I 15

    Les Roosevelt et les Delano 15

        La famille Delano et Wall Street 22

        La famille Roosevelt et Wall Street 25

CHAPITRE II 31

    La politique dans le secteur des obligations 31

        Les politiciens sont les signataires des obligations d'état 32

        Influence politique et attribution de contrats 35

        La récompense pour Fidelity & Deposit Company 40

CHAPITRE III 42

    FDR le spéculateur international 42

        L'hyperinflation allemande de 1922-23 43

        L'histoire de William Schall 46

        United European Investors LTD 47

        Enquête sur United European Investors, ltd. 51

        Le Chancelier Wilhelm Cuno et la HAPAG 54

        L'International Germanic Trust Company 55

CHAPITRE IV 59

    FDR le promoteur d'entreprise 59

        American Investigation Corporation 59

        Politique, brevets et droits d'atterrissage 65

        FDR dans le secteur des distributeurs automatiques 72

        La Fondation Georgia Warm Springs 73

CHAPITRE V 77

    La genèse du socialisme d'entreprise 77

        Les origines du socialisme d'entreprise 78

FAIRE EN SORTE QUE LA SOCIÉTÉ FONCTIONNE AU BÉNÉFICE EXCLUSIF DE QUELQUES-UNS 80

LES SOCIALISTES D'ENTREPRISE PLAIDENT LEUR CAUSE 82

CHAPITRE VI 93

PRÉLUDE AU NEW DEAL 93

L'ARN DE CLINTON ROOSEVELT - 1841 94

LA DICTATURE DE BERNARD BARUCH EN TEMPS DE GUERRE 97

PAUL WARBURG ET LA CRÉATION DU SYSTÈME DE LA RÉSERVE FÉDÉRALE 102

THE INTERNATIONAL ACCEPTANCE BANK, INC. 106

CHAPITRE VII 110

ROOSEVELT, HOOVER, ET LES CONSEILS DE COMMERCE 110

UN NEW DEAL MÉDIÉVAL 110

LE CONSEIL AMÉRICAIN DE LA CONSTRUCTION 112

CHAPITRE VIII 118

WALL STREET ACHÈTE LE NEW DEAL 118

L'INFLUENCE DE BERNARD BARUCH SUR FDR 119

WALL STREET FINANCE LA CAMPAGNE PRÉSIDENTIELLE DE 1928 122

LES FONDS ÉLECTORAUX D'HERBERT HOOVER 126

WALL STREET SOUTIENT FDR POUR SA CANDIDATURE DE GOUVERNEUR DE NEW YORK 129

WALL STREET FAIT ÉLIRE FDR EN 1932 131

CHAPITRE IX 134

FDR ET LES SOCIALISTES D'ENTREPRISE 134

LE PLAN SWOPE 134

LA FAMILLE SWOPE 135

LES PLANIFICATEURS SOCIALISTES DES ANNÉES 1930 138

LES SOCIALISTES SALUENT LE PLAN SWOPE 143

LES TROIS MOUSQUETAIRES DE LA NRA 144

L'OPPRESSION DES PETITES ENTREPRISES 146

CHAPITRE X **155**

FDR, LE CHEVALIER BLANC 155

GRAYSON M-P. MURPHY COMPANY, AU 52 BROADWAY 156

ACKSON MARTINDELL, 14 WALL STREET 162

LE TÉMOIGNAGE DE GERALD C. MACGUIRE 163

SUPPRESSION DE L'IMPLICATION DE WALL STREET 167

UNE ÉVALUATION DE L'AFFAIRE BUTLER 174

CHAPITRE XI **176**

LES SOCIALISTES D'ENTREPRISE AU 120 BROADWAY, NEW YORK CITY 176

LA RÉVOLUTION BOLCHÉVIQUE ET LE 120 BROADWAY 177

LA BANQUE DE RÉSERVE FÉDÉRALE DE NEW YORK ET LE 120 BROADWAY ... 177

L'AMERICAN INTERNATIONAL CORPORATION ET 120 BROADWAY 180

L'AFFAIRE BUTLER ET LE 120 BROADWAY 181

FRANKLIN D. ROOSEVELT ET 120 BROADWAY 183

CONCLUSIONS CONCERNANT LE 120 BROADWAY 185

CHAPITRE XII **187**

FDR ET LES SOCIALISTES D'ENTREPRISE 187

ANNEXE A **196**

LE PLAN SWOPE 196

ANNEXE B **203**

SPONSORS DES PLANS PRÉSENTÉS POUR LA PLANIFICATION ÉCONOMIQUE AUX ÉTATS-UNIS EN AVRIL 1932. 203

BIBLIOGRAPHIE SÉLECTIVE **205**

DÉJÀ PARUS **209**

ANTONY C. SUTTON

"Si quelqu'un l'emporte sur lui, deux lui résisteront, et un cordon triple ne se rompra pas rapidement" (Ecclésiaste 4:12).

Professeur Sutton (1925-2002).

Bien qu'il ait été un auteur prolifique, le professeur Sutton restera à jamais gravé dans les mémoires pour sa grande trilogie : *Wall St. et la révolution bolchévique, Wall St. et l'ascension d'Hitler, Wall St. et FDR.*

Le professeur Sutton a quitté l'Angleterre pluvieuse et nuageuse pour la Californie ensoleillée en 1957. Il était une voix qui pleurait dans le désert académique alors que la plupart des universités américaines avaient vendu leur âme pour l'argent de la Fondation Rockefeller.

Bien sûr, il est venu dans ce pays en croyant que c'était la terre des libertés et la patrie des braves.

ANTONY C. SUTTON est née à Londres en 1925 et a fait ses études dans les universités de Londres, de Gottingen et de Californie. Citoyen américain depuis 1962, il a été chercheur à la Hoover Institution for War, Revolution and Peace à Stanford, Californie, de 1968 à 1973, où il a réalisé la monumentale étude en trois volumes, *Western Technology and Soviet Economic Development.*

En 1974, le professeur Sutton a publié *National Suicide: Military Aid to the Soviet Union*, une étude à succès sur l'assistance technologique et financière occidentale, principalement américaine, fournie à l'URSS. *Wall Street et l'ascension d'Hitler* est son quatrième livre exposant le rôle des initiés des entreprises américaines dans le financement du socialisme international. Les deux autres livres de cette série sont *Wall Street et la révolution bolchévique* et *Wall Street et FDR*.

Le professeur Sutton a contribué à des articles dans *Human Events, The Review of the News, Triumph, Ordnance, National Review*, et de nombreuses autres revues.

WALL STREET ET
FRANKLIN D. ROOSEVELT

ANTONY SUTTON

CHAPITRE I

LES ROOSEVELT ET LES DELANO

> *La vérité est, comme vous et moi le savons, qu'un pouvoir financier issu des grands centres urbains contrôle le gouvernement depuis l'époque d'Andrew Jackson - et l'administration de W.W.[1] ne fait pas exception. Le pays connaît une répétition de la lutte de Jackson avec la Banque des États-Unis – seulement cette fois sur une base beaucoup plus importante.*
>
> Le président Franklin Delano Roosevelt au colonel Edward Mandell House, 21 novembre 1933, *F.D.R.: His Personal Letters* (New York : Duell, Sloan and Pearce 1950), p. 373.

Ce livre[2] dépeint Franklin Delano Roosevelt comme un financier de Wall Street qui, durant son premier mandat de président des États-Unis, a reflété les objectifs des pouvoirs financiers concentrés dans l'establishment commercial de New York. Étant donné la longue association historique - depuis la fin du XVIIIe siècle - des familles Roosevelt et Delano avec la finance new-yorkaise et la propre carrière de FDR de 1921 à 1928 en tant que banquier et spéculateur au 120 Broadway et au 55 Liberty Street, un tel thème ne devrait pas surprendre le lecteur. D'autre part, les biographes de FDR, Schlesinger, Davis, Freidel, et les commentateurs de Roosevelt, par ailleurs précis, semblent éviter de pénétrer très loin dans les liens enregistrés et documentés entre les banquiers de New York et FDR. Nous avons l'intention d'exposer les faits tels qu'ils sont enregistrés dans les dossiers des lettres de FDR. Ces faits ne sont nouveaux que dans le sens

---

[1] W.W. est Woodrow Wilson.

[2] Un volume précédent, Antony C. Sutton, *Wall Street et la révolution bolchévique* a exploré les liens entre les financiers de Wall Street et la révolution bolchévique. En grande partie, compte tenu des décès et des nouveaux visages, ce livre se concentre sur le même segment de l'establishment financier new-yorkais.

où ils n'ont pas été publiés auparavant ; ils sont facilement accessibles à la recherche dans les archives et l'examen de ces informations suggère une réévaluation du rôle de FDR dans l'histoire du 20ème siècle.

Il est peut-être toujours bon sur le plan politique de se présenter devant l'électorat américain comme un critique, sinon un ennemi déclaré, de la coterie bancaire internationale. Sans aucun doute, Franklin D. Roosevelt, ses partisans et ses biographes dépeignent FDR comme un chevalier blanc brandissant l'épée de la juste vengeance contre les barons voleurs dans les gratte-ciel du centre-ville de Manhattan. Par exemple, la campagne présidentielle Roosevelt de 1932 a systématiquement attaqué le président Herbert Hoover pour sa prétendue association avec des banquiers internationaux et pour avoir cédé aux exigences des grandes entreprises. En témoigne l'échec de FDR au plus profond de la Grande Dépression, lors du soutien public de Hoover aux affaires et à l'individualisme, prononcé dans le discours de campagne à Columbus, Ohio, le 20 août 1932 :

> En évaluant la situation à l'aube d'une matinée froide, que constatons-nous ? Nous constatons que les deux tiers de l'industrie américaine sont concentrés dans quelques centaines de sociétés et qu'elles sont en fait gérées par cinq personnes au maximum.
>
> Plus de la moitié de l'épargne du pays est investie dans des actions et des obligations d'entreprises, et fait le bonheur de la bourse américaine.
>
> On trouve moins de trois douzaines de banques privées et de filiales de banques commerciales qui dirigent les flux de capitaux américains.
>
> En d'autres termes, nous trouvons un pouvoir économique concentré entre quelques mains, l'exact opposé de l'individualisme dont parle le président.[3]

Cette déclaration fait apparaître Franklin Delano Roosevelt comme un autre Andrew Jackson, contestant le monopole des banquiers et leur mainmise sur l'industrie américaine. Mais FDR était-il aussi un outil des banquiers de Wall Street, comme on peut le déduire de sa lettre au colonel Edward House, citée dans l'introduction de ce chapitre ?

Il est clair que si, comme Roosevelt l'a écrit à House, "un pouvoir financier dans les grandes villes a contrôlé le gouvernement depuis l'époque d'Andrew Jackson", alors ni Hoover ni Roosevelt n'ont fait preuve d'honnêteté intellectuelle dans leur présentation des problèmes au public américain. Les questions de fond portaient vraisemblablement sur

---

[3] *The Public Papers and Addresses of Franklin D. Roosevelt*, Volume 1 (New York : Random House, 1938), p. 679.

l'identité de ce "pouvoir financier" et sur la manière dont il maintenait son "contrôle" du gouvernement américain.

Pour mettre temporairement de côté cette question intrigante, l'image historique omniprésente de FDR est celle d'un président se battant au nom de l'homme de la rue, au milieu du chômage et de la dépression financière provoquée par les spéculateurs des grandes entreprises alliés à Wall Street. Nous constaterons, au contraire, que cette image déforme la vérité dans la mesure où elle dépeint FDR comme un ennemi de Wall Street ; cela est simplement dû au fait que la plupart des historiens qui enquêtent sur les méfaits de Wall Street ont été réticents à appliquer à Franklin D. Roosevelt les mêmes normes de probité qu'aux autres dirigeants politiques. Ce qui est un péché pour Herbert Hoover ou même pour le candidat démocrate à la présidence de 1928, Al Smith, est présumé être une vertu dans le cas de FDR. Prenez Ferdinand Lundberg dans *The Rich and the Super-Rich*[4]. Lundberg se penche également sur les Présidents et Wall Street et fait l'affirmation suivante :

> En 1928, Al Smith a reçu le soutien principal, financier et émotionnel, de son confrère catholique John J. Raskob, Premier ministre des Du Ponts. Si Smith avait gagné, il aurait été bien moins catholique qu'un président des Du Ponts.[5]

Or les Du Ponts ont effectivement contribué de manière importante à la campagne présidentielle démocratique d'Al Smith en 1928. Ces contributions sont examinées en détail dans ce volume au chapitre 8, "Wall Street achète le New Deal", et cette affirmation ne peut être contestée. Lundberg se penche ensuite sur l'adversaire de Smith, Herbert Hoover, et écrit :

> Hoover, le républicain, était une marionnette de J. P. Morgan ; Smith, son opposant démocratique, était dans la poche des Du Ponts, dont J. P. Morgan & Company était le banquier.

Lundberg omet les détails financiers, mais les Du Ponts et Rockefeller sont certainement cités dans les enquêtes du Congrès comme les plus grands contributeurs à la campagne Hoover de 1928. Mais Wall Street a retiré son soutien à Herbert Hoover en 1932 et est passé à FDR. Lundberg omet de mentionner ce retrait critique et crucial. Pourquoi Wall Street est-elle passée à FDR ? Parce que, comme nous le verrons plus tard, Herbert Hoover n'adoptera pas le plan Swope créé par Gerard Swope, président de longue date de General Electric. En revanche, FDR a accepté le plan devenu la loi nationale de relance industrielle de FDR. Ainsi, alors

---

[4] New York : Lyle Stuart, 1968.

[5] Ibid, p. 172.

que Hoover était redevable à Wall Street, FDR l'était beaucoup plus. Arthur M. Schlesinger Jr. dans *The Crisis of the Old Orde*: *1919-1933* est plus proche du sujet que n'importe quel historien de l'establishment, mais comme d'autres Rooseveltophiles, il ne parvient pas à porter les faits à leurs conclusions ultimes et logiques. Schlesinger note qu'après l'élection de 1928, le Parti démocrate avait une dette de 1,6 million de dollars et que "deux des principaux créanciers, John J. Raskob et Bernard Baruch, étaient des millionnaires démocrates philanthropes, prêts à aider le parti à se maintenir jusqu'en 1932".[6] John J. Raskob a été vice-président de Du Pont et également de General Motors, la plus grande entreprise des États-Unis. Bernard Baruch était, de son propre aveu, au cœur même de la spéculation de Wall Street. Schlesinger ajoute qu'en échange de la bienveillance de Wall Street, "ils s'attendaient naturellement à avoir une influence sur l'organisation et la politique du parti".[7] Malheureusement, Arthur Schlesinger, qui (contrairement à la plupart des biographes de Roosevelt) a le doigt sur le cœur même du problème, laisse tomber la question pour poursuivre avec une discussion sur les superficialités de la politique - les conventions, les hommes politiques, les concessions mutuelles et les affrontements occasionnels qui masquent les réalités sous-jacentes. Il est évident que la main sur le porte-monnaie décrète en fin de compte quelles politiques sont mises en œuvre, quand et par qui.

On peut trouver une attitude protectrice similaire pour FDR dans la biographie en quatre volumes de Frank Freidel, *Franklin D. Roosevelt*[8]. En évoquant l'échec retentissant de la Banque des États-Unis juste avant Noël 1930, Freidel passe sous silence la négligence de FDR alors qu'il était gouverneur de l'État de New York. La Banque des États-Unis comptait 450 000 déposants, dont 400 000 comptes avaient moins de 400 dollars. En d'autres termes, la Banque des États-Unis était la banque d'un petit homme. Un rapport du sénateur Robert Moses sur l'état d'un précédent échec bancaire - City Trust- a été ignoré par le gouverneur F. D. Roosevelt, qui a nommé une autre commission qui a produit des recommandations plus modérées pour la réforme bancaire. Freidel pose la question :

---

[6] Boston : Riverside Press, 1957, p. 273.

[7] Ibid.

[8] Cette série est : Frank Freidel, Franklin D. Roosevelt : *The Apprenticeship* (1952), Freidel, Franklin D. Roosevelt : *The Ordeal* (1954), Franklin D. Roosevelt : *The Triumph* (1956), Freidel, Franklin D. Roosevelt, *Launching The New Deal* (1973). Les quatre volumes ont été publiés à Boston par Little, Brown.

Pourquoi n'a-t-il pas réussi à faire adopter une loi de réforme qui aurait empêché la débâcle de la Banque des États-Unis ? Ce sont des questions pointues que les critiques de Roosevelt ont posées à l'époque et plus tard.[9]

Freidel conclut que la réponse réside dans la "confiance personnelle de FDR dans la communauté bancaire". Pourquoi FDR avait-il cette confiance totale ? Parce que, écrit Freidel :

> Herbert Lehman était l'un des banquiers de Wall Street les plus solides et les plus libéraux sur le plan politique ; en matière bancaire, Roosevelt semble avoir suivi l'exemple de Lehman, qui était de coopérer autant que possible avec les titans de la banque.[10]

Cela revient à dire que si votre banquier est un libéral et qu'il perd votre argent, c'est normal, car après tout, il est un libéral et un partisan de FDR. Mais d'un autre côté, si votre banquier perd votre argent et qu'il n'est ni un libéral ni un partisan de FDR, alors c'est un escroc et il doit payer le prix de ses péchés.

La biographie en quatre volumes de Freidel ne comporte qu'un seul chapitre sur FDR en tant qu'"homme d'affaires", ce qui est le plus grand espace accordé par un grand biographe de FDR. Même Freidel réduit des entreprises importantes à un simple paragraphe. Par exemple, alors que l'entreprise American Investigation Corporation n'est pas nommée, une entreprise associée, General Air Service, est mentionnée, mais rejetée avec un paragraphe :

> En 1923, avec Owen D. Young, Benedict Crowell (qui avait été secrétaire adjoint à la guerre sous Wilson) et d'autres notables, il organisa le General Air Service pour faire fonctionner des dirigeables remplis d'hélium entre New York et Chicago.[11]

Nous verrons que le General Air Service (et surtout l'American Investigation Corporation non mentionnée) a été bien plus que ce que ce paragraphe indique. En particulier, l'examen de l'expression "et autres notables" de Freidel suggère que FDR avait des relations et travaillait en coopération avec certains membres importants de Wall Street.

Pourquoi Schlesinger, Freidel et d'autres biographes de FDR moins connus évitent-ils la question et se montrent-ils réticents à poursuivre les pistes ? Tout simplement parce que, si l'on examine les faits, Roosevelt était une création de Wall Street, une partie intégrante de la fraternité

---

[9] Freidel, *The Triumph*, op. cit. p. 187.

[10] Ibid, p. 188.

[11] Freidel, *The Ordeal*, op. cit. p. 149.

bancaire new-yorkaise, et avait à cœur les intérêts pécuniaires de l'établissement financier.

Lorsque l'information est présentée en détail, il est absurde de penser que Wall Street hésiterait une seconde à accepter Roosevelt comme candidat bienvenu à la présidence : il était l'un des leurs, alors que l'homme d'affaires Herbert Hoover avait travaillé à l'étranger pendant 20 ans avant d'être rappelé par Woodrow Wilson pour prendre en charge l'administration alimentaire pendant la Première Guerre mondiale.

Pour être précis, Franklin D. Roosevelt a été, à un moment ou à un autre dans les années 1920, vice-président de la Fidelity & Deposit Company (120 Broadway) ; président d'une association professionnelle de l'industrie, l'American Construction Council (28 West 44th Street) ; associé de Roosevelt & O'Connor (120 Broadway) ; associé de Marvin, Hooker & Roosevelt (52 Wall Street) ; président de United European Investors, Ltd. (7 Pine Street) ; un administrateur de International Germanic Trust, Inc. (dans le Standard Oil Building au 26 Broadway) ; un administrateur de Consolidated Automatic Merchandising Corporation, une organisation de papier ; un administrateur de la Georgia Warm Springs Foundation (120 Broadway) ; un administrateur de l'American Investigation Corporation (37-39 Pine Street) ; un administrateur de Sanitary Postage Service Corporation (285 Madison Avenue) ; le président de la General Trust Company (15 Broad Street) ; un administrateur de Photomaton (551 Fifth Avenue) ; un administrateur de Mantacal Oil Corporation (Rock Springs, Wyoming) ; et un constituant du Federal International Investment Trust.

C'est une liste assez juste de postes de direction. Elle vaut certainement à FDR le titre de Wall Streeter[12] *par excellence*. La plupart de ceux qui travaillent dans "la rue" n'atteignent jamais, et ne rêvent probablement même pas d'atteindre, un record de 11 mandats d'administrateur de sociétés, deux partenariats juridiques et la présidence d'une importante association professionnelle.

En sondant ces postes de direction et les activités qui y sont associées, nous constatons que Roosevelt était un banquier et un spéculateur, les deux occupations qu'il a dénoncées avec insistance lors de l'élection présidentielle de 1932. En outre, si les activités bancaires et spéculatives ont des rôles légitimes dans une société libre - elles sont en effet essentielles pour un système monétaire sain -, elles peuvent toutes deux faire l'objet d'abus. La correspondance de FDR dans les dossiers déposés à la bibliothèque de FDR à Hyde Park apporte la preuve - et on lit avec

---

[12] Néologisme conservé, car intraduisible, NdT.

le cœur lourd - que FDR était associé aux éléments les moins recommandables de la banque et de la spéculation de Wall Street, et on ne peut arriver à aucune autre conclusion que celle indiquant que FDR a utilisé l'arène politique, et non le marché impartial, pour faire ses profits.[13]

Il n'est donc pas surprenant que les groupes de Wall Street qui ont soutenu Al Smith et Herbert Hoover, tous deux fortement liés à la communauté financière, aient également soutenu Franklin D. Roosevelt. En fait, à la croisée des chemins politiques en 1932, lorsque le choix se posait entre Herbert Hoover et FDR, Wall Street a choisi Roosevelt et a laissé tomber Hoover.

Compte tenu de ces informations, comment expliquer la carrière de FDR à Wall Street ? Et les services qu'il a rendus à Wall Street en créant, en partenariat avec Herbert Hoover, les associations professionnelles des années 20 si ardemment recherchées par la fraternité bancaire ? Ou l'amitié de FDR avec les principaux opérateurs de Wall Street, John Raskob et Barney Baruch ? Pour mettre tout cela en perspective, il faut remonter dans l'histoire et examiner le passé des familles Roosevelt et

---

[13] Cela soulève une question légitime concernant la portée de ce livre et la pertinence des preuves. L'auteur s'intéresse uniquement à l'établissement de la relation entre Wall Street et FDR et aux conclusions à tirer de cette relation. Par conséquent, les épisodes qui se sont produits en 1921, alors que FDR était à Wall Street, mais qui n'étaient pas directement liés à ses activités financières, sont omis. Par exemple, en 1921, la commission sénatoriale des affaires navales a publié un rapport contenant 27 conclusions, presque toutes critiques à l'égard de FDR, et posant de graves questions morales. La première conclusion du rapport du Sénat est la suivante "Que des actes immoraux et obscènes ont été pratiqués sur instructions ou suggestions, par un certain nombre de soldats de la marine américaine, en uniforme ou non, dans le but de recueillir des preuves contre des pervers sexuels, et que l'autorisation d'utiliser ces hommes comme opérateurs ou détectives a été donnée oralement et par écrit au lieutenant Hudson par le secrétaire adjoint Franklin D. Roosevelt, avec la connaissance et le consentement de Josephus Daniels, secrétaire de la marine. Les 26 conclusions connexes et le rapport minoritaire sont contenus dans le Sénat américain, Commission des affaires navales, 67ᵉ Congrès, 1ᵉʳᵉ session, Conditions immorales présumées à la station d'entraînement naval de Newport (R.I.) (Washington : Government Printing Office, 1921). Cependant, si la conduite de FDR dans la marine américaine a pu être inexcusable et peut ou non refléter sa fibre morale, cette conduite n'est pas pertinente pour ce livre, et ces incidents sont omis. Il convient également de noter que, lorsque la correspondance de FDR est d'une importance capitale pour l'argumentation de ce livre, il est d'usage de citer des passages textuellement, sans paraphrase, pour permettre au lecteur de faire ses propres interprétations.

Delano, qui sont associées au secteur bancaire new-yorkais depuis le XVIIIe siècle.

LA FAMILLE DELANO ET WALL STREET

La famille Delano est fière de faire remonter ses ancêtres aux Actii, une famille romaine de 600 avant J.-C. Elle est également fière de Franklin Delano Roosevelt. En effet, les Delano affirment que l'influence des Delano a été le facteur prédominant dans l'œuvre de la vie de FDR et explique ses extraordinaires réalisations. Quoi qu'il en soit, il ne fait aucun doute que le côté Delano de la famille lie FDR à de nombreux autres dirigeants et autres hommes politiques. Selon l'histoire de la famille Delano,[14] "Franklin partageait une ascendance commune avec un tiers de ses prédécesseurs à la Maison-Blanche". Les présidents liés au FDR du côté des Delano sont John Adams, James Madison, John Quincy Adams, William Henry Harrison, Zachary Taylor, Andrew Johnson, Ulysses S. Grant, Benjamin Harrison et William Howard Taft. Du côté de la famille Roosevelt, FDR est apparenté à Theodore Roosevelt et Martin Van Buren, qui ont épousé Mary Aspinwall Roosevelt. L'épouse de George Washington, Martha Dandridge, faisait partie des ancêtres de FDR, et Daniel Delano prétend que Winston Churchill et Franklin D. Roosevelt étaient "des cousins au huitième degré".[15] Cela fait presque des États-Unis une nation dirigée par une famille royale, une mini-monarchie.

Le lecteur doit porter son propre jugement sur les affirmations généalogiques de Delano ; cet auteur n'a pas la capacité d'analyser les relations familiales confuses et complexes qui sont en jeu. Plus précisément et sans aucun doute, les Delano étaient actifs à Wall Street dans les années 1920 et 1930 et bien avant. Les Delano ont joué un rôle de premier plan dans le développement des chemins de fer aux États-Unis et à l'étranger. Lyman Delano (1883-1944) était un important dirigeant de chemin de fer et le grand-père maternel de Franklin D. Roosevelt. Comme FDR, Lyman a commencé sa carrière dans le secteur des assurances, avec la Northwestern Life Insurance de Chicago, puis deux ans chez Stone & Webster.[16] Pendant la plus grande partie de sa vie professionnelle, Lyman Delano a siégé au conseil d'administration de

---

[14] Daniel W. Delano, Jr, *Franklin Roosevelt and the Delano Influence* (Pittsburgh, Pa. : Publications Nudi, 1946), p. 53.

[15] Ibid, p. 54.

[16] Voir Sutton, *Wall Street et la révolution bolchévique*, op. cit.

l'Atlantic Coast Line Railroad, en tant que président en 1920 et en tant que président du conseil d'administration de 1931 à 1940. Lyman Delano a également été directeur (avec W. Averell Harriman) de l'Aviation Corporation, de la Pan American Airways, de la P & O Steamship Lines et d'une demi-douzaine de compagnies de chemin de fer.

Un autre Delano de Wall Street était Moreau Delano, associé de Brown Brothers & Co. (après 1933, il a absorbé Harriman & Co. pour devenir Brown Brothers, Harriman) et directeur de Cuban Cane Products Co. et de l'American Bank Note Company.

Le Delano le plus célèbre de Wall Street était "l'oncle préféré" de FDR (selon Elliott Roosevelt), Frederic Adrian Delano (1863-1953), qui a commencé sa carrière avec la Chicago, Burlington and Quincy Railroad et a ensuite assumé la présidence de la Wheeling & Lake Erie Railroad, de la Wabash Railroad et, en 1913, de la Chicago, Indianapolis and Louisville Railway. "Oncle Fred" fut consulté en 1921 à un moment critique de l'attaque de paralysie de FDR, trouva rapidement le Dr Samuel A. Levine pour un diagnostic urgent, et organisa le train privé spécial pour transporter FDR du Maine à New York alors qu'il entamait la longue et difficile route vers la guérison.[17]

En 1914, Woodrow Wilson a nommé oncle Fred membre du conseil de la Réserve Fédérale. Les liens intimes de Delano avec la fraternité bancaire internationale sont illustrés par une lettre confidentielle du banquier central Benjamin Strong à Fred Delano demandant des données confidentielles de la FRB :[18]

(Personnel)

11 décembre 1916

Mon cher Fred : Serait-il possible que tu me transmettes, à titre strictement confidentiel, les chiffres obtenus par le Contrôleur financier concernant les avoirs des banques nationales en titres étrangers ? Je serais très influencé dans mon opinion sur la situation actuelle si je pouvais obtenir ces chiffres, qui seraient traités avec la confiance que vous suggérez.

---

[17] Elliott Roosevelt et James Brough, *An untold Story: Les Roosevelt de Hyde Park* (New York : Putnam's, 1973), p. 142, 147-8.

[18] Sénat des États-Unis, Audiences devant la Commission spéciale chargée d'enquêter sur l'industrie des munitions, 74e Congrès, deuxième session, partie 25, *World War Financing and United States Industrial Expansion 1914-1915, J. P. Morgan & Company* (Washington : Government Printing Office, 1937), p. 10174, pièce n° 3896.

Si jamais le moment arrive où vous pouvez vous éclipser pendant une semaine environ pour vous reposer un peu, pourquoi ne pas aller à Denver et me rendre visite ? Il y a mille choses dont j'aimerais discuter avec vous.

Fidèlement à vous,

Benjamin Strong

L'honorable F. A. Delano

Conseil de la Réserve Fédérale, Washington, D.C.

Après la Première Guerre mondiale, Frédéric Delano s'est consacré à ce qu'on appelle par euphémisme le service public, tout en poursuivant ses activités commerciales. En 1925, Delano est président du Comité international de la Société des Nations sur la production d'opium ; en 1927, il est président de la Commission sur l'aménagement du territoire à New York ; il devient alors actif dans le parrainage de la Commission des parcs nationaux. En 1934, FDR nomme l'oncle Fred Delano président de la Commission de planification des ressources nationales. Le comité industriel du Conseil de planification des ressources nationales, que Frederic Delano a probablement contribué à choisir, était une heureuse petite coterie de planificateurs socialistes, dont Laughlin Currie, Leon Henderson, Isador Lublin (éminent dans le transfert de technologie industrielle vers l'URSS avant la guerre de Corée), et Mordecai Ezekiel.

Le conseiller du Conseil était Beardsley Ruml.

Puis, de 1931 à 1936, alors qu'il participe à des projets de planification socialistes, Delano est également président du conseil d'administration de la Banque de la Réserve Fédérale de Richmond, en Virginie. En bref, Frédéric Delano était à la fois capitaliste et planificateur.

Delano a laissé quelques écrits dont nous pouvons tirer quelques concepts de ses idées politiques. Nous y trouvons un soutien à la thèse selon laquelle les plus grands partisans de la réglementation gouvernementale sont les hommes d'affaires qui doivent être réglementés, bien que Delano prévienne que la nationalisation des chemins de fer par le gouvernement peut aller trop loin :

> La propriété publique des chemins de fer est un vœu pieux qui, bien que souvent évoqué, n'est pas exigé par le public. Si la propriété publique des chemins de fer survit, c'est parce que les propriétaires des chemins de fer la préfèrent à la réglementation gouvernementale, et ce sera un jour triste pour la république lorsque la réglementation sera portée à un tel

point que les propriétaires des chemins de fer ne seront plus disposés à accepter les responsabilités de la direction.[19]

Cependant, dans un autre livre, écrit environ 20 ans plus tard, Delano est beaucoup plus réceptif à la planification gouvernementale :

> Un grand problème rencontré par la planification est celui de l'éducation des gens. Si le public réalisait seulement que des efforts ciblés peuvent apporter des gains sociaux et que le temps nécessaire pour accomplir la plupart des choses par la planification vient avant que la nécessité d'apporter des changements ne se manifeste, les autres problèmes de la planification pourraient être plus facilement résolus.[20]

Plus loin :

> La brève classification ci-dessus du problème posé par la planification sert de base pour indiquer la nécessité d'un contrôle social direct et indirect.

Très peu de gens connaissent vraiment la meilleure utilisation des terres pour leur propre avantage, sans parler de la planification de leur utilisation pour le bien commun. Les institutions ont beaucoup fait pour apprendre aux agriculteurs à planifier les exploitations individuelles, et pourtant, beaucoup d'exploitations dans ce pays sont mal organisées.[21]

En bref, le côté Delano de la famille a entrepris des entreprises capitalistes et a des intérêts à Wall Street qui remontent au XIXᵉ siècle. Dans les années 1930, cependant, Frédéric Delano avait abandonné l'initiative capitaliste pour la planification socialiste.

LA FAMILLE ROOSEVELT ET WALL STREET

Franklin Delano Roosevelt descendait également du côté des Roosevelt de l'une des plus anciennes familles de banquiers des États-Unis. L'arrière-grand-père de FDR, James Roosevelt, a fondé la Bank of New York en 1784 et en a été le président de 1786 à 1791. La banque d'investissement Roosevelt & Son of New York City a été fondée en 1797. Dans les années 1930, George E. Roosevelt, le cousin de FDR, a été le cinquième membre de la famille en succession directe à la tête de

---

[19] Frederic A. Delano, Nos chemins de fer sont-ils équitablement traités ? Discours devant le Comité économique du Club de New York, 29 avril 1913, p. 11.

[20] Frederic A. Delano, Et l'an 2000 ? Comité mixte des bases de son Land Policy, s.d., pp. 138-9.

[21] Ibid, p. 141.

l'entreprise. Les racines bancaires new-yorkaises de la famille Roosevelt s'étendent donc sans interruption jusqu'à la fin du XVIIIe siècle. Dans le domaine industriel, James Roosevelt a construit la première raffinerie de sucre américaine à New York dans les années 1740, et Roosevelt avait encore des liens avec le raffinage du sucre cubain dans les années 1930. Le père de FDR, également appelé James Roosevelt, est né à Hyde Park, New York, en 1828 dans cette vieille et distinguée famille. Ce James Roosevelt a obtenu son diplôme de la faculté de droit de Harvard en 1851, est devenu directeur de la Consolidated Coal Company du Maryland et, comme les Delano dans les années qui ont suivi, a été associé au développement des transports, d'abord en tant que directeur général de la Cumberland & Pennsylvania Railroad, puis en tant que président de la Louisville, New Albany & Chicago Railroad, de la Susquehanna Railroad Co, Champlain Transportation Co, Lake George Steamboat Co et New York & Canada Railroad Co. James Roosevelt a également été vice-président et directeur de la Delaware & Hudson Canal Co. et président de la Maritime Canal Company of Nicaragua, mais surtout organisateur de la Southern Railway Security Company, créée en 1871 et l'un des premiers holdings de sécurité à avoir été constitué pour acheter et consolider des chemins de fer. La Southern Railway Security Company était un projet de consolidation ou de cartellisation similaire dans son principe monopolistique aux associations commerciales formées par Franklin D. Roosevelt dans les années 1920 et à la National Recovery Act, autre projet de cartellisation, du New Deal. La deuxième femme de James Roosevelt était Sara, fille de Warren Delano, et leur fils était Franklin Delano Roosevelt, futur président des États-Unis.

Franklin a fait ses études à Groton et à Harvard, puis il est allé à la faculté de droit de Columbia. Selon son fils Elliott,[22] FDR "n'a jamais obtenu de diplôme, mais il a pu passer son examen du barreau de l'État de New York".[23] Le premier emploi de FDR a été dans l'ancien cabinet d'avocats Carter, Ledyard and Milburn, situé dans le centre-ville, dont le principal client était J. Pierpont Morgan. En trois ans, FDR a gravi les échelons, passant de postes de recherche juridique mineurs à la cour municipale et aux divisions de l'amirauté du cabinet. Notons au passage que, lorsque FDR s'est rendu pour la première fois à Washington D.C. en 1916 pour devenir secrétaire adjoint de la marine, c'est Thomas W.

---

[22] Elliott Roosevelt, *An Untold Story*, op. cit. p. 43.

[23] Ibid, p. 67.

Lamont - banquier international et le plus influent des associés de Morgan - qui a loué la maison de FDR à New York.[24]

Il y avait d'autres Roosevelt à Wall Street. George Emlen Roosevelt (1887-1963) était un cousin de Franklin et de Theodore Roosevelt. En 1908, George Emlen est devenu membre de la société bancaire familiale Roosevelt & Son. En janvier 1934, après l'adoption de la loi bancaire de 1933 de FDR, la société a été scindée en trois unités individuelles : Roosevelt & Son, avec laquelle George Roosevelt est resté associé principal, Dick & Merle-Smith, et Roosevelt & Weigold. George Emlen Roosevelt était un financier de premier plan dans le secteur ferroviaire, impliqué dans pas moins de 14 réorganisations de chemins de fer, ainsi que dans des postes d'administrateur dans plusieurs sociétés importantes, dont la Guaranty Trust Company contrôlée par Morgan,[25] la Chemical Bank et la Bank for Savings à New York. La liste complète des postes d'administrateur de George Emlen à 1930 nécessite six pouces de petits caractères dans le Poor's *Directory of Directors*.

Un autre Roosevelt associé à Morgan était Theodore Roosevelt, 26ème président des États-Unis et petit-fils de Cornelius Roosevelt, l'un des fondateurs de la Chemical National Bank. Comme Clinton Roosevelt, dont nous parlerons plus tard, Théodore a été membre de l'Assemblée de l'État de New York de 1882 à 1884 ; il a été nommé membre de la Commission de la fonction publique américaine en 1889, commissaire de police de la ville de New York en 1895 et secrétaire adjoint de la marine en 1897 ; il a été élu vice-président en 1900 pour devenir président des États-Unis lors de l'assassinat du président McKinley en 1901. Theodore Roosevelt est réélu président en 1904, pour devenir le fondateur du Parti progressiste, soutenu par l'argent et l'influence de J. P. Morgan, et lance ainsi les États-Unis sur la voie de l'État providence. La plus longue section de la plate-forme du Parti progressiste était celle consacrée aux "affaires" et se lit en partie :

> Nous demandons donc une réglementation nationale forte des sociétés interétatiques. L'entreprise est un élément essentiel du commerce moderne. La concentration des entreprises modernes, dans une certaine

---

[24] Voir Sutton, *Wall Street et la révolution bolchévique*, pour de nombreuses citations de l'ouvrage de Thomas Lamont des liens avec la révolution bolchévique en 1917, alors qu'il résidait dans la maison louée de FDR à New York.

[25] Il est important de noter, alors que nous développons l'histoire de FDR à Wall Street, que la Guaranty Trust est importante dans *Wall Street et la révolution bolchévique* de Sutton.

mesure, est à la fois inévitable et nécessaire pour l'efficacité des entreprises nationales et internationales.

La seule différence vraiment significative entre cette déclaration soutenue par Morgan et l'analyse marxiste est que Karl Marx considérait la concentration des grandes entreprises comme inévitable plutôt que "nécessaire". Pourtant, le Parti progressiste de Roosevelt qui s'est penché sur la réglementation des entreprises a été financé par Wall Street, notamment par l'International Harvester Corporation, contrôlée par Morgan, et par les partenaires de J. P. Morgan. Selon les mots de Kolko :

> Les documents financiers du parti pour 1912 mentionnent C. K. McCormick, M. et Mme Medill McCormick, Mme Katherine McCormick, Mme A. A. McCormick, Fred S. Oliver et James H. Pierce. Les dons les plus importants pour les Progressistes proviennent cependant de Munsey, Perkins, du Willard Straight de la Morgan Company, de Douglas Robinson, de W. E. Roosevelt et de Thomas Plant.[26]

Il existe bien sûr une longue tradition politique de Roosevelt, centrée sur l'État de New York et le gouvernement fédéral de Washington, qui est parallèle à cette tradition de Wall Street. Nicholas Roosevelt (1658-1742) était en 1700 membre de l'Assemblée de l'État de New York. Isaac Roosevelt (1726-1794) était membre du Congrès provincial de New York. James I. Roosevelt (1795-1875) a été membre de l'Assemblée de l'État de New York en 1835 et 1840 et membre de la Chambre des représentants des États-Unis entre 1841 et 1843. Clinton Roosevelt (1804-1898), l'auteur d'un programme économique de 1841 remarquablement similaire au New Deal de Franklin Roosevelt (voir chapitre 6) était membre de l'Assemblée de l'État de New York en 1835. Robert Barnwell Roosevelt (1829-1906) a été membre de la Chambre des représentants des États-Unis en 1871-73 et ministre américain aux Pays-Bas en 1888-1890. Puis, bien sûr, comme nous l'avons noté, il y a eu le président Theodore Roosevelt. Franklin a poursuivi la tradition politique de Theodore Roosevelt en tant que sénateur de l'État de New York (1910-1913), secrétaire adjoint de la marine (1913-1920), gouverneur de l'État de New York (1928-1930), puis président (1933-1945).

Pendant que FDR était en fonction, d'autres Roosevelt ont assumé des fonctions mineures. Theodore Roosevelt, Jr. (1887-1944) fut membre de l'Assemblée de l'État de New York de 1919 à 1921, puis continua le quasi-monopole de la marine Roosevelt en tant que secrétaire adjoint de la marine de 1921 à 1924, gouverneur de Porto Rico de 1922 à 1932 et gouverneur général des Philippines de 1932 à 1933. Nicolas Roosevelt a

---

[26] Gabriel Kolko, *The Triumph of Conservatism* (Londres : Free Press, 1963), p. 202. Willard Straight était le propriétaire de *The New Republic*.

été vice-gouverneur des Philippines en 1930. D'autres Roosevelt ont poursuivi cette tradition politique depuis l'époque du New Deal.

Une alliance de Wall Street et du monde politique est implicite dans cette tradition Roosevelt. Les politiques mises en œuvre par les nombreux Roosevelt ont eu tendance à accroître l'intervention de l'État dans les affaires, ce qui est souhaitable pour certains éléments du monde des affaires. L'euphémisme de "service public" est une couverture pour l'utilisation du pouvoir policier de l'État à des fins personnelles, une thèse sur laquelle nous devons nous pencher. Si la tradition Roosevelt avait été celle d'un *laissez-faire* sans compromis, d'un retrait de l'État des affaires plutôt que d'une intervention dans les activités économiques, notre évaluation serait nécessairement différente. Cependant, depuis au moins Clinton Roosevelt en 1841 jusqu'à Franklin D. Roosevelt, le pouvoir politique accumulé par le clan Roosevelt a été utilisé pour réglementer les affaires dans le but de restreindre la concurrence, d'encourager le monopole et donc de saigner le consommateur dans l'intérêt d'une élite financière. De plus, nous devons considérer l'observation transmise par Franklin D. Roosevelt à Edward House et citée dans l'épigraphe de ce chapitre, selon laquelle "un pouvoir financier dans les grands centres a contrôlé le gouvernement depuis l'époque d'Andrew Jackson". Par conséquent, il est pertinent de conclure ce chapitre introductif par les observations de 1943 de William Allen White, un éditeur honnête s'il en est, qui a fait l'une des meilleures critique sur cet établissement financier dans le contexte de la Seconde Guerre mondiale ; ceci, il faut le noter, après dix ans de FDR et au sommet du pouvoir politique de Roosevelt :

> On ne peut pas se déplacer à Washington sans se heurter au fait que nous menons deux guerres : une guerre étrangère et une guerre intérieure.
>
> La guerre intérieure est dans les différents conseils de guerre. Toutes les grandes industries de produits de base de ce pays sont organisées au niveau national et beaucoup d'entre elles, peut-être la plupart, font partie de grandes organisations nationales, de cartels, d'accords, qui fonctionnent des deux côtés du front de bataille.
>
> Ici, à Washington, chaque industrie est intéressée à se sauver elle-même. Elle veut sortir de la guerre avec toute son organisation intacte, légalement ou illégalement.
>
> On est surpris de trouver des hommes représentant de grands trusts ou accords de marchandises ou des syndicats plantés dans les différents conseils de guerre. Il est idiot de dire que ce sont les New Dealers qui dirigent ce spectacle. Il est dirigé en grande partie par des propriétaires absents de richesses industrielles fusionnées, des hommes qui, directement ou par l'intermédiaire de leurs employeurs, contrôlent de

petits blocs minoritaires, étroitement organisés, qui manipulent les usines physiques de ces trusts.

La plupart de ces magnats de la gestion sont des Américains décents et patriotes. Ils ont de grands talents. Si vous les approchez neuf cas sur dix, ils sont des gentlemen chrétiens aimables et courtois.

Mais dans la dixième relation, où elle touche leur propre organisation, ils sont complètement fous, impitoyables, sans respect de Dieu ou de l'homme, paranoïaques, en fait, aussi mauvais qu'Hitler dans leurs agissements.

Ils sont déterminés à sortir victorieux de cette guerre pour leurs propres actionnaires - ce qui n'est pas surprenant. Il est également compréhensible qu'Hitler souhaite à tout prix sortir victorieux de cette guerre pour le peuple allemand.

Mais cette attitude des hommes qui contrôlent les grandes industries de matières premières, et qui se proposent de les diriger selon leur propre jugement et leur propre morale, ne donne pas une belle image aux yeux de l'homme du commun.

Ces combinaisons internationales de capital industriel sont des animaux troglodytes féroces, dotés d'une puissance énorme et sans considération sociale d'aucune sorte. Ils planent comme un vieux reptile silurien sur notre décente civilisation plus ou moins chrétienne, comme de grands dragons en ces temps modernes où les dragons sont censés avoir disparu.[27]

---

[27] Citation de George Seldes, *One Thousand Americans* (New York : Boni & Gaer, 1947), p. 149-150.

CHAPITRE II

LA POLITIQUE DANS LE SECTEUR DES OBLIGATIONS[28]

> *Je vais profiter de notre vieille amitié et vous demander si vous pouvez m'aider à obtenir des garanties et des contrats de la part des autorités de Brooklyn.*
>
> Franklin D. Roosevelt au membre du Congrès J. A. Maher, 2 mars 1922.

Au début de 1921, Franklin D. Roosevelt devient vice-président de la Fidelity & Deposit Company du Maryland et directeur résident du bureau new-yorkais de la société au 120 Broadway. Fidelity & Deposit of Maryland était une compagnie d'assurance bien établie, spécialisée dans les polices de cautionnement et de garantie exigées dans les contrats du gouvernement et des entreprises, ainsi que dans toute une série d'emplois individuels allant de secrétaire d'un syndicat à employé de maisons de courtage. En fait, il existe un potentiel d'activité de cautionnement partout où un entrepreneur ou un employé peut violer une confiance fiduciaire ou ne pas exécuter un contrat, comme dans les projets de construction. En bref, le cautionnement est un domaine spécialisé de l'assurance couvrant le risque de non-conformité. En 1921, Fidelity & Deposit était la quatrième plus grande société de cautionnement des États-Unis, mais à ne pas confondre avec la Fidelity and Casualty Company de New York, une autre compagnie d'assurance, qui comptait d'ailleurs W. Emlen Roosevelt, le cousin de FDR, dans son conseil d'administration.

Pourquoi Van-Lear Black, propriétaire du Baltimore Sun et président du conseil d'administration de Fidelity & Deposit, a-t-il engagé le novice

---

[28] Ce chapitre est basé sur les documents de FDR à Hyde Park, New York : en particulier le Groupe 14, dossier intitulé "Fidelity & Deposit Co. of Maryland, Correspondance de FDR en tant que Vice-Président, 1921-1928".

en assurance Franklin D. Roosevelt comme vice-président de l'important bureau de New York ? Il est presque certain qu'il a engagé FDR parce que l'activité de cautionnement est inhabituellement dépendante de l'influence politique. En lisant les dossiers des lettres de Fidelity & Deposit de 1921 à 1928, nous constatons que le prix ou le service n'apparaissent que rarement comme des éléments concurrentiels dans le domaine du cautionnement. Les principales armes concurrentielles sont "Qui connaissez-vous ?" et "Quelle est votre politique ? En d'autres termes, la politique est un substitut au marché. La politique était le point fort de FDR et Van-Lear Black connaissait son monde de la caution lorsqu'il a acquis FDR. Il est important de noter la nature politique de l'activité de liaison, car les biographes de FDR ont, dans certains cas, suggéré que FDR, novice en affaires, était relativement inutile à Van-Lear Black. Par exemple, Frank Freidel écrit :

> Il est impossible de déterminer si Van-Lear Black l'a engagé parce qu'il s'agissait d'un geste commercial intelligent ou simplement pour collectionner une célébrité. Le pire que Wall Street ait pu reprocher à Roosevelt est que la société a gaspillé les vingt-cinq mille dollars par an qu'elle lui versait en salaire.[29]

Quels étaient alors les rôles de la politique et des politiciens dans le commerce des liens dans l'État de New York dans les années 1920 ?

LES POLITICIENS SONT LES SIGNATAIRES DES OBLIGATIONS D'ÉTAT

La nature politique omniprésente de l'activité de cautionnement se reflète dans une coupure de presse contemporaine, mais anonyme, trouvée dans les dossiers des lettres de FDR et soigneusement marquée par FDR lui-même. L'extrait fait référence à des fonctionnaires du gouvernement de l'État de New York qui négocient des contrats d'État tout en agissant en tant que membres de sociétés privées émettant des obligations et vendant des cautionnements à des entrepreneurs de l'État. Le journal a judicieusement dirigé la rubrique "All Under One Roof" et a rapporté que Daniel P. O'Connell, membre de la société d'émission d'obligations d'Albany O'Connell Brothers & Corning et simultanément responsable des affaires publiques de la ville et du comté d'Albany,

---

[29] Freidel, *The Ordeal*, op. cit. p. 138. Freidel est injuste envers Roosevelt. Aucune preuve n'est donnée de la critique de Wall Street à l'égard de cette nomination. Les critiques sont peu probables, étant donné la nature politique de l'entreprise, le fait que sa connaissance du monde de la politique était la force de FDR, et sa longue tradition de connivence avec les élites de "Wall Street".

s'efforçait d'exercer une influence sur l'émission de ses obligations dans tout l'État, au grand dam des auteurs d'obligations concurrents :

> Alors qu'auparavant Daniel P. était quelque peu occupé à s'occuper des obligations de divers et divers électeurs, il fera désormais tout son possible, dit-on, pour soumettre ses obligations à d'autres personnes, en particulier aux entrepreneurs qui font des affaires avec la ville et le comté.
>
> Son arrivée dans le monde de l'écriture a été aussi bienvenue qu'une tempête de neige le serait pour une mariée rougissante par un matin de juin lumineux et ensoleillé. On dit que les assureurs locaux, démocrates comme républicains, qui s'occupent depuis de nombreuses années de la rédaction de cautionnements d'entrepreneurs, n'apprécient pas l'arrivée de Daniel P dans leur domaine, tout en admirant peut-être son ambition et sa démonstration de courage et ce genre de choses ; et dans les cercles politiques de l'État, on dit que Royal K. Fuller, commissaire d'État du Bureau des canaux et des voies navigables, craint que si Daniel P. réussit dans le domaine local [ce sera] à son détriment (à celui de M. Fuller), ou plutôt au détriment de l'entreprise de cautionnement avec laquelle il est lié et au profit de laquelle, dit-on, il utilise l'influence de sa position.

L'écrivain et titulaire d'une charge publique, M. O'Connell, a ensuite écrit des lettres de sollicitation à tous les entrepreneurs de la ville et du comté d'Albany pour leur faire savoir qu'il travaillait dans le secteur des cautions du bâtiment de la Caisse d'épargne de la ville, qui appartient d'ailleurs au maire d'Albany, M. Hackett, et qui se trouve être le siège de l'organisation démocratique du comté d'Albany. La lettre de M. O'Connell aux entrepreneurs de l'État s'est terminée par l'appel :

> Je vous serais reconnaissant de bien vouloir donner à ce bureau la possibilité de vous servir. Un appel téléphonique ou une lettre qui m'est adressée à ce bureau recevra une attention rapide.

Il est important de noter cette utilisation dominante et apparemment acceptable de la fonction et de l'influence politiques pour faire son propre nid. À la lumière des preuves ci-dessous, cela suggère que FDR ne faisait que suivre les mœurs contemporaines de son environnement. L'utilisation de la politique pour obtenir des contrats de cautionnement se reflète dans les dossiers de lettres de FDR et constitue essentiellement la seule façon dont il a obtenu des contrats de cautionnement alors qu'il était vice-président de Fidelity & Deposit Company. Bien entendu, ses lettres de sollicitation d'affaires auprès des autres Roosevelt de Wall Street sont tout à fait légitimes. Nous trouvons par exemple une lettre adressée à "Cher cousin Emlen" (W. Emlen Roosevelt de Roosevelt & Son, 30 Pine Street) datée du 10 mars 1922 pour s'enquérir de l'obtention du cautionnement prévu pour la Buffalo, Rochester and Pittsburgh Railway Company, cautionnement alors rédigé par la National Surety Company, une société concurrente. Emlen répondit rapidement le 16 mars qu'il "a pu parler au président de l'affaire". Cela a dû stimuler l'imagination de FDR, car le 16 mars 1922, il écrivit à "Dear George" (George E. Roosevelt), également chez Roosevelt & Son, pour s'enquérir de la caution globale souscrite par la société elle-même pour sa propre protection.

Les syndicats étaient une cible particulière de FDR pour les entreprises ; comme chaque secrétaire et trésorier de section syndicale est tenu d'avoir une caution, c'était un domaine lucratif. Le 13 décembre 1921, le secrétaire général et trésorier E. C. Davison de l'Association internationale des machinistes écrivait à FDR :

> Nous réalisons désormais l'essentiel de notre activité de cautionnement avec votre société, ce qui a été influencé dans une large mesure par votre intermédiaire.

Puis, le 26 janvier 1922, Joseph F. Valentine, président de l'Union internationale des mouleurs d'Amérique du Nord, a écrit à FDR qu'il appréciait au plus haut point tous les efforts de FDR en faveur de l'union alors qu'il était secrétaire adjoint de la marine et :

> Je souhaite donner à la Fidelity and Deposit Company of Maryland la plus grande part possible de nos activités... dès que nos obligations existantes seront arrivées à échéance, ce sera un plaisir personnel de voir votre société s'occuper de nos affaires à l'avenir.

Les responsables syndicaux à Washington et ailleurs ont rapidement demandé à leurs sections locales de détourner les affaires vers leur vieil ami FDR et de les éloigner des autres sociétés de cautionnement. À leur tour, les responsables syndicaux locaux ont été prompts à faire rapport sur leurs actions de détournement, les informations étant à leur tour rapidement transmises à FDR. Par exemple, le président de l'Association internationale des chaudronniers a écrit au secrétaire Berres du département des métiers de la métallurgie, A. F. of L., à Washington, D.C. :

> ... Vous pouvez être assurés que tout ce que je peux faire pour rendre service à M. Roosevelt dans ses nouvelles fonctions sera un plaisir pour moi, et c'est pourquoi j'écris aujourd'hui à M. Roosevelt.

Naturellement, FDR a exploité ses vieux amis politiques au maximum et avec un souci du détail louable. Dans un discours de vente daté du 2 mars 1922, adressé au membre du Congrès J. A. Maher, FDR a écrit deux lettres, pas une seule. La première lettre se lisait en partie :

> Howe [Louis Howe, le bras droit de FDR] m'a raconté sa conversation téléphonique avec vous et je propose une lettre plus formelle à des fins de clarification. C'est une petite note amicale, de peur que vous ne

pensiez que je suis devenu soudainement formel depuis que j'ai adopté Wall Street comme adresse professionnelle.

Venez me voir. Je sais que cela vous fera du bien d'entendre le langage que le Frère Berres et d'autres personnes liées au Bureau du travail utilisent à l'égard de l'administration actuelle en général et des membres du Congrès en particulier. S'il arrive que la Madame ne soit pas entendue à votre arrivée, je répéterai certains des extraits les plus cités.

FDR a joint au député Maher une lettre plus formelle, qu'il faut évidemment montrer aux amis de Maher, et qui indique précisément ce qu'il veut : "des obligations de fidélité et de contrats de la part des pouvoirs en place à Brooklyn :"

> Je vais profiter de notre vieille amitié et vous demander si vous pouvez m'aider à obtenir des garanties de fidélité et de contrat de la part des autorités de Brooklyn. Il existe un grand nombre de cautionnements nécessaires dans le cadre du travail du gouvernement de la ville, en plus des cautionnements personnels que chaque fonctionnaire municipal doit donner, et j'espère que certains de mes vieux amis seront prêts à se souvenir de moi. Malheureusement, je ne peux pas aborder cette question avec eux pour l'instant, mais comme tous mes amis sont vos amis, je pense que si vous en avez le temps et l'envie, vous pouvez m'aider réellement. Je vous assure que cette faveur ne sera pas oubliée de sitôt.

Nous verrons plus tard dans quelle mesure cette approche a été couronnée de succès pour la F & D.

INFLUENCE POLITIQUE ET ATTRIBUTION DE CONTRATS

Les contacts et les influences politiques de FDR étaient bien sûr bien connus au sein de Fidelity & Deposit, et il a été appelé à plusieurs reprises par d'autres membres de la firme à utiliser son expertise politique et son crédit personnel pour générer des affaires obligataires, même en dehors de New York. Cela peut être illustré par une lettre datée du 23 août 1928 du directeur de F & D, F. A. Price, responsable du bureau de Chicago, concernant les affaires des politiciens locaux de Chicago. Price a écrit "Cher Franklin" avec le message que, depuis la mort du leader politique de Chicago George Brennan, plusieurs noms avaient été proposés comme leaders de la machine locale du parti démocrate. Avant sa mort, Brennan a demandé que M. L. Igoe lui succède, écrit Price à FDR :

> Vous avez sans doute pris contact avec lui pendant votre séjour à Houston et, au cas où vous le connaîtriez personnellement, j'aimerais que vous me remettiez une lettre de présentation aussi solide que possible.

M. Price a noté que récemment, lors de son séjour à Baltimore, il a discuté avec le président de la société F & D, Charles Miller, de "l'idée de conclure un accord avec le nouveau leader démocratique de l'Illinois". C'est dans cette optique que je souhaite que la lettre d'introduction". Comme la politique des machines à Chicago est connue pour ses normes éthiques peu élevées, il ne faut guère d'imagination pour visualiser le type d'accord que Price suggérait et que FDR a utilisé son nom et son influence pour faire avancer.

Cette amitié personnelle ne suffisait pas pour obtenir des contrats de cautionnement et une certaine édulcoration est mise en évidence dans une lettre sur la situation politique de New York datée du 23 septembre 1925, adressée à "My Dear Mr. Roosevelt" par John Griffin, responsable de la division des contrats du bureau de New York. Cette lettre traite des interconnexions complexes entre les bureaux politiques de New York et le secteur du courtage en obligations. La lettre se lit en partie comme suit :

> La grande victoire de Walker sur Hylan va, bien sûr, donner un nouveau souffle à la situation des courtiers en obligations. Sinnott & Canty, de qui nous avons pu obtenir des obligations au début de l'administration Hylan et qui n'a pas été très favorisé dans la dernière partie, sera sans doute hors-jeu et soit Charles F. Murphy, Jr, Hyman & McCall, Jim Hoey, soit un homme nommé McLaughlin, un frère du surintendant des banques, sera le favori. À mon avis, notre lien le plus fort passera par Al Smith avec Charlie Murphy, McCall ou McLaughlin, car Hoey a sa propre compagnie, la Columbia Casualty Company.
>
> Peut-être Murphy reçoit-il de la National Surety Company, ou de la société avec laquelle il fait actuellement affaire, une commission plus importante que celle que nous pourrions être prêts à lui donner pour ses affaires directes, mais un mot à son oreille, par votre intermédiaire et, bien sûr, par celui du gouverneur et peut-être de Jimmie Walker, nous placerait au moins sous la clause de la nation la plus favorisée ou [pour] toute division de ces obligations, comme vous le savez, toutes doivent être divisées entre deux ou plusieurs sociétés.
>
> Je connais tous ces gens assez bien et favorablement, mais une simple amitié personnelle ne suffira pas.

Une lecture méticuleuse de cette lettre interne à la société suggère que les pots-de-vin étaient le moyen habituel d'obtenir des affaires de cautionnement des agences gouvernementales de New York ; notez le paragraphe, "Peut-être que Murphy reçoit de la National Surety Company, ou de la société à laquelle il donne des affaires maintenant, une commission plus importante que celle que nous pourrions être prêts à donner pour ses affaires directes. La phrase de conclusion, "... une simple amitié personnelle ne suffira pas" raisonne de façon inquiétante.

La politisation de l'activité de cautionnement, si évidente à Chicago et à New York, s'étendit également à l'arène des contrats du gouvernement fédéral à Washington D.C. Le 5 mai 1926, le second vice-président de F & D, F. A. Bach, à Baltimore, écrivit à FDR un rapport d'environ $1^{1/4}$ de dollars ; un bâtiment du Bureau des vétérans d'un million de dollars dont la construction était prévue pour le printemps :

> Cher Franklin,
>
> Parmi les autres projets du Bureau des anciens combattants ce printemps, il y en a un qui implique environ un million et quart de dollars à Bedford, Massachusetts, et j'espère secrètement que grâce à une influence telle que celle de connaître Mme Rogers, représentante du Massachusetts, nous aurons peut-être une chance d'obtenir une part de cette affaire, bien que, bien sûr, le plus gros projet sera à North Port, Long Island.

De même, à un contact dans une "entreprise détenant des contrats de la marine", FDR a écrit :

> Une référence occasionnelle dans une lettre d'un de mes vieux amis du département de la marine à l'attribution de quelques pièces de canons de 8 pouces à votre société m'a rappelé les relations très agréables que nous avons entretenues pendant mon mandat de secrétaire adjoint à la marine, et je me demandais si vous auriez envie de laisser ma société rédiger certaines des garanties de contrat que vous êtes obligés de donner au gouvernement de temps en temps. J'aimerais beaucoup que l'un de nos représentants nous appelle.

Louis Howe, le bras droit de FDR, travaillait également dans les bureaux de F & D, négociait activement des obligations et n'était pas du tout en retard dans la prospection. La lettre de Howe à Homer Ferguson de la Newport News Shipbuilding Company en décembre 1921 note que la société a fait des offres pour la construction du navire Leviathan et remercie Ferguson pour le cautionnement :

> Si par hasard le fait qu'il s'agisse de l'entreprise de M. Roosevelt vous a influencé pour l'attribution de ce prix, cela ferait énormément plaisir à M. Roosevelt si vous pouviez lui écrire une petite ligne à cet effet.

Ces méthodes politiques de faire des affaires sont, bien sûr, très éloignées du marché concurrentiel des manuels universitaires. Il serait naïf de penser que la préférence politique et l'amitié personnelle n'ont aucun rôle, ou seulement un rôle mineur, dans les relations d'affaires. En examinant les activités obligataires de FDR, il est toutefois difficile d'imaginer une autre activité dans laquelle la politique joue un rôle aussi global que dans les activités de cautionnement et de garantie dans les années 20. La moralité des pots-de-vin et de l'utilisation de la fonction politique pour générer des affaires personnelles est discutable, et la légalité est certainement douteuse. La perte d'efficacité économique et la perte pour la société dans son ensemble qui en résulte sont beaucoup moins évidentes. Si l'achat et la vente de ces obligations sont déterminés par le prix et les performances passées - et la connaissance personnelle peut être un facteur légitime pour juger des performances passées - alors le marché apportera un maximum d'avantages économiques et d'efficacité à la société. Dans une atmosphère commerciale politisée, ces facteurs de concurrence impartiale sont éliminés, l'efficacité économique est perdue et les avantages sont réduits. Nous avons, en effet, un microcosme d'une économie socialiste dans laquelle toutes les décisions sont politisées au détriment de la société dans son ensemble. En bref, les opérations de cautionnement de FDR étaient, dans une certaine mesure, antisociales.

D'autres lettres des dossiers Roosevelt donnent un aperçu authentique des coulisses de la politique de l'époque de 1920, des manigances qui ont si souvent dégénéré en corruption pure et simple. En témoigne une lettre de FDR datée du 11 juillet 1928 adressée au premier vice-président George L. Radcliffe à Baltimore, concernant la manière dont John J. Raskob est devenu président du Comité national démocrate. Raskob était vice-président de Du Pont et de General Motors et, par conséquent, il était membre de l'establishment de Wall Street au même titre que les autres :

> Lors d'une réunion hier soir, le gouverneur [Smith] a définitivement choisi John J. Raskob comme président du Comité national. Il a dit qu'il voulait un organisateur et un homme qui mettrait le Parti Démocrate en faveur des intérêts commerciaux du pays. Mon premier jugement est qu'il s'agit d'une grave erreur, car il est catholique ; deuxièmement, il est encore plus mouillé que Smith, cherchant à obtenir l'abrogation du dix-huitième amendement ; et troisièmement, il est à la tête de la plus grande organisation commerciale du monde. Je crains qu'il ne chasse définitivement une foule de personnes dans le sud et l'ouest, et dans l'est rural, qui ne sont pas particulièrement favorables à Smith, mais qui jusqu'à aujourd'hui se sont retranchées du Parti.
>
> Je ne connais pas très bien Raskob, mais j'espère avoir une conférence avec lui d'ici quelques jours, et je mentionnerai entre autres la possibilité de V. L. B. [Van-Lear Black].

Plus loin dans ce livre, nous évoquerons les énormes fonds versés au Parti démocrate par Raskob et les contreparties pour les grandes entreprises : le New Deal et l'Administration nationale de redressement (NRA).

Le 24 août 1927, une autre lettre adressée à George Radcliffe décrit la manière dont l'industrie obligataire peut se résumer au nom de James Beha, alors surintendant des assurances dans l'État de New York. Cette citation confirme le fait que les industries "réglementées" ne sont rien d'autre que des dispositifs politiques destinés à tenir en échec une concurrence indésirable et que les régulateurs peuvent se remplir les poches et agir au nom de l'industrie prétendument réglementée :

> Vic Cullen[30] et moi venons d'avoir une discussion au sujet de la directrice Beha. Vic dit qu'il pense qu'il y a un mouvement initié par Joyce, pour faire entrer Beha au National dans une certaine mesure et Cullen fait ce qui me semble être une suggestion des plus valables. C'est que Beha pourrait devenir le dirigeant de l'association de cautionnement. Nous aimons tous Beha et lui faisons confiance ; c'est un homme de courage et d'indépendance, et je ne peux pas penser à quelqu'un de plus apte pour occuper ce poste. Bien sûr, cela coûterait un salaire élevé - je pense qu'il est de 35 000 dollars par an - mais ce montant, réparti entre tous les membres, ne représente qu'une goutte d'eau dans la mer.
>
> Si vous pensez bien à cette suggestion, Cullen et moi pensons tous deux que vous êtes l'homme, plutôt que l'un ou l'autre d'entre nous, à approcher les dirigeants de l'U.S. F. & G. et d'un ou deux autres de manière informelle et confidentielle.

D'autre part, il y a eu des tentatives à New York pour éliminer les abus dans le domaine de la caution. L'une de ces tentatives a été celle de l'architecte d'État Sullivan W. Jones, qui a tenté d'éliminer l'obligation de cautionnement imposée par l'État. Le gouverneur Al Smith a d'abord été amené à étendre son approbation au plan Jones. C'est ainsi que R.H. Towner, du 160 Broadway, envoya rapidement une lettre à FDR pour lui dire que le plan Jones serait désastreux et que (si) "le gouverneur Smith (s'est) égaré, certains de ses amis devraient le remettre sur le droit chemin". La réponse rapide de FDR à Towner a été la suivante : "J'espère voir le gouverneur dans les deux prochaines semaines et je lui parlerai alors comme un oncle néerlandais du plan Jones". Nous ne lisons plus rien dans les dossiers de FDR sur la suppression des cautions obligatoires dans l'État de New York.

Le fait que le bureau de F & D ait fait preuve d'une grande fermeté à l'égard de ses propres intérêts se reflète même dans des questions relativement mineures : par exemple, aucune association commerciale de New York n'a pu obtenir de soutien financier pour F & D. Le 5 août 1926, une demande d'abonnement du Better Business Bureau de New York a suscité une réponse froide de F & D. FDR a transmis la lettre au vice-président Cullen pour qu'il prépare une "réponse appropriée", et Cullen a rapidement refusé le Better Business Bureau. Ce refus a été appuyé par le président Charles R. Miller à Baltimore, "je ne suis pas très enthousiaste à l'idée d'apporter une contribution au Better Business

---

[30] Cullen était directeur du bureau de production de New York.

Bureau à cette époque....". Puis la Merchants Association of New York a écrit à FDR le 23 mai 1925 au sujet de l'adhésion de F & D à leur association. Une fois de plus, Cullen soutient que "la Merchants Association ne nous apporte absolument aucun avantage". Aucune loi n'exige l'adhésion à de meilleures associations d'entreprises, mais ces refus font naître des appels sociaux suspects de la part de ces non-adhérents.

LA RÉCOMPENSE POUR FIDELITY & DEPOSIT COMPANY

Cette brève revue de la carrière de Franklin D. Roosevelt de 1921 à 1928 en tant que vice-président de la Fidelity & Deposit Company à New York suggère le chemin philosophique que Roosevelt a suivi pendant les deux décennies suivantes. L'activité de cautionnement était essentiellement politique, et FDR en politique était comme un poisson dans l'eau. Les contacts politiques établis pendant son service en tant que secrétaire adjoint de la marine ont été utilisés au maximum, de nouveaux contacts politiques, encouragés par la direction de F & D à Baltimore, ont été établis, et FDR a eu sept ans pour pratiquer cet art de la politique dans les affaires. Les résultats de F & D furent exceptionnellement bons. Les affaires se sont développées, dans une certaine mesure peut-être parce que presque tous les accords ont eu lieu dans les années 1920, mais presque certainement dans une large mesure à cause des activités politiques de FDR. Entre le 1er janvier 1923 et le 1er janvier 1924, Fidelity & Deposit a enregistré un gain de 3 millions de dollars dans l'année et s'est hissée à la troisième place des sociétés de cautionnement, devançant de beaucoup la société américaine Fidelity and Casualty Co, son concurrent évincé. Voici les chiffres :

Obligations de sociétés de cautionnement dans l'État de New York

	1er janvier 1923	1er janvier 1924	Gain/perte
Fidelity & Deposit Co.	$ 7,033,100	$10,184,600	+$3,151,500
National Surety Co.	$14,993,000	$15,677,550	+ 684,550
Fidelity & Casualty Co. Surety Co. de New York	$ 3,211,900	$ 3,215,150	+ 3,250
Aetna Casualty & Surety Co.	$ 5,517,200	4,799,500	- – 717,700

U.S. Fidelity & Casualty Co.	$ 8,064,500	$ 6,817,000	- - 1,247,500
American Surety Co.	$13,263,125	$12,127,400	- - 1,125,725

Le bureau de Fidelity & Deposit au 120 Broadway était la base d'opérations de FDR dans les années 1920, mais l'activité de cautionnement, aussi fructueuse soit-elle, n'était pas la seule activité commerciale de FDR. D'autres activités intéressantes seront examinées dans les chapitres suivants. Ces sept années passées dans une atmosphère d'affaires politiquement chargée - un microcosme d'une société socialiste, car les sociétés socialistes sont également des économies gérées politiquement - ont sans aucun doute eu une influence déterminante sur les approches ultérieures de FDR pour résoudre les problèmes économiques nationaux. Ce fut la première exposition de FDR au monde des affaires. Ce n'était pas une exposition aux éléments du marché concurrentiel que sont le prix et la qualité des produits ; c'était une exposition au monde des affaires sur la base des questions "Qui connaissez-vous ?" et "Quelles sont vos politiques ? - en fin de compte, les bases les plus inefficaces et les moins rentables possibles pour l'entreprise commerciale.

CHAPITRE III

FDR LE SPÉCULATEUR INTERNATIONAL

> *L'un des aspects les plus moralement préjudiciables de l'inflation a été le "sac de l'Allemagne" qui s'est produit au plus fort de l'inflation [1923]. Quiconque possédait des dollars ou des livres sterling était roi en Allemagne. Quelques dollars américains permettaient à un homme de vivre comme un millionnaire. Les étrangers affluaient dans le pays, achetant les trésors familiaux, les domaines, les bijoux et les œuvres d'art à des prix incroyablement bas.*
>
> Marjori Palmer, *1918-1923 Hyperinflation allemande*,
> (New York : Traders Press, 1967)

Franklin D. Roosevelt a été l'organisateur et le président de plusieurs entreprises financières internationales spéculatives reliant l'Allemagne et les États-Unis, et en particulier d'une entreprise visant à profiter de la ruineuse hyperinflation allemande de 1922-23. En 1922, FDR est devenu président et a été l'un des organisateurs de United European Investors, Ltd. avec une charte canadienne, mais basée au 160 Broadway, New York. En 1927, FDR a également été l'organisateur de l'International Germanic Trust Company, Inc. et du Federal International Investment Trust, qui n'ont jamais vu le jour. La plus importante de ces entreprises spéculatives dans le monde de la finance internationale était de loin la United European Investors, Ltd, créée pour accumuler les marks allemands déposés aux États-Unis et pour réinvestir ces marks en Allemagne en achetant des biens à des Allemands démunis. Pour bien comprendre la portée et la signification de United European et pour suivre les activités de l'International Germanic Trust Company, il faut faire un bref rappel des conditions financières allemandes au début des années 1920.

L'HYPERINFLATION ALLEMANDE DE 1922-23

Lionel Robbins, l'éminent économiste britannique, a décrit l'inflation allemande de 1922-23 :

> C'était la chose la plus colossale de ce genre dans l'histoire : et après probablement la Grande Guerre elle-même, elle doit porter la responsabilité de nombre des difficultés politiques et économiques de notre génération. Elle a détruit la richesse des éléments les plus solides de la société allemande : et a laissé derrière elle un déséquilibre moral et économique, un terreau fertile pour les catastrophes qui ont suivi. Hitler est l'enfant adoptif de l'inflation.[31]

Le traité de Versailles a imposé une charge de réparation massive à l'Allemagne vaincue, un pays déjà financièrement affaibli par la première guerre mondiale, avec des dépenses déficitaires et une réduction territoriale d'après-guerre, avec des ressources naturelles réduites en conséquence. Les réparations ont un effet sur la balance des paiements similaire à celui des importations. Elles nécessitent soit une imposition, soit des dépenses déficitaires pour compenser la fuite. Si l'on suit le cours des dépenses déficitaires, le résultat sera inflationniste, et c'est la voie qu'a suivie l'Allemagne.

L'Allemagne a été obligée par les Alliés de réparer tous les dommages causés à la propriété privée, sauf en Russie, et de payer tous les frais des troupes alliées sur le sol allemand, mais aucune limite maximale n'a été fixée aux demandes. L'Allemagne devait immédiatement remettre 100 milliards de marks d'or, avec des paiements d'un milliard de marks d'or par an après 1921. Le plan de paiement final élaboré lors de l'"Ultimatum de Londres" en mai 1921 reflétait ces conditions sévères et impossibles et constituait donc une incitation claire à gonfler pour supprimer le fardeau des paiements directs.

Ce qui est extraordinaire dans le programme de réparation, c'est l'identité des soi-disant experts chargés de prendre les dispositions de réparation, créant incidemment le chaos monétaire et social auquel Lionel Robbins a fait allusion. Le Comité des Réparations de 1923 avait pour membres américains le Brigadier Général Charles G. Dawes et Owen D. Young de la General Electric Company.

Le Comité d'experts du Plan Young de 1928 comprend, du côté américain, Owen D. Young et J.P. Morgan, avec Thomas N. Perkins et

---

[31] Constantino Bresciani-Turroni, *The Economics of Inflation: a Study of Currency Depreciation in Post War Germany, 1914-1923* (Londres : Allen & Unwin, 1937), "Foreword", p. 5.

Thomas W. Lamont comme suppléants. Du côté allemand, les membres étaient Hjalmar Schacht et A. Voegler, avec C. Melchior et L. Kastl comme suppléants.

En bref, les éléments de General Electric-Morgan qui ont joué un rôle important dans la révolution bolchévique, et comme nous le verrons également dans le New Deal, étaient les négociateurs d'un plan généralement considéré comme l'une des causes principales du déclenchement de la Seconde Guerre mondiale - et accessoirement d'un plan dans lequel ces mêmes financiers, ainsi que Franklin Delano Roosevelt, devaient faire des bénéfices.

Il est également intéressant de noter que les hommes d'affaires du côté allemand des négociations sur les réparations ont été associés à la montée du national-socialisme en Allemagne.

Witness Hallgarten raconte dans son essai *Adolf Hitler et l'industrie lourde allemande* :

> ... en novembre 1918, un groupe des plus éminents hommes d'affaires du Reich, comprenant Stinnes, Albert Voegler (alors directeur de la Gelsenkirchen Mining Co., Ltd.), Carl Friedrich von Siemens, Felix Deutsche (de la German General Electric), le directeur Mankiewitz de la Deutsche Bank, et le directeur Salomonsohn, de la Diskontogesellschaft, finança le mouvement d'un précurseur d'Hitler, un certain Dr Eduard Stadtler, qui exigeait la création d'un État national-socialiste allemand.[32]

Le point pertinent est que le Felix Deutsche mentionné était un directeur de General Electric allemand et les représentants américains des réparations comprenaient Owen D. Young de General Electric, tandis que l'Albert Voegler mentionné par Hallgarten était le représentant allemand dans les négociations du Plan Young.

Le tableau suivant illustre la dépréciation du mark allemand en une monnaie de papier sans valeur en raison de cette charge de réparation imposée par ces hommes :

Le mark allemand en termes de[33]

Date	Change	Prix de gros en Allemagne
	(1913=1.00)	

---

[32] George W. F. Hallgarten, *Adolf Hitler and German Heavy Industry* dans *Journal of Economic History*, été 1952, p. 224.

[33] Source : Annuaire statistique du Reich allemand.

Janvier 1913	1.0	1.0
Janvier 1920	15.4	12.6
Janvier 1921	15.4	14.4
Janvier 1922	45.7	36.7
Juillet 1922	117.0	101.0

L'inflation s'est accélérée après la création de la société United European Investors, Ltd, dont Franklin D. Roosevelt est le président et John von Berenberg Gossler le membre du conseil consultatif allemand :

Janvier 1923	4,279.0	2,785.0
Juillet 1923	84,150.0	74,787.0
Août 1923	1,100,100.0	944,041.0

L'inflation est devenue totalement incontrôlable après la destitution du chancelier Wilhelm Cuno, qui est revenu en tant que président de l'HAPAG, et des co-directeurs John von Berenberg Gossler et Max Warburg :

Septembre 1923	23,540,000.0	23,949,000.0
Octobre 1923	6,014,300,000.0	7,095,500,000.0
Novembre 1923	1,000,000,000,000.0	750,000,000,000.0

Les politiques qui ont conduit à la ruineuse inflation allemande ont été initiées sous le Chancelier Wilhelm Cuno, qui était, juste avant de devenir Chancelier, le président de la Hamburg-America Line (HAPAG). Deux des codirecteurs de Cuno à la HAPAG étaient Max Warburg, banquier de Hambourg et frère de Paul Warburg, membre du conseil consultatif du système de la Réserve Fédérale aux États-Unis, et John von Berenberg Gossler, membre du conseil consultatif allemand de la société United European Investors, Ltd. de Franklin D. Roosevelt.

Cuno a été démis de ses fonctions de chancelier allemand en août 1923, mais on notera dans le tableau que l'inflation était déjà hors de contrôle et qu'en novembre de cette année-là, le mark s'était déprécié jusqu'à zéro. Il convient de souligner que Wilhelm Cuno était chancelier en 1922-23, lorsque le mark se dépréciait rapidement, et que Cuno venait d'un milieu d'affaires qui était capable et désireux de tirer un avantage pécuniaire et personnel de l'inflation allemande.

Cette terrifiante inflation monétaire et l'effondrement final du mark allemand en 1923 ont ruiné la classe moyenne allemande et ont profité à trois groupes : quelques grands hommes d'affaires allemands, quelques hommes d'affaires étrangers qui étaient en mesure de tirer profit de l'inflation, et le mouvement hitlérien croissant. En tant que président de United European Investors, Ltd, Franklin D. Roosevelt faisait partie de ces hommes d'affaires étrangers qui profitaient de la misère de l'Allemagne pour leur propre profit.

L'HISTOIRE DE WILLIAM SCHALL

Malheureusement, il y a une perspective plus profonde à cette question de ce que l'on pourrait appeler un groupe élitiste s'attaquant au malheur du monde. Dans le précédent volume de cette série, *Wall Street et la révolution bolchévique*, nous avons identifié des liens personnels entre les financiers de Wall Street et les révolutionnaires bolchéviques. Certains de ces mêmes liens personnels peuvent être étendus à FDR et United European Investors. Les liens établis avec précision impliquaient auparavant l'ambassadeur allemand de l'époque aux États-Unis, le comte von Bernstorff, et son ami Adolf von Pavenstedt, associé principal de la société Amsinck & Co, qui a été "pendant de nombreuses années un trésorier en chef du système d'espionnage allemand dans ce pays".[34] Amsinck & Co. était contrôlée par J. P. Morgan, John D. Rockefeller et d'autres intérêts financiers new-yorkais par le biais de l'American International Corporation. Avec la Guaranty Trust Company, l'American International Corporation constituait les points centraux du financement de l'espionnage allemand et bolchévique aux États-Unis et en Amérique du Nord pendant la Première Guerre mondiale. Adolf von Pavenstedt et Edmund Pavenstedt, les deux associés d'Amsinck, étaient également membres d'une autre maison financière, Müller, Schall & Company. Et c'est chez Müller, Schall qu'en 1922 nous trouvons Franklin D. Roosevelt et son entreprise United European Investors, Ltd.

Après la révélation publique, en 1918, des liens entre Amsinck & Co. et l'espionnage allemand, les intérêts allemands dans Müller, Schall & Co. ont été représentés par Edmund S. Payne, un avocat de New York. Müller, Schall & Co. fut formellement liquidée, et une "nouvelle" société - William Schall & Co. - prit place à la même adresse, 45 William Street, New York City. Le nouveau cabinet, créé en janvier 1918, comprenait

---

[34] Voir Sutton, *Wall Street et la révolution bolchévique*, op. cit., p. 64-67, et Johann-Heinrich von Bernstorff, *Mes trois années en Amérique* (New York : Scribner's, 1920), p. 261.

les deux associés initiaux, William Schall et Carl Müller, qui étaient désormais rejoints par John Hanway de Harris, Forbes & Co, Frank M. Welty, vice-président de l'American Colonial Bank of Puerto Rico, et l'avocat Edmund S. Payne, associé du cabinet Rounds, Hatch, Dillingham & Debevoise, qui représentait les intérêts allemands de l'ancienne société Müller, Schall & Co.

Les Pavenstedt étaient également "fortement intéressés par les propriétés sucrières de Porto Rico et possédaient et contrôlaient la Central Los Canos".[35] William Schall était président de la Colonial Bank of Puerto Rico et président de la South Puerto Rico Sugar Company. De même, la famille Roosevelt avait des intérêts dans l'industrie sucrière des Caraïbes depuis la fin du XVIIIe siècle, et George Emlen Roosevelt était en 1918 directeur de la Cuban Cane Products Co. à New York. Il est donc concevable qu'à travers cet intérêt commun pour le sucre des Caraïbes, les Pavenstedt et les Roosevelt se soient connus. Quoi qu'il en soit, c'est le groupe Schall-Pavenstedt, qui faisait auparavant partie de l'opération d'espionnage allemande aux États-Unis, qui a fusionné en 1921-22 avec Franklin D. Roosevelt et plusieurs entrepreneurs financiers douteux pour former la société United European Investors, Ltd. afin de profiter du fardeau écrasant de l'inflation allemande.

UNITED EUROPEAN INVESTORS LTD

Le groupe organisateur initial de United European Investors Ltd. était composé de William Schall et Franklin D. Roosevelt, mentionnés ci-dessus, rejoints par A. R. Roberts, Charles L. Gould et Harvey Fisk & Sons. Les 60 000 actions privilégiées émises étaient détenues par Harvey Fisk & Sons (25 000 dollars), Franklin D. Roosevelt (10 000 dollars) et Schall, Roberts et Gould (5000 dollars chacun). En bref, FDR était le plus grand actionnaire individuel privilégié du groupe de constitution en société.

United European Investors, Ltd. s'est vu accorder une charte canadienne inhabituelle qui conférait à la société des pouvoirs uniques, notamment le droit de promouvoir les échanges et le commerce entre le Canada et tout autre pays, d'acquérir des titres de propriété, de souscrire ou de négocier des obligations, des actions et des parts, d'agir en tant que courtier et agent, d'assumer toutes sortes de fonctions en matière d'achat, d'échange et de transfert d'actions et de parts, de prêter de l'argent,

---

[35] Paul Haber, *The House of Roosevelt* (New York : Authors Publishing Co., 1936), p. 71.

d'exercer toute activité, "manufacturière ou autre", et d'acheter et de vendre des biens. En fait, à la lecture de la charte, il est difficile de visualiser toute activité qui ne pourrait être exercée en vertu de ses nombreuses clauses.[36]

Le stock de capital a été divisé en deux segments : 60 000 dollars canadiens divisés en 60 000 actions privilégiées et 60 000 actions ordinaires, libellées en 10 000 marks allemands. L'objectif de la société, comme l'a indiqué la presse contemporaine, était d'investir les nombreux milliards de marks allemands alors détenus aux États-Unis et au Canada dans des biens immobiliers allemands :

Une fois que les marks sont investis dans des biens immobiliers en Allemagne, les fonds doivent commencer à rapporter immédiatement et ne peuvent pas disparaître, car ils sont représentés par la propriété de biens corporels, et l'on peut toujours profiter d'une éventuelle augmentation de la valeur d'échange. Par rapport à cela, la détention de devises ou de traites en marks est une opération des plus dangereuses et les fonds sont soit inutilisés, soit très peu rémunérés. En outre, si la cotation de la monnaie s'approchait du point de disparition, il ne resterait plus rien de tangible pour les détenteurs de marks ou de traites. Le capital de la société sera investi dans des biens immobiliers améliorés, des hypothèques, le financement de marchandises en transit et la participation à des entreprises industrielles et commerciales rentables.[37]

La référence au tableau précédent, qui enregistre la dépréciation du mark allemand (page 39), confirme la remarquable rapidité de United European Investors Ltd. En juillet 1922, le mark, avec 1913 comme base 100, était à 117 en devises. Cela reflète un taux d'inflation élevé du mark, mais rien qui le distingue de l'inflation dans de nombreux autres pays. Pourtant, la brochure de l'Union européenne mentionne expressément la possibilité que le mark "s'approche du point de disparition", ce qu'il a fait un an plus tard, en novembre 1923.

L'investissement proprement dit de l'U.E.I. a été réalisé en Allemagne par un conseil consultatif allemand qui occupait un bureau à Hambourg dirigé par le sénateur August Lattman, ancien associé de la société G. Amsinck & Company de New York (voir page 41). Le deuxième membre de ce conseil allemand était le sénateur John von

---

[36] La copie de la charte de l'U.E.I. dans les dossiers de FDR comporte un amendement de A. B. Copp, secrétaire d'État canadien, qui interdit la construction de chemins de fer et l'émission de monnaie de papier.

[37] Ceci est extrait d'un communiqué de presse marqué "De l'honorable Franklin D. Roosevelt" dans les dossiers de FDR.

Berenberg Gossler, directeur de la société bancaire hambourgeoise Berenberg, Gossler & Co. Berenberg, Gossler était également membre du conseil d'administration de la ligne Hambourg-Amérique (HAPAG) ; les autres membres étaient Wilhelm Cuno, alors chancelier de l'Allemagne et responsable de la politique économique de son pays, et Max Warburg, frère de Paul Warburg, membre du conseil de la Réserve Fédérale des États-Unis.

Dans une lettre datée du 11 novembre 1922 à l'U.E.I., le conseil consultatif allemand a enregistré ses investissements initiaux : "Tous les investissements réalisés jusqu'à présent sont des actions industrielles de première classe." Cependant, le prospectus publié aux États-Unis mettait l'accent sur les investissements dans l'immobilier, et sur ce point, le conseil allemand écrivait :

> En ce qui concerne l'investissement dans les hypothèques, nous comprenons votre point de vue, mais nous reviendrons éventuellement sur la question au cas où nous serions en mesure de vous proposer des hypothèques avec une clause or qui pourrait être possible, et nous exclurions tout risque supplémentaire au cas où la marque diminuerait encore.

Il n'est fait mention nulle part dans le fichier United European Investors de l'achat de biens immobiliers ou de tout autre bien corporel mentionné dans la charte de la société et les annonces publiques.

Les investissements réalisés par le conseil au cours des années suivantes étaient des actions de sociétés allemandes. En outre, les prix des investissements étaient cités de manière inhabituelle, non pas en marks allemands ou en chiffres absolus de quelque nature que ce soit, mais en pourcentage d'augmentation, vraisemblablement par rapport à une base de 1913, ce qui a permis au conseil allemand d'écrire à New York : "les actions que vous avez achetées jusqu'à présent ont considérablement augmenté avec la dépréciation du mark".

Parmi ces parts et le pourcentage d'augmentation cité, par exemple :

Deutsche Maschinen A.G.	achetée à 1350%, maintenant cotée à 1805%.
Société Générale d'électricité	achetée à 740% et maintenant cotée à 5000%.
La dynamique du prix Nobel	acheté à 1119% maintenant cotée à 3975%

Le conseil allemand n'a pas mentionné le fait que la dépréciation du mark en termes de dollar américain avait été supérieure à l'avance des prix des actions qu'ils avaient achetées, tels que cotés en marks allemands. En fait, les allégations de hausse des prix des actions étaient illusoires. Un auteur précédent l'a décrit de la manière suivante : "une manipulation pure et simple, manifestement destinée à rebuter les autres détenteurs de marks allemands pour les inciter à investir dans une société capable de réaliser de tels miracles".[38]

Le conseil d'administration de New York ne s'est toutefois pas inquiété de cette situation. Lors de la réunion ordinaire du conseil d'administration du 15 janvier 1923, Franklin D. Roosevelt a ouvert la réunion et George W. Muller en a assuré le secrétariat. Il a alors été enregistré que la valeur des investissements en actions allemandes effectués jusqu'alors par la société était de plus ou moins 73 millions de marks, et cet investissement était actuellement coté à 420 millions de marks.

Dans les dossiers de FDR, on trouve une lettre intéressante du professeur Homer B. Vanderblue, professeur d'économie d'entreprise à l'université de Harvard, qui demande des explications sur le programme d'investissement de l'U.E.I. La lettre était adressée à FDR, en tant que président de la société, mais Edmund S. Paine y a répondu en déclarant que l'idée initiale d'investir dans des biens corporels, tels que des biens immobiliers, s'était avérée irréalisable, car elle "entraînerait des frais généraux très lourds en raison de la nécessité de supervision et d'exploitation", et qu'il avait donc été décidé de n'investir que dans des actions allemandes "représentant la propriété indirecte d'actifs corporels". Paine a ajouté que la théorie se justifiait à un "degré remarquable :"

> En prenant comme test les premiers 60.000.000 de marks investit par la société, nous constatons que l'appréciation du prix des titres a quelque peu dépassé la dépréciation de la valeur d'échange du mark. En d'autres termes, les titres achetés pourraient probablement être vendus aujourd'hui à un prix en marks qui rapporterait un peu plus en dollars que ce qu'auraient pu obtenir les détenteurs de marks s'ils les avaient vendus au moment de l'investissement malgré le fait que la valeur de leurs marks ait énormément baissé.

Cependant, Paine affirme le contraire, un "Statement of Conditions as of January 31 1923" (Déclaration des conditions au 31 janvier 1923) trouvé dans les dossiers de FDR indique que la valeur comptable par action ordinaire à cette époque était de 2,62 dollars par action, alors que

---

[38] Haber, *The House of Roosevelt*, op. cit., p. 81-2.

la valeur comptable moyenne au moment de l'investissement était de 2,64 dollars - en d'autres termes, une légère baisse.

Lors de la réunion des directeurs du 19 septembre 1923, il a été confirmé que la valeur totale des investissements était d'environ 120 000 dollars, et en mai 1925, c'était encore approximativement le montant enregistré dans la trésorerie. Cependant, dans les années qui ont suivi la stabilisation du mark, les conditions se sont améliorées et une déclaration datée du 12 mai 1926 indique une valeur nette de 147 098,07 dollars, avec 17 275 actions en circulation, et qui est alors égale à 8,50 dollars par action. Le 21 mai 1926, la société a proposé d'acheter toutes les actions offertes dans les 90 jours à 7,50$ l'action. En mai 1926, FDR a démissionné de son poste de président et a accepté l'offre de 7,50$ par unité pour ses 1005 actions ordinaires.

Les détenteurs américains de marks allemands qui ont investi dans des investisseurs européens unis ont-ils gagné ou perdu sur leur investissement ? Si nous supposons qu'ils ont conservé leurs actions jusqu'en 1926 et ont accepté l'offre de la société à 7,50 dollars par unité d'action ordinaire, puis ont acheté au prix d'émission de 10 000 marks allemands en septembre 1922 (date de l'offre), ils auraient perdu considérablement. En septembre 1922, le taux de change du dollar était de 1,00$ pour 764 marks allemands. Ainsi, une action de 10 000 marks équivaudrait à 13 dollars par action, et une action détenue de 1922 à 1926 aurait subi une perte d'environ 5,50 dollars par action ; d'autre part, un actionnaire aurait évité une dépréciation totale et la perte de tous ses fonds en raison de sa détention.

ENQUÊTE SUR UNITED EUROPEAN INVESTORS LTD.

L'élément Roberts-Gould qui a rejoint FDR et Schall au Conseil de l'U.E.I. avait une mauvaise réputation dans "le milieu". En fait, Roberts et Gould faisaient l'objet d'une enquête pour activités criminelles présumées. En juillet 1922, alors que United European en était aux premiers stades de son incorporation, un certain M. Crary, un ancien enquêteur de la Mercantile Agency de Proudfoot - l'agence d'investigation de premier plan utilisée par les prestigieuses entreprises de Wall Street - a approché la secrétaire de FDR, Mlle Le Hand. M. Crary a transmis à "Missy" des informations sur ce qu'il a appelé une "bande d'escrocs ayant des bureaux au 7 Pine Street" et dont la plaque sur la porte portait l'inscription "United European Investors, Ltd." Missy Le Hand a transmis l'information au bras droit de FDR, Louis Howe, qui à son tour a soulevé le problème avec l'ancien partenaire de Schall, Müller. De Müller et d'autres sources, Howe a appris que Roberts et Gould faisaient partie de cette prétendue "bande d'escrocs" qui, selon Crary, "se livraient à toutes sortes de promotions douteuses et ... il est certain qu'ils comptent parmi leurs membres un ancien détenu sous un faux nom à la réputation des plus douteuses".[39] Lorsque le nom de United European Investors, Ltd. a été affiché sur la porte de leur bureau au 7 Pine Street, l'enquêteur Crary, qui surveillait régulièrement le bureau depuis un an, a commencé à sonder discrètement Roberts et Gould. Bien que Roberts n'ait jamais été dans le bureau du 7 Pine Street, Crary a découvert que Gould "avait l'habitude d'utiliser ce bureau depuis au moins un an, et était considéré comme l'un de leurs (c'est-à-dire celui des escrocs) amis éprouvés". L'association de Gould avec "les escrocs" a rendu Crary méfiant, car, bien que l'agence Proudfoot ait précédemment donné à Gould "un dossier assez propre", elle l'avait également placé dans "la classe des promoteurs professionnels".

L'enquête de Crary a été entreprise au nom des propriétaires de l'immeuble du 7 Pine Street, "qui ont l'intention de se débarrasser de tout le monde en peu de temps". C'est au cours de l'enquête que l'Agence Proudfoot est tombée sur une circulaire mentionnant le nom de Franklin D. Roosevelt comme président de United European Investors, Ltd. et de William Schall comme banquier. Les preuves mises au jour par l'Agence Proudfoot ont été confirmées à Louis Howe par un certain M. Hanway, membre de la société de courtage en valeurs mobilières Harris, Forbes. M. Hanway a déclaré qu'il avait "été mis au courant des activités de Gould pendant plusieurs années, et qu'il se méfiait tellement de lui qu'il l'a amené à faire tous les efforts possibles pour éviter de rencontrer Schall dès le début".

De plus, l'Agence Proudfoot soupçonnait que Gould avait tenté d'obtenir des informations confidentielles de leur part et que Gould agissait comme "un espion pour les escrocs afin de découvrir quelles étaient les connaissances de Proudfoot & Company sur leurs affaires tordues".

Toutes ces informations ont été dûment rapportées par Howe dans une lettre ("Cher patron") à FDR (29 juillet 1922). La plupart des hommes d'affaires confrontés à un partenaire de ce calibre abandonneraient probablement toute opération proposée par United European Investors,

---

[39] Informations extraites de la lettre Howe-FDR du 29 juin 1922 dans les dossiers de United European Investors, Ltd.

mais le mémorandum de Howe à FDR ne recommande rien de tel. Il se lit en partie comme suit :

> Mes recommandations sont les suivantes : Que Gould et Roberts soient invités à trouver immédiatement de nouveaux bureaux, de préférence dans une église ou un autre endroit respectable. Qu'on se débarrasse de Roberts, qui est de toute façon un sauvage de la publicité, et qui n'a aucune fonction importante dans ce jeu, et qu'on surveille de près Gould. Si M. Crary présente effectivement la circulaire, je déclencherai un tel tapage que son utilisation sera suspendue jusqu'à ce que nous soyons prêts à faire une annonce officielle. Je pense qu'il serait sage d'insister pour que je sois nommé membre du conseil d'administration pendant l'été, d'autant plus que Jenks et Rogers seront tous deux absents la plupart du temps et que certains veulent surveiller chaque action entreprise.

En d'autres termes, Howe suggère que les précautions contre les doubles allégeances seront suffisantes et que le meilleur moyen d'y parvenir est de nommer Louis Howe au conseil d'administration.

Quoi qu'il en soit, le plan se déroule comme prévu ; Roberts devient secrétaire de l'U.E.I., et Gould, présumé espion des escrocs, conserve son rôle de promoteur actif et continue de rendre compte périodiquement à FDR par lettre de l'évolution de leurs efforts de collecte de fonds. Le 20 juillet, avant que Howe ne rapporte à FDR le contenu de l'enquête Proudfoot, Gould avait écrit à FDR depuis le Southern Hotel de Baltimore au sujet de ses entretiens avec Edward Clark & Co, les banquiers de Baltimore, dont le partenaire Herbert Clark connaissait FDR depuis l'époque où ils étaient à Harvard. Puis, le 13 août 1923, Gould écrivit à FDR depuis le Canadian Club de New York pour relayer les télégrammes reçus de William Schall en Europe et conclut :

> J'ai été désolé d'apprendre que vous étiez à nouveau sujet à des difficultés. Vous en faites probablement trop, il ne faut pas essayer d'aller trop vite après une telle maladie. En tout cas, j'espère avoir le plaisir de vous voir avant mon retour en Europe début septembre.

Rien n'indique que FDR ait communiqué de quelque façon que ce soit avec Gould, et la lettre suivante dans les dossiers est de Gould à FDR, datée du 14 septembre 1923 et également écrite par le Canadian Club de New York. Cette lettre critiquait les "banquiers jaloux dont nous avons fait échouer les plans, et dont les projets ont été entravés. Si nous n'avions pas publié cette lettre aujourd'hui, nous aurions échoué".

Gould conclut alors : "Merci pour la grande et noble manière dont vous nous avez soutenu, et je pense personnellement que c'est votre attitude forte qui fait de notre projet une réussite totale", ajoutant que lorsqu'il (Gould) a appelé les grandes banques et les trusts à présenter "leur proposition", il a trouvé que "votre nom [FDR] a été applaudi à tout rompre, car vous étiez le maître d'œuvre pour assurer le bon fonctionnement de l'aide au malheureux investisseur américain", et que si FDR avait pu entendre ces commentaires de la part des "plus grandes maisons financières", cela lui aurait donné "une grande satisfaction".

Sur la base de ces lettres, nous devons conclure que FDR a sciemment conclu un accord commercial avec des personnes dont la réputation était pour le moins douteuse, et que cet accord commercial a été maintenu après que des preuves de malversations aient été portées à la connaissance de FDR par Missy Le Hand et Louis Howe.

Seules des preuves superficielles que l'ensemble de l'opération United European Investors a été conçue par Roosevelt existent. Lorsque Gould dit à FDR que son "nom a été applaudi comme étant l'esprit maître", il est raisonnable de supposer que Gould flattait Roosevelt pour ses propres fins. Il n'y a vraiment aucune preuve, ni dans les dossiers ni ailleurs, que les antécédents et les connaissances financières de Roosevelt étaient suffisants pour élaborer un plan aussi ingénieux que celui de l'U.E.I.

LE CHANCELIER WILHELM CUNO ET LA HAPAG

La dépréciation désastreuse du mark allemand, qui était la raison d'être de United European Investors, s'est concentrée sur la période allant du milieu de l'année 1922 à novembre 1923. Le tableau indique comment l'inflation est devenue complètement incontrôlable après la mi-1922. Le Chancelier allemand entre la mi-1922 et août 1923 était Wilhelm Cuno (1876-1933). Cuno était à l'origine un fonctionnaire, toujours actif dans la politique, et en novembre 1917 il a été élu directeur de la ligne Hambourg-Amérique (HAPAG).

Lorsque Ballin, le président de la HAPAG, se suicida en 1918, Cuno en devint le président. Après le 10 mai 1921, Karl Wirth était chancelier allemand et Walter Rathenau, président de la General Electric (A.E.G.), était ministre des réparations. S'ensuivit une série d'événements dramatiques. Le ministre allemand des Finances Matthias Erzberger a été assassiné le 26 août 1921. En janvier 1922, Rathenau devient ministre des Affaires étrangères et le 24 juin 1922, il est également assassiné. En octobre 1922, Friedrich Ebert est nommé Chancelier du Reich et Wilhelm Cuno de la HAPAG est nommé Chancelier allemand. La dépréciation du mark se produit sous Cuno et culmine avec la crise financière et sa destitution en août 1923. Cuno revient à la présidence de la ligne Hambourg-Amérique. On peut noter au passage la prédominance des présidents d'entreprises dans la politique contemporaine : par exemple,

Rathenau de la General Electric allemande et Cuno de la HAPAG. Owen D. Young, de General Electric aux États-Unis, a également été le créateur du plan Young pour les réparations allemandes, et le président de General Electric (A.E.G.) allemand, Rathenau, était ministre des réparations allemandes en 1922. Ces nominations sont généralement expliquées sur la base du principe du "meilleur homme pour le poste", mais, compte tenu des preuves présentées dans le dernier chapitre sur la politique dans le domaine des cautionnements, nous pouvons à juste titre exprimer notre scepticisme quant à cette explication. Il est beaucoup plus probable que les Youngs, les Cunos, les Rathenaus - et les Roosevelt - mélangeaient les affaires et la politique pour leur propre gain pécuniaire. Malheureusement, si nous devons laisser sans réponse la question clé de savoir dans quelle mesure ces groupes élitistes ont utilisé l'appareil d'État à leurs propres fins, il est clair que, lorsque nous examinons l'histoire de Wilhelm Cuno, nous revenons à Franklin D. Roosevelt et à la formation de United European Investors Ltd. Cuno, sous les auspices duquel la grande inflation allemande a fait rage, était directeur de la Hamburg-America Line ; John von Berenberg Gossler, le conseiller de United European Investors en Allemagne, était également membre du conseil d'administration de cette société.

En résumé, Cuno et Gossler faisaient partie du même conseil d'administration à la HAPAG. La politique de Cuno était essentiellement responsable de l'inflation allemande de 1922-23, tandis que son co-directeur Gossler, en coopération avec Franklin D. Roosevelt, tirait profit de ces mêmes politiques d'inflation. Cela fait réfléchir.

L'INTERNATIONAL GERMANIC TRUST COMPANY

L'International Germanic Trust Company, fondée en 1927, a été motivée, selon ses promoteurs, par une demande d'institutions bancaires américaines en Europe centrale. Parmi les organisateurs du trust, approuvés par le département bancaire de l'État de New York, figuraient Franklin D. Roosevelt, Herman A. Metz, directeur de I.G. Farben, James A. Beha, surintendant des assurances de l'État de New York, et E. Roland Harriman de la société bancaire internationale W. A. Harriman & Co. Le président de l'International Germanic Company associée et président du comité exécutif de la société était Harold G. Aron, qui avait eu plus que sa part de procès concernant la promotion des actions. Les bureaux principaux de l'International Germanic Trust se trouvaient au rez-de-chaussée du 26 Broadway, le Standard Oil Building à New York. Le capital autorisé se composait de 30 000 actions pour un capital de 3 millions de dollars et un excédent de 2 millions de dollars. Dans sa demande au département bancaire, la société était représentée par le sénateur Robert F. Wagner ; bien que ne figurant pas parmi les organisateurs, le vieil ami de FDR, James A. Beha, surintendant des assurances pour l'État de New York, devint membre du conseil d'administration.

Les objectifs de la société, tels qu'ils ont été énoncés par son président, Harold G. Aron, étaient les suivants :

> Il semble qu'il y ait un réel besoin d'une institution de taille et de soutien suffisants, pour remplacer les institutions qui existaient avant la guerre et qui étaient principalement concernées par le financement des relations commerciales entre l'Amérique et le monde des affaires d'Europe centrale. Par l'intermédiaire de ses fondateurs, la société aura et développera des relations tant avec les Américains d'origine allemande dans tout le pays qu'avec les entreprises et les institutions bancaires en Allemagne. La société a l'intention de mettre particulièrement l'accent sur le développement de ses départements des affaires étrangères et des trusts, et de fournir une agence fiscale efficace dans la liquidation prévue des biens et des trusts allemands encore sous la garde du gouvernement.
>
> Dès le départ, la société sera assurée du soutien d'organisations et de sociétés importantes dans ce pays, et le petit déposant, à New York et ailleurs, sera le bienvenu. Elle s'efforcera de distribuer ses actions à grande échelle et en quantités relativement faibles. Il n'y aura pas de vote des trusts ni de contrôle individuel ou collectif.

Roosevelt a participé à l'introduction en bourse de la société proposée. Un télégramme daté du 7 avril 1927 de Julian Gerrard, président de la société, à FDR lui demandait de télégraphier à Frank Warder, surintendant des banques de l'État de New York, pour lui faire savoir que lui (Roosevelt) était intéressé par la société. Il était prévu que cette intervention permettrait de rattraper le retard dans l'octroi de la charte. Les réunions du conseil d'administration se sont tenues dans le Standard Oil Building, dans le bureau de FDR et dans le Bankers Club, ce dernier étant situé au 120 Broadway. La première réunion du comité d'organisation se tient au Bankers Club le vendredi 27 mai 1927 ; bien que FDR ne puisse y assister, il écrit à Julian M. Gerrard : "Quelles sont les nouvelles de la société ? Le 15 août 1927, FDR demande à nouveau à Gerrard : "Comment se déroule le travail d'organisation et que fait-on en ce qui concerne les souscriptions d'actions ?

Une partie considérable des dossiers de lettres FDR de cette promotion est constituée de demandes d'emploi, de participation dans l'entreprise proposée ou de faveurs connexes. Par exemple, la National Park Bank of New York a écrit au FDR le 26 juillet 1927 qu'elle était intéressée par la création de la Société internationale germanique et qu'elle serait heureuse "qu'un de nos agents s'adresse à cet organisme, en donnant des détails sur nos installations". En d'autres termes, la National Park Bank était à la recherche d'une activité de dépôt. FDR a promis de s'adresser au comité d'organisation de la nouvelle société. Puis, le 12 août 1927, Basil O'Connor, partenaire de Roosevelt, lui a laissé un mot : "Cher Franklin, sur la Germanic Bank, voyez si vous pouvez m'obtenir 100 actions." L'émission d'actions elle-même a été fortement sursouscrite. Il était prévu d'émettre 30 000 actions, mais le total des demandes au 12 septembre dépassait 109 000 actions, et au 20 septembre, les demandes dépassaient 200 000 actions provenant d'environ 1900 personnes. Le 3 octobre 1927, le trust a notifié à FDR que son allocation était de 120 actions à 170 dollars par action et qu'elle devait être souscrite avant le 5 octobre. Le télégramme ajoutait que l'émission était fortement sursouscrite et cotée à 187 offres, 192 demandes, ce qui donnerait à FDR un bénéfice sur une revente immédiate. Ce télégramme de Howe ajoutait : "Je voudrais dix de vos actions pour Grace, si vous êtes d'accord."

FDR a été dûment élu membre du conseil d'administration et a notifié le 4 novembre 1927 que la première réunion du conseil se tiendrait le vendredi 11 novembre au Bankers Club au 120 Broadway. Cependant, Basil O'Connor, le partenaire juridique de Roosevelt, a apparemment eu la frousse ou a reçu des informations défavorables sur la promotion parce qu'il a écrit à **FDR** le 14 novembre :

> Je ne sais pas quelle est notre position actuelle dans ce domaine, mais si c'est comme lorsque je me suis séparé, je me sens très mal. La proposition ne nous a pas aidés à établir d'autres relations bancaires sur lesquelles j'ai travaillé pendant un an et, franchement, elle a toutes les caractéristiques que Gerrard (sic) pense pouvoir "vous faire marcher".

O'Connor a suggéré que FDR devrait démissionner du conseil d'administration parce que "jusqu'à présent, j'ai pu dire que nous n'avons pas d'affiliation bancaire, c'était faux. Je ne peux pas dire cela maintenant". Apparemment, FDR n'a pas immédiatement suivi ce conseil, car le 19 janvier 1928, il a été informé de sa réélection au poste d'administrateur pour l'année à venir, mais dans une lettre datée du 27 janvier 1928, FDR a écrit à Gerrard ce qui suit :

> Cher Julian,
>
> Plus je considère ma fonction de directeur et la société internationale germanique, plus je suis enclin à penser que c'est quelque peu futile. Je vous ai déjà fait part de mes sentiments et de ceux de mon partenaire en ce qui concerne les relations extérieures de l'un ou l'autre d'entre nous, qui se limitent à assister à des réunions occasionnelles et rien de plus. Il m'est bien sûr quelque peu difficile d'assister aux réunions du 26

Broadway compte tenu des étapes, mais, franchement, j'ai le sentiment qu'en conservant mon poste d'administrateur, je n'accomplis pas grand-chose, ni pour moi, ni pour le trust, ni pour la société internationale germanique.

FDR lui a alors offert sa démission. Il est à noter que les raisons de cette démission étaient les suivantes : "Je n'accomplis pas grand-chose, ni pour moi, ni pour le trust". Compte tenu de la réputation plutôt peu glorieuse des promoteurs, cette explication est un peu faible.

CHAPITRE IV

FDR LE PROMOTEUR D'ENTREPRISE

> *Les mailles de nos lois bancaires ont été tissées de manière si lâche qu'elles permettent à ces criminels les plus vils de tous, qui dilapident les fonds de centaines de petits déposants dans une spéculation imprudente à des fins privées, de se livrer sans frein à leur activité prédatrice. L'ensemble de la loi bancaire doit être révisé et le département bancaire a besoin immédiatement de moyens d'inspection beaucoup plus adéquats.*
>
> Franklin Delano Roosevelt, message annuel à la législature de l'État de New York, 1er janvier 1930.

Outre les entreprises spéculatives flottantes dans le domaine de la finance internationale, FDR a été intimement impliqué dans les émissions nationales, dont au moins une était d'une certaine importance. La plus importante de ces entreprises a été organisée par un groupe éminent comprenant Owen D. Young de General Electric (l'éternel Young du plan Young pour les réparations allemandes décrit dans le dernier chapitre) et S. Bertron de Bertron Griscom, banquiers d'affaires à New York. Ce syndicat a créé l'American Investigation Corporation en 1921. En 1927 suivirent Photomaton, Inc. et en 1928 la Sanitary Postage Service Corporation. Puis Roosevelt devient directeur de CAMCO, Consolidated Automatic Merchandising Corporation, mais seulement brièvement, démissionnant lors de son élection au poste de gouverneur de l'État de New York. Comme nous l'avons lu dans l'épigraphe ci-dessus, en 1930, FDR a eu des doutes quant à la possibilité de jouer avec l'argent des autres.

AMERICAN INVESTIGATION CORPORATION

Les scientifiques et les ingénieurs allemands ont commencé très tôt à utiliser avec succès des véhicules ou des dirigeables plus légers que l'air pour le transport de passagers et de marchandises. Dès 1910, l'Allemagne a exploité des services réguliers de transport de passagers par dirigeable.

Les brevets pour les dirigeables ont été saisis pendant la première guerre mondiale par le gouvernement américain en vertu de la loi de 1917 sur le commerce avec l'ennemi, et après la guerre, la Commission des réparations a interdit à l'Allemagne de construire des dirigeables. Cela a laissé le champ libre aux entreprises américaines. Les opportunités offertes par le travail allemand et les restrictions de développement en Allemagne ont été observées par un groupe de financiers de Wall Street : S.R. Bertron de Bertron, Griscom & Co. (40 Wall Street) et, ce qui n'est pas surprenant, puisqu'il était intimement impliqué dans les réparations allemandes, par Owen D. Young de General Electric (120 Broadway). Ce groupe était particulièrement intéressé par les possibilités de développement rentable du transport par dirigeable aux États-Unis. Le 10 janvier 1921, alors que FDR déballe ses valises dans les bureaux de la Fidelity & Deposit Company au 120 Broadway, il reçoit une lettre de Bertron dont voici un extrait :

> Mon cher M. Roosevelt :
>
> Représentant ici le petit groupe d'hommes éminents qui s'intéressent de plus en plus à la question du transport aérien, j'ai eu une longue conférence avec des responsables de l'armée à Washington la semaine dernière à ce sujet. On me dit que vous, en tant que secrétaire adjoint de la marine, connaissez bien ce sujet et j'aimerais beaucoup en discuter avec vous....

FDR et Bertron se sont rencontrés pour discuter du transport aérien au cours d'un déjeuner à l'Association du centre-ville. On peut supposer que Bertron a renseigné Roosevelt sur les développements techniques jusqu'à cette époque. Nous savons d'après les dossiers qu'il y a également eu une réunion entre Owen D. Young, S.R. Bertron, et l'ingénieur-attorney Fred S. Hardesty, représentant les détenteurs de brevets allemands, qui avaient de bonnes relations à Washington où les brevets saisis étaient sous la garde du dépositaire des biens étrangers et n'avaient pas encore été libérés.

Cette deuxième réunion a donné lieu à un accord préliminaire daté du 19 janvier 1921, connu sous le nom d'accord Hardesty-Owen-Bertron, qui prévoyait la voie à suivre pour développer l'exploitation de dirigeables commerciaux aux États-Unis. Un syndicat a ensuite été formé par Owen-Bertron pour "étudier toutes les phases de la navigation aérienne, la législation requise et les méthodes de collecte de fonds". Hardesty et ses associés ont remis au syndicat toutes leurs données et tous leurs droits en échange d'un remboursement de leurs frais de 20 000 dollars engagés jusqu'à cette date et d'une participation au syndicat. Le rôle de FDR était celui de collecteur de fonds, en utilisant ses nombreux contacts politiques à travers les États-Unis. Le 17 mai 1921, Bertron écrit à FDR qu'il a essayé de collecter des fonds auprès de personnes à Saint-Louis, Cincinnati et Chicago, tandis que Stanley Fahnestock, un associé de son cabinet, a fait le tour de la Californie et de Chicago. Lewis Stevenson, un autre membre du syndicat, était à l'œuvre parmi ses contacts dans le Middle-West. Bertron a donc fait appel à FDR pour une série de présentations personnelles à des contributeurs potentiels :

> Stevenson a hâte que vous le recommandiez auprès de Edward Hurley, E. F. Carey et Charles Piez, que vous connaissez tous. Il aimerait également écrire à Edward Hines, R.P. Lamont et H.C. Chatfield-Taylor. Je crains qu'il ne s'agisse d'une tâche importante. Ferez-vous de votre mieux ?

FDR a pris acte de la demande de Bertron, selon laquelle il envoyait des lettres à Stevenson "pour le présenter à Edward Hurley et à Charles Piez et E.F. Carey". J'ai bien peur de ne pas connaître les autres". Charles Piez, président de la Link-Belt Company à Chicago, s'est excusé de sa participation en déclarant que "... je pratique l'économie la plus rigide, faisant la sourde oreille aux perspectives les plus attrayantes et les plus séduisantes", et en citant la "forme déplorable" de l'industrie. (Ce plaidoyer en faveur de la pauvreté a été soutenu par la lettre de Piez à FDR, sur un vieux papier à lettres, avec la nouvelle adresse imprimée par-dessus l'ancienne, laissant à peine deviner un président d'une grande société comme la Link-Belt Company). Edward N. Hurley a écrit qu'il n'était "pas très actif dans le monde des affaires", mais quand il sera à New York, "je vais me faire un devoir de faire appel à vous et de raviver le passé".

Le 1er juin, Lewis Stevenson a rendu compte à Roosevelt de ses progrès en matière de collecte de fonds dans le Middle-West. Il a confirmé que Piez était à court d'argent et que Hurley voulait parler plus tard, mais que Carey pourrait avoir un certain intérêt :

> Charles Swift, Thomas Wilson, tous deux emballeurs, étudient actuellement la proposition, tout comme Potter Palmer, Chauncey McCormick et une douzaine d'autres. Depuis que j'ai obtenu le contrat de Marshall Field, j'ai ajouté à notre liste C. Bai Lehme, une fonderie de zinc aux moyens très importants ; M. Wrigley, membre junior de la grande entreprise de chewing-gum ; John D. Black, de Winston, Strawn & Shaw ; B.M. Winston et Hampton Winston, de Winston & Company, et Lawrence Whiting, président de la nouvelle banque Boulevard Bridge. Peu à peu, je rassemble un groupe conséquent, mais je dois avouer qu'il s'agit d'un travail décourageant, lent et difficile. D'après mon expérience, je peux convaincre un individu de la faisabilité de ce projet, mais dès qu'il en discute avec ses amis, qui ne savent rien de la proposition, ils développent dans son esprit un doute sérieux que je dois combattre à nouveau. Grâce à mes observations à l'étranger, je suis fermement convaincu qu'il est possible d'en faire un succès.

Stevenson a conclu en demandant une lettre de présentation à l'éminent avocat de Chicago, Levy Meyer. Il est clair qu'à la fin du mois de juin 1921, Stevenson avait incité un certain nombre d'éminents citoyens de Chicago, dont Marshall Field, Philip N. Wrigley et Chauncey McCormick, à signer avec diligence.

En ce qui concerne FDR, ses lettres de vente sur ce projet feraient honneur à un vendeur professionnel. En témoigne sa lettre au colonel Robert R. McCormick, de l'empire des journaux de Chicago :

> Cher Bert :
>
> Comme vous êtes une personne à l'esprit progressiste, je demande à M. Lewis G. Stevenson de vous parler d'un sujet qui, à première vue, peut sembler une idée parfaitement folle. Mais il s'agit en réalité de quelque chose de très différent et tout ce que je peux vous dire, c'est que bon nombre d'entre nous ici présents, comme Young de la General Electric Company, Bertron de Bertron Griscom & Co, et un certain nombre d'autres citoyens parfaitement respectables ont manifesté suffisamment d'intérêt pour approfondir la question. Tout cela concerne l'établissement de lignes commerciales pour les dirigeables aux États-Unis...

Des lettres similaires ont été adressées à Chauncey McCormick, Frank S. Peabody de Peabody Coal et Julius Rosenwald de Sears, Roebuck. Ces initiatives ont été suivies de dîners personnels. Par exemple, le 21 avril 1921, FDR a écrit à Frank Peabody :

> ... est-il possible que vous puissiez dîner avec M. Bertron, M. Snowden Fahnestock et plusieurs autres d'entre nous au Union Club lundi soir prochain à 19h30 ? Bertron revient tout juste de l'autre côté de l'Atlantique et a des données très intéressantes concernant ces dirigeables commerciaux, qui ont fait leurs preuves en Allemagne.

FDR a ajouté que le groupe "promettra de ne pas vous retenir contre votre gré". Ce à quoi un Peabody réticent a télégraphié : "Impossible d'être là, n'aurait pas du tout peur d'être retenu, aurait énormément apprécié vous rendre visite".

À Edsel B. Ford, FDR écrit : "J'envoie cette note de M. G. Hall Roosevelt, mon beau-frère, qui connaît bien toute l'affaire." G. Hall Roosevelt, qui travaillait par hasard pour General Electric en tant que chef de division, s'est révélé être un négociateur habile, mais pas suffisamment pour rallier Ford dès les premiers échanges.

WALL STREET ET FRANKLIN D. ROOSEVELT

Toutefois, le 18 février 1922, l'American Investigation Corporation avait établi une liste très saine d'abonnés, comme le confirme la liste partielle suivante[40] :

Nom	Affiliation	Lieu
W.E. Boeing	Président, Boeing Airplane Co.	Seattle
Edward H. Clark	Président, Homestake Mining Co.	New York
Benedict Crowell	Crowell & Little Construction Co.	Cleveland
Arthur V. Davis	Président, Aluminum Co. of America	Pittsburgh
L.L. Dunham	Equitable Building Association	New York
Snowden A. Fahnestock	Bertron, Griscom & Co.	New York
Marshall Field, III	Capitaliste	Chicago
E.M. Herr	Président, Westinghouse Electric & Mfg. Co.	Pittsburg
J.R. Lovejoy	Vice-président de la General Electric Company	New York
John R. McCune	Président, Union National Bank	Pittsburgh
Samuel McRoberts	Capitaliste	New York
R.B. Mellon	Président, Mellon National Bank	Pittsburgh
W.L. Mellon	Président, Gulf Oil Co.	Pittsburgh
Theodore Pratt	Standard Oil Company	New York
Franklin D. Roosevelt	Vice-président, Fidelity & Deposit Co.	New York
Philip N. Wrigley	Vice-président, Wm. Wrigley Co.	Chicago
Owen D. Young	Vice-président de General Electric Co.	New York

---

[40] Liste datée du 18 février 1922 dans les dossiers de FDR.

Le premier conseil d'administration était composé de Samuel McRoberts[41], vice-président de la National City Bank, de William B. Joyce, président de la National Surety Company - l'un des concurrents de FDR dans le domaine du cautionnement et des obligations - et de Benedict Crowell, ancien secrétaire adjoint à la guerre et président du conseil d'administration de la société de construction Crowell & Little Construction de Cleveland. Snowden A. Fahnestock de Bertron, Griscom était le fils du financier new-yorkais Gibson Fahnestock et un associé de la société de courtage en valeurs mobilières Fahnestock & Company. Le frère de Gibson, William Fahnestock, associé dans la même société, était directeur de plusieurs grandes sociétés, dont Western Union et, avec Allen Dulles, de la Gold Dust Corporation. David Goodrich, un autre souscripteur, était président du conseil d'administration de la B.F. Goodrich Company et administrateur de l'American Metals Company of New Mexico.

Il convient de noter avec soin que cette entreprise était une entreprise privée où le risque et les récompenses étaient pris par des capitalistes expérimentés et clairvoyants. Le financement de cette entreprise ne peut faire l'objet d'aucune critique ; la critique porte sur la manière dont elle a acquis son principal actif, les brevets allemands.

Le rapport du président pour l'année 1922, publié le 8 janvier 1923, résume les réalisations de l'A.I.C. jusqu'à cette date.

La Commission allemande des réparations a refusé d'autoriser la construction de grands dirigeables en Allemagne, et il y a eu un retard dans l'achèvement et l'essai du nouvel appareil conçu par le Bureau américain des mines pour la fabrication économique de gaz hélium, mais on a estimé que l'A.I.C. était à quelques mois du moment de faire appel au public pour un soutien financier. Selon ce rapport, la première étape des travaux avait été conclue par la signature, le 11 mars 1922, d'un contrat entre l'American Investigation Corporation et la Schuette-Lanz Company, par lequel l'American Investigation Corporation obtenait les droits de brevet mondiaux sur les conceptions et les méthodes de construction des dirigeables rigides de la Schuette. Le contrat prévoyait des paiements échelonnés et comprenait un accord avec Schuette-Lanz soit pour construire un dirigeable, soit pour fournir les services des experts chargés d'entreprendre la construction aux États-Unis.

La société avait "définitivement déterminé, par l'intermédiaire du Département d'État, que la Commission des réparations et le Conseil des

---

[41] Samuel McRoberts figure en bonne place dans Sutton, *Wall Street et la révolution bolchévique*, op. cit.

ambassadeurs ne consentiraient pas à la construction en Allemagne du navire de grande taille envisagé par l'American Investigation Corporation", et le Dr Schuette a donc été prié de se rendre aux États-Unis pour parvenir à un accord définitif. L'objectif ultime, poursuit le rapport, est l'implantation de l'industrie des dirigeables aux États-Unis et "ne perdons pas de vue ; néanmoins, que l'obtention du premier navire en provenance d'Allemagne à moindre coût et construit par les meilleurs experts est hautement souhaitable".

L'importance d'assurer un approvisionnement en hélium pour les dirigeables a été mise en évidence par la destruction du R. 38 britannique et des dirigeables italiens *Roma*. Après consultation du Helium Board et du chimiste en chef du Bureau des Mines, une décision sur la question de l'hélium a été reportée jusqu'à l'achèvement de l'appareil amélioré que le Bureau était en train de concevoir pour la production d'hélium commercial. Selon les termes de l'accord entre l'American Investigation Corporation et l'ingénieur Hardesty et ses associés de Washington, en plus des 20 000 dollars fournis pour couvrir leurs travaux avant la création de l'American Investigation Corporation, certaines dépenses réelles devaient être remboursées pour l'aide à organiser la société. L'accord final était toutefois subordonné à la signature d'un contrat concernant la part que M. Hardesty et ses associés devaient recevoir dans l'American Investigation Corporation et dans l'une de ses filiales en échange de leur travail de promotion : il exigeait surtout que les brevets allemands détenus au nom du public américain par l'Alien Property Custodian soient remis à l'A.I.C.

POLITIQUE, BREVETS ET DROITS D'ATTERRISSAGE.

Par conséquent, le syndicat A.I.C. avait un obstacle majeur à surmonter avant de pouvoir commencer à travailler sur le développement commercial des dirigeables aux États-Unis. Cet obstacle politique - acquérir les droits sur les brevets de construction de dirigeables Schuette-Lanz - a nécessité l'assistance politique avisée de FDR. Ces brevets étaient allemands, mais sous le contrôle du gouvernement américain. Selon la loi américaine, les biens étrangers saisis ne peuvent être cédés que par vente aux enchères et par appel d'offres. Cependant, nous trouvons dans le rapport du président de l'A.I.C. du 26 mai 1922 que l'A.I.C. était alors "le propriétaire des brevets actuels de Schuette-Lanz" et qu'elle répertoriait 24 brevets et 6 demandes de brevets provenant d'Allemagne, 6 demandes provenant d'Angleterre, et 13 brevets et 6 demandes provenant des États-Unis. Le rapport se poursuit : "Aux États-Unis, 7 brevets sont soumis à la restitution par l'Alien Property

Custodian. Par le biais de cessions de dépôt, tous les nouveaux brevets américains sont délivrés directement à l'A.I.C.". Comment, alors, le syndicat A.I.C. a-t-il obtenu les brevets allemands détenus en fiducie par les États-Unis ? C'est particulièrement important, car il n'existe aucune trace d'enchères ou d'appels d'offres. Le rapport de l'A.I.C. ne contient que des notes :

> Les intérêts de l'A.I.C. ont été protégés par la collaboration à la rédaction des contrats et des assignations de M. J. Pickens Neagle (Solicitor of the Navy Department) Franklin Roosevelt, M. Howe et Blackwood Brothers.

Cela soulève certainement la question de la légitimité d'un avocat du département de la marine des États-Unis agissant au nom d'un syndicat d'intérêt privé. Les brevets allemands ont été délivrés par le gouvernement américain pour l'A.I.C. grâce à l'intervention personnelle de Franklin D. Roosevelt. Voyons comment il s'y est pris.

Franklin D. Roosevelt était l'ancien secrétaire adjoint de la marine, l'un des Roosevelt à occuper ce poste, et avait donc de bons contacts politiques au sein du département de la marine. Au milieu de l'année 1921, FDR a commencé à enquêter auprès de ses anciens amis de la Marine sur deux questions : (1) la position des brevets Schuette et (2) la possibilité d'acquérir un usage privé pour le syndicat A.I.C. de la base navale de Lakehurst pour les dirigeables A.I.C. Le 4 mai 1921, l'amiral R.R. Byrd, au Bureau des opérations navales, a répondu à une invitation à visiter le domaine de FDR à Campobello. Neuf mois plus tard, le 23 mai 1922, le commandant E.S. Land, du Bureau des opérations aéronautiques de la marine, a également pris acte d'une invitation à visiter FDR lors de sa prochaine visite à New York. Land a ajouté qu'il "semble peu probable que je me rende à New York au cours des trois ou quatre prochaines semaines. Si vous pouviez me conseiller quant à la nature de vos demandes, je pourrais peut-être vous donner quelques informations dans le sens souhaité".

FDR a répondu au commandant de la Force terrestre dans une lettre portant la mention "*Personnel*", mais envoyée au département de la Marine, en précisant que sa demande ne pouvait être faite par téléphone ou par lettre. FDR a ensuite brièvement passé en revue la position de l'A.I.C. et a déclaré que la compagnie "est sur le point de procéder à la construction et à l'exploitation proprement dite de dirigeables", mais qu'elle avait besoin d'en savoir plus sur le programme du gouvernement américain pour ce type d'embarcations : "Je ne cherche pas d'informations confidentielles, mais simplement des faits que je suis sûr de pouvoir obtenir sans trop de difficultés si je pouvais me rendre moi-même à Washington".

Cette information est, écrit FDR à Land, "pour le bien de la cause en général", et il a ensuite proposé de prendre en charge les frais du commandant Land s'il se rendait à New York. Cette offre n'a apparemment pas eu beaucoup de succès, car le 1er juin, FDR a de nouveau demandé l'information et a poussé encore plus loin : "Au fait, y aurait-il une objection à ce que nous obtenions une copie du contrat du Zeppelin ? Théoriquement, ce sont tous des documents publics".

En dernière analyse, c'est Pickens Neagle, du bureau du juge-avocat général de la marine, qui a été le principal artisan de l'obtention des brevets allemands requis pour l'A.I.C. ; Neagle se rendait manifestement utile à FDR dans d'autres domaines également. Le 15 mai 1922, FDR écrivit à Neagle au sujet de Hardesty, l'ingénieur-avocat qui s'occupait des négociations sur les brevets à Washington :

> M. Fahnestock et moi-même avons approuvé sans conteste la très modeste somme que Hardesty a mise à votre disposition, [Neagle] et je suis sûr que les directeurs l'approuveront lors de leur réunion, qui ne tardera pas.

Le Navy Solicitor Neagle y a répondu le 16 juin pour donner à FDR des informations sur d'éventuelles affaires de cautionnement :

> J'ai honte de mentionner une chose aussi minime que la caution qui accompagnerait un contrat de 29 000 dollars, mais les choses sont très ennuyeuses dans le domaine des marchés publics en ce moment. La Midvale Steel and Ordnance Company vient de recevoir un contrat pour des pièces forgées de 8 pouces, pour un montant total inférieur à 29 000 dollars. La caution sera d'un montant égal à quelque chose comme 15 à 20% du montant du contrat.

De nouveau, le 9 août 1922, Neagle écrivit à Louis Howe et fit référence aux documents de la marine de FDR, qui étaient apparemment en train de subir l'examen habituel au sein du département avant d'être remis à FDR. Le problème de FDR était d'empêcher les documents de "passer entre les mains d'employés du service des archives ou de personnes curieuses ayant peu de sens des responsabilités". Le Département de la Marine ne voulait pas communiquer les documents sans examen approprié, même après l'intervention personnelle de Neagle. Neagle écrit à FDR :

> Je ne voyais pas comment je pourrais amener M. Curtis à changer d'avis sur le sujet, alors je l'ai laissé dans cet état avec la réserve cependant que vous serez bientôt ici vous-même et que vous le secouerez peut-être.

Le dossier à ce jour suggère que Pickens Neagle, avocat au bureau du Juge-avocat général de la Marine, travaillait plus pour le compte de FDR que pour le contribuable et le ministère de la Marine. Le contenu de ce dossier se déplace ensuite vers la tentative d'acquisition de l'utilisation des brevets allemands pour l'A.I.C. ; ces lettres ne sont plus sur du papier à lettres de la marine, mais sur du papier ordinaire, sans adresse imprimée, mais signées par Neagle. Le 16 février 1922, une lettre de Neagle à Howe relate que :

> notre bureau de l'arrière. (sic) est retourné au Bureau de l'Aéronautique qui a suggéré une forme de contrat avec un avenant disant que la station pourrait être louée à l'A.I.C. et que les employés [de la Marine] seraient mis à pied pour que la société les emploie.

Neagle a ajouté que, bien que les officiers de la marine ne puissent pas diriger et superviser les employés de l'A.I.C., ils pourraient être détachés dans l'industrie privée pour apprendre le métier de constructeur de dirigeables. Cette information privée est suivie d'une lettre officielle de Neagle à Fahnestock de l'A.I.C. (qui porte maintenant sa casquette officielle de Solicitor dans la marine américaine) pour confirmer le fait que la marine était prête à louer la station et l'usine de Cape May, une autorisation révocable sans préavis. Un autre, daté du 6 janvier 1923, rapporte que Hardesty a signé un contrat qui "devrait être acceptable pour la société".

Il est clair que les brevets Schuette ont été transférés sans enchères publiques ni appels d'offres, mais par un accord privé entre le gouvernement américain et des avocats agissant au nom d'une société privée. Il s'agit d'une violation de la loi sur le commerce avec l'ennemi.

Les dossiers font également état d'un autre employé du ministère de la Marine qui s'est précipité au secours de FDR. Une lettre datée du 31 mars 1923 de M.N. McIntyre, chef du bureau des nouvelles de la marine, à Louis Howe, suggère que l'A.I.C. s'empare du "dirigeable allemand en construction pour la marine", ainsi que l'accès à la base navale de Lakehurst. McIntyre est d'une franchise rafraîchissante sur sa proposition d'assistance politique : Si vous me faites connaître votre position sur la proposition de Lakehurst, je peux peut-être faire quelque chose pour aider à "graisser la patte". Il en va de même pour l'autre proposition".

Nous pouvons établir à partir des dossiers que FDR et son syndicat ont pu faire appel à des sources d'information et d'assistance au sein du Département de la Marine. Comment précisément l'A.I.C. a-t-elle alors pris le contrôle des brevets Schuette-Lanz ? Il s'agissait prétendument de biens publics dont il fallait se défaire par voie d'appel d'offres. Le rapport Hardesty de février 1921 explique le statut juridique des brevets et jette plus de lumière sur leur transfert.

Les brevets avaient été saisis par le gardien des biens des étrangers et jusqu'alors, ils n'avaient fait l'objet de licences que pour les ministères de la Guerre et de la Marine. Une demande a été soumise le 10 janvier 1921 par Fred Hardesty, indiquant qu'une société (vraisemblablement l'A.I.C.) devait être créée et qu'elle avait besoin des brevets, mais Hardesty a nié "que les brevets eux-mêmes aient une grande valeur intrinsèque". En d'autres termes, Hardesty marchait sur une corde raide. L'A.I.C. avait absolument besoin des brevets pour se protéger des étrangers. En même temps, affirme Hardesty, les brevets n'avaient pas vraiment de grande valeur. Ils sont nécessaires, écrit-il au gardien des biens des étrangers, "pour nous constituer un rempart moral contre l'agression des parties extérieures". Hardesty a fait valoir que l'intérêt public était vital et qu'il serait "heureux de recevoir des informations sur la valeur qui a été fixée pour les brevets, si leur valeur a été évaluée, et sur les conditions auxquelles ils pourraient nous être vendus".

À cette lettre est joint, dans les dossiers de FDR, un "Memorandum pour M. Hardesty" sur les brevets de Johann Schuette qui semble avoir été délivré par l'Office de conservation des biens étrangers. Le mémorandum confirme le fait que les brevets étaient détenus en vertu de la loi de 1917 sur le commerce avec l'ennemi, que le seul droit restant au détenteur allemand était le droit de réclamer la restitution, et que ces revendications doivent être réglées selon les instructions du Congrès. Il est peu probable, indique le mémorandum, que les brevets soient vendus par le dépositaire des biens étrangers, mais, si les brevets étaient mis en vente, "il y aurait peu ou pas de concurrence, car il y a probablement très peu de sociétés existantes ou proposées qui envisagent de les utiliser, et que par conséquent les prix proposés ne seraient pas très élevés". Le mémorandum aborde ensuite le cœur du problème auquel l'A.I.C. est confrontée :

> L'A.P.C. ne vend des brevets, autres que ceux destinés au gouvernement, qu'à des citoyens américains lors d'une vente publique au plus offrant après annonce publique, sauf décision contraire du président. L'achat de biens auprès de l'A.P.C. pour un donneur d'ordre non déclaré ou pour la revente à une personne non citoyenne des États-Unis, ou au profit d'une personne non-citoyenne des États-Unis est interdit sous peine de sanctions sévères.

Cela laisse ouverte la possibilité que le ministre de la guerre ou le ministre de la marine puisse recommander une vente immédiate au président "dans le cadre d'une politique commerciale saine et dans l'intérêt du public".

Le syndicat a ensuite tenté de suivre la voie présidentielle, apparemment avec succès. Le 4 février 1921, FDR à New York écrivait à Hardesty à Washington :

"Je suis d'accord avec vous pour dire que nous devrions faire quelque chose immédiatement en ce qui concerne les brevets Schuette, et au moins faire l'essai avant que l'administration actuelle ne se retire."

Ensuite, un mémorandum des services reproduit dans les dossiers indique que le 9 et le 17 février 1921, FDR s'est rendu à Washington et a au moins rencontré le gardien des biens étrangers. Par la suite, Schuette a donné une procuration à Hardesty, et les brevets ont été restitués par le gardien des biens étrangers, mais pas immédiatement. Les dossiers de FDR ne contiennent pas de documents originaux signés sur la mainlevée, mais seulement des ébauches de documents, mais comme les brevets ont finalement été remis à l'A.I.C., on peut supposer que ces ébauches de travail sont raisonnablement proches du document final signé. Un document signé par le dépositaire des biens étrangers et le titulaire du brevet allemand Johann Schuette est rédigé comme suit :

> Il est en outre entendu et convenu par et entre les parties aux présentes que le ou les prix auxquels les brevets de Johann Schuette énumérés ci-dessus peuvent être vendus à l'American Investigation Corporation par l'Alien Property Custodian sont et seront considérés uniquement comme une valeur nominale desdits brevets fixée et convenue par et entre les parties aux présentes et la valeur réelle de ceux-ci ; et que ledit agent doit donner, exécuter et remettre au Alien Property Custodian une décharge sans réserve de la part dudit Johann Schuette et de son agent et de leurs héritiers, ayants droit et représentants légaux de toutes les réclamations, demandes, etc.

Il ressort clairement de ce document (1) que le dépositaire des biens étrangers a vendu les brevets à A.I. C., (2) qu'il n'a facturé à A.I.C. qu'un "prix nominal", (3) qu'il n'y a pas eu d'appel d'offres pour les brevets et (4) que l'ancien détenteur allemand Schuette a obtenu un droit directement ou indirectement. Ces quatre actions semblent être contraires aux exigences de la loi de 1917 sur le commerce avec l'ennemi, même si les procédures (1) et (2) étaient soumises à l'autorité présidentielle.

Par la suite, le 9 mai 1922, un contrat a été établi entre American Investigation Corporation et Johann Schuette. Il prévoyait le versement de 30 000 dollars en espèces à Schuette, ainsi que 220 000 dollars supplémentaires payables par mensualités, le dernier paiement devant être effectué au plus tard le 1er juillet 1923. En cas de défaut de paiement par l'A.I.C., tous les droits sur les brevets seraient remis à Schuette. Une allocation de stock était accordée à Schuette, qui devait à son tour fournir une coopération et une assistance technique à l'A.I.C. Il y a également dans les dossiers de FDR une note interne qui semble être écrite sur la machine à écrire normalement utilisée pour les lettres de FDR ; il s'agit donc peut-être d'une note rédigée soit par FDR, soit plus probablement par Louis Howe. Ce mémorandum résumait la stratégie de l'A.I.C. Il énumère "ce que nous avons à vendre" et répond à cette question comme suit :

1. Les brevets Schuette-Lanz, décrits comme fondamentaux et nécessaires par les ingénieurs de Ford travaillant également sur la construction de dirigeables.

2. Un contrat provisoire à la marine par lequel plus d'un million de dollars de construction d'une usine et d'un hangar de construction sont économisés. C'est notre propriété, car le contrat proposé est en échange d'une licence d'utilisation des brevets Schuette par la Marine.

En d'autres termes, l'A.I.C. a non seulement pu acquérir les brevets sans appel d'offres dans les coulisses des manœuvres politiques, mais a également acquis le droit de les revendre à la marine. C'est le genre d'accord dont la plupart des pauvres contribuables ne rêvent même pas, bien qu'ils en paient la facture au final.

3. Toutes les données, dessins et essais des brevets de Schuette-Lanz.

4. Un arrangement pour la production d'hélium.

5. Une liste d'actionnaires composée d'hommes à l'esprit public et aux moyens considérables.

Cela n'était pas suffisant, car la section suivante est intitulée "Ce dont nous avons besoin" et énumère (1) les fonds et (2) le travail. Le mémo propose ensuite une fusion des travaux de l'A.I.C. avec ceux des ingénieurs de Ford.

Nous pouvons résumer comme suit l'accord conclu par FDR avec l'American Investigation Corporation :

Tout d'abord, l'A.I.C. a pu, grâce à l'intervention personnelle de Franklin D. Roosevelt, obtenir des brevets saisis à titre de cadeau ou à un prix symbolique. La loi exigeait que ces brevets saisis soient offerts à un appel d'offres public et non à l'avantage de l'ancien propriétaire allemand. En pratique, ils ont été restitués à huis clos à la suite d'un accord privé entre FDR et le gardien des biens étrangers, éventuellement avec l'intervention du président, bien qu'aucune trace de cette assistance n'ait pu être trouvée. Ces brevets, précédemment décrits comme étant sans valeur, ont ensuite fait l'objet d'un contrat impliquant le paiement de 250 000 dollars au citoyen allemand Schuette et le principal actif d'une société visant à promouvoir la construction de dirigeables aux

États-Unis. À première vue, les documents contenus dans les dossiers indiquent une violation de la loi tant par FDR que par le dépositaire des biens étrangers.

Deuxièmement, ces brevets semblent avoir été délivrés au profit indirect d'une partie étrangère, une procédure soumise à des sanctions sévères en vertu de la loi.

Troisièmement, l'A.I.C. a pu obtenir l'utilisation d'installations de la marine d'une valeur d'un million de dollars et des informations officielles au sein du département de la marine.

Quatrièmement, le seul risque pris par les opérateurs de Wall Street était de mettre sur pied l'entreprise. Les brevets ont été obtenus nominalement, les fonds provenaient de l'extérieur de New York, et l'expertise était allemande ou celle de la Ford Motor Company. Franklin Delano Roosevelt a fourni le levier politique pour mettre en place un accord qui, à première vue, était illégal et certainement très éloigné de la notion de "confiance publique" que FDR et ses associés aimaient promouvoir dans leurs écrits et leurs discours.

FDR DANS LE SECTEUR DES DISTRIBUTEURS AUTOMATIQUES

Les ventes de machines à timbrer automatiques ont commencé en 1911, mais n'ont pas vraiment été des débouchés efficaces avant le développement de la machine Shermack dans les années 1920. En 1927, la Sanitary Postage Stamp Corporation a été créée pour commercialiser les machines Shermack pour la distribution automatique de timbres-poste, auparavant vendus dans les magasins sous forme de timbres en vrac qui, selon la documentation commerciale de l'entreprise, exposaient l'utilisateur à la transmission de maladies. Le conseil d'administration de la société était composé de l'inventeur Joseph J. Shermack, Edward S. Steinam, J.A. de Camp (120 Broadway), du banquier George W. Naumburg, A.J. Sach, Nathan S. Smyth et Franklin D. Roosevelt.

En avril 1927, la société vendait environ 450 installations de machines par semaine. Selon une lettre écrite par FDR à A.J. Sach, vice-président de la société, il y avait de gros problèmes avec les collections ; en fait, on n'avait pas eu de nouvelles de dix emplacements de timbres depuis plus de six mois, et les liquidités étaient insuffisantes. FDR a fait une suggestion éminemment sensée : les vendeurs devraient arrêter de vendre pendant une semaine et consacrer le temps ainsi libéré à la collecte de l'argent. En dehors de ces suggestions occasionnelles, le rôle de FDR dans le domaine des timbres-poste sanitaires était minime. Henry Morgenthau, Jr. l'a fait participer à l'origine et a même payé la souscription initiale de 812,50 dollars pour les 100 premières actions de FDR : "Vous pouvez m'envoyer un chèque de la même somme à votre convenance." FDR a envoyé son chèque le jour même. Les sponsors ont émis 3000 actions ordinaires de FDR "en contrepartie des services que vous avez rendus", évidemment pour utiliser son nom comme appât pour les investisseurs.

FDR démissionne à la fin de 1928 lors de son élection au poste de gouverneur de New York.

FDR a également été directeur de CAMCO (Consolidated Automatic Merchandising Corporation), mais n'a jamais pris une part active à son introduction en bourse. CAMCO était une holding destinée à prendre plus de 70% du capital social en circulation d'un certain nombre de sociétés, dont la Sanitary Postage Stamp Corporation, et est remarquable parce que le conseil d'administration comprenait non seulement FDR, mais aussi Saunders Norwell, qui de 1926 à 1933 a été président de la Remington Arms Company. En 1933, Remington Arms a été vendue à la société Du Pont. Au chapitre 10, nous allons examiner l'affaire Butler, une tentative avortée d'installer une dictature à la Maison-Blanche. Remington Arms et Du Pont sont tous deux cités dans le témoignage supprimé de la commission d'enquête du Congrès. Pourtant, en 1928, nous trouvons FDR et Saunders Norwell comme co-directeurs de CAMCO.

LA FONDATION GEORGIA WARM SPRINGS

La lutte personnelle et très louable de FDR pour retrouver l'usage de ses jambes après une attaque de polio en 1921 l'a conduit à fréquenter la station thermale de Georgia Warm Springs. Reprenant des forces, FDR a décidé de convertir ces sources, abandonnées et presque inutilisées, en une proposition commerciale pour aider d'autres victimes de la polio.

Malheureusement, l'origine précise des principaux fonds utilisés pour développer Georgia Warm Springs ne peut être déterminée à partir des fichiers FDR tels qu'ils existent aujourd'hui. Le dossier FDR sur Georgia Warm Springs est relativement maigre, et il est très peu probable qu'il contienne tous les documents relatifs au développement du projet. Le dossier donne l'impression d'avoir été examiné avant d'être transmis aux archives de Hyde Park. Il n'existe aucune trace publique du financement de Georgia Warm Springs. Étant donné les finances personnelles serrées de FDR pendant les années 1920, il est peu probable que les fonds proviennent de ses ressources personnelles. Nous avons des preuves de l'existence de trois sources de financement. Premièrement, il est plus que probable que sa mère, Mme James Roosevelt, en était une. En fait, Eleanor Roosevelt a écrit à FDR : "Ne vous laissez pas aller à dépenser trop d'argent et n'obligez pas maman à en investir beaucoup, car si elle perdait, elle ne s'en remettrait jamais !"[42] Deuxièmement, Edsel B. Ford aurait apporté des fonds pour construire l'enceinte de la piscine, mais n'était pas administrateur de la fondation. Troisièmement, et c'est le plus important, la propriété d'origine appartenait à l'entreprise socialiste George Foster Peabody. Selon le fils de FDR, Elliott Roosevelt, il y avait une hypothèque personnelle importante sur la propriété elle-même, et cette caution était probablement détenue par Peabody :

> Le 29 avril 1926, il acquiert la propriété abandonnée, où Loyless s'endette de plus en plus. Au plus fort de ses obligations en tant que nouveau propriétaire, Père avait précisément investi 201 667,83 dollars dans le lieu sous la forme d'une créance privée, qui ne fut complètement remboursée qu'après sa mort, et ensuite seulement à partir d'une assurance vie qu'il avait souscrite en faveur de Warm Springs. Les 200 000 dollars et plus représentaient plus des deux tiers de tout ce qu'il possédait. C'est la seule fois qu'il a pris un risque aussi monumental. Mère était terrifiée à l'idée que si cela allait dans le sens de tant de ses entreprises, aucun de nous ne pourrait aller à l'université, un destin que j'étais, pour ma part, plus que prêt à affronter.[43]

Il est significatif qu'Elliott Roosevelt signale l'existence d'un prêt privé de 200 000 dollars qui n'a pas été remboursé avant la mort de FDR. Il est d'ailleurs raisonnable de supposer que les fonds ont été mis en place par une partie ou la totalité des administrateurs. Cela place FDR dans la même position que Woodrow Wilson, redevable à ses créanciers de Wall Street. Comme ces administrateurs étaient parmi les hommes les plus puissants de Wall Street, l'accusation selon laquelle FDR était "sous l'emprise des banquiers" est parfaitement plausible.

Il est donc raisonnable de supposer que les fonds pour Georgia Warm Springs ont été mis en place, ou étaient sous le contrôle des administrateurs de la Fondation Georgia Warm Springs et de la réserve Meriweather associée. Les administrateurs de la fondation en 1934 et leurs principales affiliations commerciales sont énumérés ci-dessous :

Fondation Georgia Warm Springs : Administrateurs en 1934[44]

---

[42] Elliott Roosevelt, *The Untold Story*, op. cit. p. 232.

[43] Ibid.

[44] Extrait d'une lettre datée du 5 mars 1932 de Fred Botts, directeur commercial de Warm Springs, à FDR à la Maison-Blanche.

Nom de l'administrateur[45]	Affiliations principales
Franklin D. Roosevelt	Président des États-Unis d'Amérique
Basil O'Connor	Avocat, 120 Broadway, ancien partenaire juridique de FDR
Jeremiah Milbank	Directeur, Chase National Bank of N.Y.
James A. Moffett	Vice-président et directeur de la Standard Oil du New Jersey
George Foster Peabody	Propriétaire initial de la propriété et détenteur de la note sur les sources chaudes de Géorgie
Leighton McCarthy	Administrateur de Aluminum, Ltd (filiale canadienne d'ALCOA)
Eugene S. Wilson	Président, American Telephone & Telegraph (195 Broadway)
William H. Woodin	Secrétaire du Trésor sous FDR
Henry Pope	Directeur de la société Link-Belt
Cason J. Callaway	Président de Callaway Mills, Inc. de New York

    Les administrateurs de Georgia Warm Springs lient évidemment FDR à Wall Street. Les plus éminents d'entre eux sont Eugene Smith Wilson (1879-1973), vice-président de l'American Telephone and Telegraph du 195 Broadway, à New York. Wilson a également occupé des postes d'administrateur dans de nombreuses autres compagnies de téléphone, dont Northwestern and Southwestern Bell et la Wisconsin Telephone Company. En 1919, il est avocat pour la Western Electric, puis devient conseiller juridique pour A.T.&T. avant d'être nommé vice-président en 1920. Wilson a longtemps été associé à la campagne contre la polio, s'est associé à Franklin D. Roosevelt et, au milieu des années 1930, a été membre du comité d'investissement de la Georgia Warm Springs Foundation. Parmi ses collègues d'A.T.&T., on trouve John W. Davis, qui apparaît dans l'affaire Butler (voir chapitre 10).

---

[45] Parmi les administrateurs figuraient également Frank C. Root, de Greenwich, au Connecticut, Keith Morgan, de New York, et Arthur Carpenter, administrateur résident.

Un autre des administrateurs de Georgia Warm Springs était James A. Moffett, vice-président de la Standard Oil du New Jersey. Walter Teagle, de la même société, était l'un des principaux administrateurs de la NRA.

L'administrateur Jeremiah Milbank était directeur de la Chase National Bank, contrôlée par Rockefeller et la Equitable Trust Company.

L'administrateur William H. Woodin a été directeur de la Federal Reserve Bank of New York de 1926 à 1931 et a été nommé secrétaire au Trésor par Franklin D. Roosevelt après avoir fortement soutenu la candidature de FDR aux élections de 1932. Woodin démissionne dans les six mois, mais pour des raisons de santé, et non par manque d'intérêt pour le poste de trésorier.

L'administrateur George Peabody a été identifié dans le volume précédent[46] et a été associé de façon importante à la révolution bolchévique de 1917 en Russie et à la Banque de Réserve Fédérale de New York.

---

[46] Sutton, *Wall Street et la révolution bolchévique*, op. cit.

CHAPITRE V

LA GENÈSE DU SOCIALISME D'ENTREPRISE

> *Alors que la société lutte pour la liberté, ces hommes célèbres qui se sont mis à sa tête sont imprégnés de l'esprit des XVIIe et XVIIIe siècles. Ils ne pensent qu'à soumettre l'humanité à la tyrannie philanthropique de leurs propres inventions sociales.*
>
> Frederic Bastiat, *The Law*, (New York : Fondation pour l'éducation économique, 1972), p. 52

Nous avons décrit la carrière de sept ans de Franklin D. Roosevelt à Wall Street, qui s'est terminée par son élection au poste de gouverneur de New York en 1928. Cette description est tirée des dossiers de lettres de FDR. Pour éviter toute erreur d'interprétation, des parties de ces lettres ont été reproduites textuellement et en détail. Sur la base de ces lettres, il ne fait aucun doute que FDR a utilisé son influence politique presque exclusivement pour obtenir des contrats de cautionnement alors qu'il était vice-président de Fidelity & Deposit Co ; que des liens financiers et politiques internationaux importants et douteux ont fait surface dans le cas de United European Investors et de International Germanic Trust ; et que ses associés intimes allaient d'Owen D. Young, président de General Electric, un membre de l'établissement financier élitiste, à des hommes décrits par un agent de l'Agence Proudfoot comme une "bande d'escrocs".

Il y a un thème récurrent dans la méthode de travail de FDR : il a utilisé la voie politique à un degré extraordinaire. En d'autres termes, FDR a utilisé à des fins personnelles le pouvoir de police de l'État tel qu'il est mis en œuvre par les organes de réglementation, par la réglementation gouvernementale et par les fonctionnaires du gouvernement par son intercession, par exemple, auprès du gardien des biens étrangers, de la marine américaine, du système de la Réserve Fédérale et du surintendant des assurances de l'État de New York. Tous ces contacts politiques établis dans le cadre de sa fonction publique ont donné à FDR son avantage concurrentiel dans le monde des affaires. Il s'agit de dispositifs politiques, et non de dispositifs nés du marché libre. Ce sont des dispositifs reflétant la coercition politique, et non un échange volontaire sur le marché.

Les quatre chapitres suivants de la deuxième partie de ce livre développent ce thème de la politisation de l'entreprise commerciale. Tout d'abord, nous jetons un filet plus large pour formuler la thèse du socialisme d'entreprise et identifier certains socialistes d'entreprise éminents, principalement associés à FDR. Ensuite, nous remontons dans le temps jusqu'aux années 1840, jusqu'à l'un des ancêtres de FDR, l'homme d'affaires new-yorkais Clinton Roosevelt et sa première version de la NRA. Ce schéma est comparé au War Industries Board de Baruch en 1917, au fonctionnement du système de la Réserve Fédérale et au Roosevelt-Hoover American Construction Council des années 20. Enfin, dans le dernier chapitre de cette partie, nous détaillons l'investissement financier de Wall Street dans le New Deal.

LES ORIGINES DU SOCIALISME D'ENTREPRISE

Le vieux John D. Rockefeller et ses compagnons capitalistes du XIXe siècle étaient convaincus d'une vérité absolue : aucune grande richesse monétaire ne pouvait être accumulée selon les règles impartiales d'une société basée sur du libre-échange concurrentiel. La seule voie sûre vers l'acquisition d'une richesse massive était le monopole : chassez vos concurrents, réduisez la concurrence, éliminez la libre concurrence et, surtout, obtenez la protection de l'État pour votre industrie grâce à des politiciens et à une réglementation gouvernementale en votre faveur. Ce dernier processus aboutit à un monopole légal, et un monopole légal mène toujours à l'accumulation d'une vaste richesse.

Ce schéma de baron voleur est aussi, sous différentes étiquettes, le plan socialiste. La différence entre un monopole d'État corporatif et un monopole d'État socialiste n'est essentiellement que l'identité du groupe qui contrôle la structure du pouvoir. L'essence du socialisme est le contrôle monopolistique par l'État à l'aide de planificateurs engagés et de fonctionnaires aux ordres. D'un autre côté, Rockefeller, Morgan et leurs amis du monde des affaires cherchent à acquérir et à contrôler leur monopole et à maximiser leurs profits en exerçant une influence sur l'appareil politique de l'État ; bien que cela nécessite encore des planificateurs et des propagandistes universitaires, il s'agit d'un processus discret et bien plus subtil que la propriété de l'État sous le socialisme. Le succès du stratagème de Rockefeller a notamment consisté à attirer l'attention du public sur des controverses historiques largement superficielles et non pertinentes, telles que le mythe d'une lutte entre capitalistes et communistes, et à faire soutenir soigneusement les forces politiques par les grandes entreprises. Nous appelons ce phénomène de monopole légal des entreprises - le contrôle du marché acquit en utilisant l'influence politique - le "socialisme d'entreprise".

La description la plus lucide et la plus franche du socialisme d'entreprise, de ses mœurs et de ses objectifs se trouve dans une brochure de Frederick Clemson Howe de 1906, *Confessions of a Monopolist*.[47]

Le rôle de Frederick Howe dans la révolution bolchévique de 1917 et ses conséquences a été décrit dans *Wall Street et la révolution bolchévique*[48]. Howe apparaît également dans le New Deal de Roosevelt en tant que conseiller des consommateurs au sein de l'Administration de l'ajustement agricole. L'intérêt de Howe pour la société et ses problèmes s'étend donc au début du XXe siècle, de son association avec Newton D. Baker, plus tard secrétaire à la Guerre, au communiste Lincoln Steffens. En tant que commissaire spécial des États-Unis, Howe a fait des études sur la propriété municipale des services publics en Angleterre et, en 1914, il a été nommé par le président Wilson au poste de commissaire américain à l'immigration.

Quel est le secret de la création de grandes richesses ? Howe répond à la question comme suit :

"M. Rockefeller peut penser qu'il a gagné ses centaines de millions grâce à l'économie, en économisant sur ses factures de gaz, mais ce n'est pas le cas. Il a simplement réussi à faire travailler les gens du monde entier pour lui....".[49]

En bref, le socialisme d'entreprise est intimement lié à l'idée de faire fonctionner la société pour le bénéfice de quelques-uns.

---

[47] Frederic C. Howe, *Confessions of a Monopolist* (Chicago : Public Publishing Co. 1906). Le commanditaire du livre de Howe est le même éditeur qui a publié en 1973 un ouvrage faisant l'apologie du collectivisme de John D. Rockefeller III intitulé *The Second American Revolution*.

[48] Sutton, *Wall Street et la révolution bolchévique*, op. cit.

[49] Howe, op. cit. p. 145.

FAIRE EN SORTE QUE LA SOCIÉTÉ FONCTIONNE AU BÉNÉFICE EXCLUSIF DE QUELQUES-UNS

C'est le thème important du livre de Howe, exprimé à maintes reprises, avec des exemples détaillés du système "laissez les autres travailler pour vous" à l'œuvre. Comment M. Rockefeller et ses collègues monopolistes ont-ils fait en sorte que le monde entier travaille pour eux ? C'est ainsi que cela s'est passé, selon Howe :

> C'est l'histoire de quelque chose qui ne sert à rien - à faire payer l'autre. Cette histoire de faire payer l'autre, d'obtenir quelque chose pour rien, explique la soif de franchises, de droits miniers, de privilèges tarifaires, de contrôle des chemins de fer, d'évasion fiscale. Toutes ces choses sont synonymes de monopole, et tout monopole repose sur la législation.
>
> Et les lois sur les monopoles naissent dans la corruption. Le mercantilisme de la presse, ou de l'éducation, voire de la charité, fait partie du prix à payer pour les privilèges spéciaux créés par la loi. Le désir de quelque chose pour rien, de faire payer l'autre, de monopoliser une ressource sous une forme ou une autre, est la cause de la corruption. Le monopole et la corruption sont une cause et l'effet qui en découle.
>
> Ensemble, ils travaillent au Congrès, au sein du Commonwealth, ainsi que dans nos municipalités. Il en est toujours ainsi. Il en a toujours été ainsi. Le privilège donne naissance à la corruption, tout comme l'égout empoisonné engendre la maladie. L'égalité des chances, une entente équitable et sans faveurs, les échanges directs ne sont jamais corrompus. Ils ne finissent pas dans les prétoires ni devant les salles du Conseil. Car ces activités signifient travail pour travail, valeur pour valeur, quelque chose pour quelque chose. C'est pourquoi le petit homme d'affaires, le marchand en gros et au détail, l'employé et le fabricant n'exercent pas leurs activités en corrompant le processus politique.[50]

L'opposé de Howe à ce système de monopole corrompu est décrit comme "travail pour travail, valeur pour valeur, quelque chose pour quelque chose". Mais ces valeurs sont aussi les marques de fabrique essentielles d'un système de marché, c'est-à-dire un système purement concurrentiel, où les prix de compensation du marché sont établis par l'interaction impartiale de l'offre et de la demande sur le marché. Un tel système impartial ne peut, bien entendu, être influencé ou corrompu par l'interventionnisme politique. Le système économique monopolistique basé sur la corruption et les privilèges décrits par Howe est une économie gérée politiquement. C'est aussi un système de travail forcé déguisé, appelé par Ludwig von Mises le système *Zwangswirtschaft*, un système

---

[50] Howe, op. cit., pp. V-VI.

de contrainte. C'est cet élément de compulsion qui est commun à toutes les économies gérées politiquement : le Nouvel Ordre d'Hitler, l'État corporatif de Mussolini, la Nouvelle Frontière de Kennedy, la Grande Société de Johnson et le Fédéralisme créatif de Nixon. La contrainte a également été un élément de la réaction d'Herbert Hoover à la grande dépression et, de façon beaucoup plus évidente, du New Deal de Franklin D. Roosevelt et de la National Recovery Administration.

C'est cet élément de contrainte qui permet à quelques-uns - ceux qui détiennent le monopole légal et en tirent profit - de vivre en société au détriment du plus grand nombre. Ceux qui contrôlent ou tirent profit des franchises législatives et de la réglementation et qui influencent en même temps les bureaucraties gouvernementales déterminent les règles et les règlements pour protéger leur richesse actuelle, profiter de la richesse des autres et empêcher les nouveaux venus de s'enrichir par leur entreprise. Par exemple, pour que les choses soient claires, la Commission du Commerce Interétatique, créée en 1880, existe pour restreindre la concurrence dans le secteur des transports, et non pour obtenir les meilleures conditions possibles pour les expéditeurs. De même, le Conseil de l'Aéronautique Civile existe pour protéger l'industrie aéronautique nationale, et non le voyageur aérien. Pour un exemple actuel, parmi des centaines, voir la saisie par la CAB en juillet 1974 d'un DC-10 de Philippines Air Lines (PAL) à l'aéroport de San Francisco. Quel péché la PAL avait-elle commis ? La compagnie aérienne a simplement remplacé un DC-10, pour lequel la CAB n'avait pas accordé d'autorisation, par un DC-8. Qui a gagné ? Les compagnies aériennes américaines, en raison de la diminution de la concurrence. Qui a perdu ? Le voyageur s'est vu refuser des sièges et un choix d'équipement. Les doutes sur le camp dans lequel se trouvait le CAB ont été dissipés par un article paru quelques semaines plus tard dans le *Wall Street Journal* (13 août 1974) intitulé "Le CAB est un partisan enthousiaste des mesures visant à améliorer le service des compagnies aériennes et à augmenter les tarifs". Cet article contenait une perle du vice-président de la CAB, Whitney Gillilland : "Nous avons trop mis l'accent sur le confort des passagers dans le passé." Gillilland a ajouté que la CAB doit être plus tolérante envers les avions pleins de capacités, "même si cela peut signifier que quelqu'un doit attendre un jour pour prendre un vol."

En bref, les agences de régulation sont des dispositifs permettant d'utiliser le pouvoir de police de l'État pour protéger les industries favorisées des assauts de la concurrence, pour protéger leurs inefficacités et pour maximiser leurs profits. Et, bien sûr, ces dispositifs sont défendus avec véhémence par leurs bénéficiaires : les hommes d'affaires réglementés ou, comme nous les appelons, "les socialistes d'entreprise".

Ce système de contrainte légale est l'expression moderne de la maxime de Frédéric Bastiat selon laquelle le socialisme est un système où chacun tente de vivre aux dépens des autres. Par conséquent, le socialisme d'entreprise est un système dans lequel les quelques personnes qui détiennent les monopoles légaux du contrôle financier et industriel profitent au détriment de tous les autres membres de la société.

Dans l'Amérique moderne, l'illustration la plus significative du fait que la société dans son ensemble travaille pour quelques-uns est la loi de 1913 sur la Réserve Fédérale. Le système de la Réserve Fédérale est, en effet, un monopole bancaire privé, qui n'est pas responsable devant le Congrès ou le grand public des contribuables, mais qui exerce un contrôle monopolistique légal sur la masse monétaire, sans se laisser ni entraver, ni même contrôler par le General Accounting Office.[51] C'est la manipulation irresponsable de la masse monétaire par ce Système de la Réserve Fédérale qui a provoqué l'inflation des années 20, la dépression de 1929, et donc la présumée nécessité d'un New Deal par Roosevelt. Dans le prochain chapitre, nous examinerons de plus près le système de la Réserve Fédérale et ses initiateurs. Pour l'instant, examinons de plus près les arguments avancés par les financiers philosophes de Wall Street pour justifier leur credo "faire fonctionner la société au bénéfice de quelques-uns".

LES SOCIALISTES D'ENTREPRISE PLAIDENT LEUR CAUSE

Nous pouvons remonter le cours de productions intellectuelles par lesquelles d'éminents financiers ont poussé à la planification et au contrôle national pour leur propre bénéfice et qui a finalement évolué vers le New Deal de Roosevelt.

Dans les années qui ont suivi la publication des *Confessions d'un monopoliste* de Howe en 1906, les financiers de Wall Street ont apporté des contributions littéraires sous forme de livres, aucune aussi spécifique que celle de Howe, mais toutes en faveur des institutions juridiques qui accorderaient le monopole souhaité et le contrôle qui en découle. À partir de ces livres, nous pouvons retracer les idées du New Deal et la base théorique sur laquelle le socialisme d'entreprise s'est plus tard justifié. Deux thèmes sont communs dans ces efforts intellectuels de Wall Street. Premièrement, que l'individualisme, l'effort individuel et l'initiative

---

[51] Un audit très limité du système de la Réserve Fédérale a été voté par le Congrès en 1974.

individuelle sont dépassés et que la concurrence "destructrice", généralement appelée "concurrence aveugle" ou "concurrence sauvage" est dépassée, non désirée et destructrice des idéaux humains. Deuxièmement, nous pouvons identifier un thème qui découle de cette attaque contre l'individualisme et la concurrence, à savoir que de grands avantages découlent de la coopération, que la coopération fait progresser la technologie et que la coopération empêche le "gaspillage des énergies concurrentes". Ces philosophes financiers concluent ensuite que les associations commerciales et, en fin de compte, la planification économique - en d'autres termes, la "coopération" forcée - sont un objectif primordial pour les hommes d'affaires modernes responsables et éclairés.

Ces thèmes de la coopération et du rejet de la concurrence s'expriment de différentes manières et avec des degrés de lucidité variables. Les hommes d'affaires ne sont pas des écrivains persuasifs. Leurs livres ont tendance à être turgescents, superficiellement égoïstes et quelque peu lourdement pédants. Quelques exemples de ce type montreront cependant comment les socialistes d'entreprise de Wall Street ont fait valoir leurs arguments.

Bernard Baruch était l'éminent socialiste d'entreprise dont nous examinerons les idées dans le prochain chapitre. Après Baruch et les Warburg, dont nous parlerons également dans le chapitre suivant, l'écrivain le plus prolifique suivant est l'influent banquier Otto Kahn de Kuhn, Loeb & Co.

Kahn se distingue par son soutien à la révolution bolchévique et à Benito Mussolini, soutien qu'il a concrétisé par des expressions totalitaires telles que "Le pire ennemi de la démocratie n'est pas l'autocratie, mais la liberté effrénée".[52] En ce qui concerne le socialisme, Otto Kahn a déclaré à de nombreuses reprises sa sympathie pour ses objectifs. Par exemple, son discours devant la Ligue socialiste de la démocratie industrielle en 1924 comprenait ce qui suit :

> Permettez-moi de souligner que des mesures telles que, par exemple, l'impôt progressif sur le revenu, les négociations collectives des employés, la journée de huit heures, la surveillance et la réglementation gouvernementales des chemins de fer et des monopoles ou semi-monopoles naturels similaires, sont approuvées par le sens de la justice des entreprises, à condition que l'application de ces mesures soit

---

[52] Otto H. Kahn, *Frenzied Liberty: The Myth of a Rich Man's War*, discours à l'université du Wisconsin, 14 janvier 1918, p. 8.

maintenue dans les limites du raisonnable, et qu'elles ne soient pas abrogées par les entreprises si elles en avaient la possibilité.

Ce sur quoi vous, les radicaux, et nous, qui avons des points de vue opposés, divergeons, ce n'est pas tant la fin que les moyens, pas tant ce qui devrait être réalisé que la manière dont cela devrait et peut être réalisé, en croyant comme nous, que se repaître d'utopie est non seulement inutile et inefficace, mais constitue une entrave et retarde les progrès vers la réalisation d'améliorations possibles.

Avec tout le respect que je vous dois, j'ose suggérer que le radicalisme tend trop souvent à s'adresser davantage à la perfection théorique qu'à l'amélioration concrète ; aux griefs fantômes, ou aux griefs du passé, qui ont perdu leur réalité, plutôt qu'aux questions réelles du jour ; aux slogans, aux dogmes, aux professions, plutôt qu'aux faits.[53]

Un certain nombre de ces financiers philosophes de Wall Street étaient administrateurs de la Brookings Institution à Washington D.C., responsable de nombreux guides politiques pour parvenir à ce système dont ils rêvaient. Robert S. Brookings, fondateur de la Brookings Institution, est généralement qualifié d'économiste, mais Brookings lui-même a écrit : "Je n'ai certainement pas droit à ce titre professionnel. J'écris seulement en tant que personne qui, grâce à une longue expérience commerciale de plus de soixante ans, a eu beaucoup à faire avec la fabrication et la distribution...".[54] Dans son rôle d'homme d'affaires tel qu'il se décrit lui-même, Brookings a publié trois livres : *Industrial Ownership*, *Economic Democracy*, et *The Way Forward*. Dans ces trois livres, Brookings soutient que l'économie politique classique, telle qu'elle se reflète dans le travail d'Adam Smith et de son école :

> bien que logiquement convaincante, était en fait incomplète en ce sens qu'elle ne tenait pas compte du développement moral et intellectuel de l'homme et de sa dépendance à l'égard du nationalisme pour son expression, si habilement présentée plus tard par Adam Müller et Frederick List, ni de l'influence économique de la production mécanique sur le rapport entre le capital et le travail.[55]

Par conséquent, mais sans présenter ses preuves, Brookings rejette les idées de libre entreprise d'Adam Smith et accepte les idées étatistes de la Liste - qui se reflètent d'ailleurs dans l'État corporatif hitlérien. Du rejet de la libre entreprise, Brookings déduit assez facilement un système

---

[53] Otto H. Kahn, *Of Many Things*, (New York : Boni & Liveright, 1925), p. 175.

[54] R. S. Brookings, *Economic Democracy*, (New York : Macmillan, 1929), p. xvi.

[55] Ibid, pp. XXI-XXII.

"moral" rejetant le marché et y substituant une approximation de la théorie marxiste de la valeur du travail. Par exemple, Brookings écrit :

> Un système sain de moralité économique exige donc qu'au lieu de payer au travail un simple salaire de marché, le minimum nécessaire pour assurer ses services, le capital reçoive le salaire de marché nécessaire pour assurer ses services, et que le solde aille au travail et au public consommateur.[56]

À partir de cet argument quasi marxiste, Brookings construit, de manière assez vague et sans soutien détaillé, les grandes lignes des propositions nécessaires pour combattre les "maux" du système de marché dominant. Parmi ces propositions, "La première est la révision des lois antitrust de manière à permettre une coopération étendue".[57] Selon Brookings, cela aurait deux effets : faire progresser la recherche et le développement et aplanir le cycle économique. Brookings ne précise pas comment ces objectifs découlent de la "coopération", mais il cite longuement Herbert Hoover pour étayer son argument, et en particulier l'article de Hoover, "Si les entreprises ne le font pas, le gouvernement le fera".[58]

Puis, comme tout bon socialiste, Brookings conclut : "Les entreprises gérées efficacement n'ont rien à craindre d'une supervision publique intelligente conçue pour protéger le public et le commerce contre des minorités captives et intraitables."[59] Ceci est nécessaire, car, comme Brookings le soutient ailleurs, les statistiques indiquent que la plupart des entreprises fonctionnent de manière inefficace, "Nous savons donc par triste expérience que la concurrence aveugle ou effrénée n'a pas réussi à apporter sa contribution raisonnable par le biais des revenus à nos besoins économiques nationaux".[60]

En 1932, Brookings est sorti de sa coquille dans *The Way Forward* pour s'exprimer encore plus ouvertement sur l'évolution du communisme soviétique :

> La condamnation verbale du communisme, aujourd'hui très populaire aux États-Unis, ne nous mènera nulle part. La différence entre le capitalisme et le communisme repose sur un point. Le capitalisme peut-il s'adapter à cette nouvelle ère ? Peut-il sortir de son ancien

---

[56] R. S. Brookings, *Industrial Ownership* (New York : Macmillan, 1925), p. 28.

[57] Ibid, p. 44.

[58] The *Nation's Business*, 5 juin 1924, p. 7-8.

[59] Brookings, *Industrial Ownership*, op. cit. p. 56.

[60] Brookings, *Economic Democracy*, op. cit. p. 4.

individualisme, dominé par la recherche égoïste du profit, et créer ainsi une nouvelle ère coopérative avec une planification et un contrôle sociaux, afin de servir, mieux qu'il ne l'a fait jusqu'à présent, le bien-être de tous les peuples ? Si il le peut, il peut survivre. Si il ne le peut pas, une certaine forme de communisme sera imposée à nos enfants. Soyez-en sûrs ![61]

Et dans le même livre, Brookings a de bons mots à dire sur un autre système de travail forcé, le fascisme italien :

> Bien que l'Italie soit une autocratie sous la dictature du Duce, chaque intérêt économique du pays se voit offrir la possibilité de discuter et de négocier afin qu'ils puissent, d'un commun accord, arriver à un juste compromis de leurs différends. Le gouvernement n'autorisera cependant, ni par le biais de blocages ni par des grèves, aucune interférence avec la productivité de la nation, et si, en dernière analyse, les groupes ne parviennent pas à se mettre d'accord entre eux, le gouvernement par l'intermédiaire de son ministre ou du tribunal des prudhommes, détermine la solution de tous les problèmes. Mais en Italie comme ailleurs, l'autocratie du capital semble exister, et le sentiment général des classes ouvrières est que le gouvernement favorise le patronat.[62]

Ce qui domine alors dans les écrits de Brookings, c'est sa prédilection pour tout système social, communisme, fascisme, appelez-le comme vous voulez, qui réduit l'initiative et l'effort individuels et les remplace par la planification et le fonctionnement collectifs. Ce qui n'est pas dit par Brookings et ses collègues philosophes financiers, c'est l'identité des quelques personnes qui dirigent ce collectif de travail forcé.

Il est implicite dans leurs arguments que les opérateurs du système seront les socialistes d'entreprise eux-mêmes.

Des propositions purement théoriques de Brookings, nous pouvons passer à celles de George W. Perkins, qui a combiné des propositions parallèles avec quelques moyens efficaces, mais peu moraux, de les mettre en pratique.

George W. Perkins a été le constructeur énergique de la grande compagnie d'assurance-vie de New York. Perkins était également, avec Kahn et Brookings, l'expert des maux causés par la concurrence et des grands avantages à tirer d'une coopération ordonnée des affaires commerciales. Perkins a prêché ce thème collectiviste dans le cadre d'une série de conférences données par des hommes d'affaires à l'université de

---

[61] R. S. Brookings, *The Way Forward* (New York : Macmillan, 1932), p. 6.

[62] Ibid, p. 8.

Columbia en décembre 1907. Son discours n'a guère eu de succès ; le biographe John Garraty affirme que lorsqu'il fut terminé :

... Le président de l'université Colombia, Nicholas Murray Butler, s'est empressé de partir sans un mot de félicitations, croyant manifestement, selon Perkins, qu'il avait involontairement invité un dangereux radical à Morningside Heights. Car Perkins avait attaqué certains des concepts de base de la concurrence et de la libre entreprise.[63]

Garraty résume la philosophie d'entreprise de Perkins :

Le principe fondamental de la vie est la coopération plutôt que la concurrence - telle est l'idée que Perkins a développée dans son exposé. La concurrence est cruelle, gaspilleuse, destructrice, dépassée ; la coopération, inhérente à toute théorie d'un univers bien ordonné, est humaine, efficace, inévitable et moderne.[64]

Là encore, comme dans le cas de Brookings, nous trouvons des propositions pour "l'élimination du gaspillage" et pour plus de "planification" dans la gestion des ressources matérielles et humaines et le concept selon lequel les grandes entreprises ont des "responsabilités envers la société" et sont plus susceptibles d'agir équitablement envers les travailleurs que les petites entreprises. Ces phrases à forte connotation sont, bien sûr, impressionnantes - surtout si la New York Life Insurance avait été à la hauteur de ses sermons de bienveillance sociale. Malheureusement, lorsque nous approfondissons notre enquête, nous trouvons des preuves de méfaits de la part de New York Life Insurance et une enquête conduite par l'État de New York, qui a découvert un mode opératoire résolument antisocial concernant le comportement des entreprises de New York Life. En 1905-06, le comité Armstrong (le comité mixte de l'Assemblée législative de l'État de New York chargé d'enquêter sur l'assurance-vie) a découvert que la New York Life Insurance Company avait été un contributeur régulier du Comité national républicain en 1896, 1900 et 1904. Il ne fait aucun doute que ces contributions financières visaient à promouvoir les intérêts de la compagnie dans les milieux politiques. En 1905, John A. McCall, président de la New York Life Insurance, fut convoqué devant la commission d'enquête de New York et fit valoir l'idée que la défaite de Byran et la liberté de fondre de la monnaie d'argent étaient pour lui une question *morale*. Selon McCall, "....j'ai consenti à un paiement pour

---

[63] John A. Garraty, *Right hand man: The Life of George W. Perkins*, (New York : Harper & Row, n.d.), p. 216.

[64] Ibid.

vaincre Free Silver, non pas pour vaincre le parti démocrate, mais pour vaincre l'hérésie de Free Silver, et Dieu merci, je l'ai fait".[65]

Lors de cette même audition, le vice-président de la Mutual Life Insurance a également avancé le concept intéressant selon lequel les entreprises ont le "devoir" de "contrer" les idées et les politiques indésirables. L'histoire du financement de la politique par les entreprises n'a guère préservé les principes de la Constitution et d'une société libre. Plus précisément, il existe une contradiction flagrante entre les principes de coopération sociale et de bienveillance avancés par Perkins et ses collègues hommes d'affaires et le comportement antisocial contemporain de sa propre compagnie d'assurance-vie de New York.

En clair, les principes du socialisme d'entreprise ne sont qu'un mince vernis pour l'acquisition de richesses par quelques-uns au détriment du plus grand nombre.

Nous pouvons maintenant examiner lucidement les prêches de ces financiers plus intimement associés à Roosevelt et au New Deal. Un de ces financiers philosophes qui a exprimé ses idées collectivistes par écrit est Edward Filene (1860-1937). Les Filene étaient une famille d'hommes d'affaires très innovants, propriétaires du grand magasin William Filene's Sons Co. à Boston. Un vice-président des Filene est devenu l'un des trois mousquetaires à la tête de la National Recovery Administration en 1933 ; les deux autres membres du triumvirat étaient Walter Teagle, président de Standard Oil et John Raskob, vice-président de Du Pont et de General Motors.

Dès le début du siècle, Edward Filene s'occupe des affaires publiques. Il a été président de la Metropolitan Planning Commission de Boston, promoteur des banques populaires, et a apporté son aide à divers mouvements coopératifs. Filene a été actif au sein de la Croix-Rouge et de la Chambre de commerce américaine ; il a fondé la League to Enforce Peace (Ligue pour l'application de la paix) ; il a fondé puis présidé la Cooperative League, rebaptisée par la suite Twentieth Century Fund ; il est membre de la Foreign Policy Association et du Council on Foreign Relations. À l'époque de Roosevelt, Filene était président du Massachusetts State Recovery Board et a participé activement à la campagne de 1936 pour la réélection de FDR. Filene a écrit plusieurs livres, dont deux, *The Way Out* (1924)[66] et *Successful Living in this*

---

[65] Cité dans l'ouvrage de Louise Overacker, *Money in Elections*, (New York : Macmillan, 1932), p. 18.

[66] Edward A. Filene, *The Way Out*, (*A Forecast of Coming Changes in American Business and Industry*) (New York : Doubleday, Page, 1924).

Machine Age, (1932),[67] qui expriment ses penchants philosophiques. Dans *The Way Out*, Filene met l'accent sur le thème de la réduction des déchets et sur l'aveuglement de la concurrence, et souligne la valeur de la coopération entre les entreprises et le gouvernement. Filene résume son argumentation comme suit :

> Deux choses sont claires. La première est que, pour être une bonne entreprise, l'activité doit elle-même être conduite comme un service public. La seconde est que le meilleur service public possible des hommes d'affaires est celui qui est rendu dans et par les entreprises privées du monde.[68]

Ce thème "le service public est une affaire privée" est développé dans un autre de ses livres :

> Ma propre attitude est que les entreprises doivent entreprendre une planification sociale, mais pas dans le but d'étouffer l'apparition de nouvelles théories ni de préserver les anciennes, mais parce qu'il y a eu une révolution sociale. L'ancien ordre a disparu et il est impossible de le rétablir. Nous vivons dans un monde nouveau. C'est un monde dans lequel la production de masse a mis tout le monde en relation avec tout le monde ; et nos projets doivent donc prendre tout le monde en considération.[69]

On trouve également dans Filene l'argument "le chemin de la paix est dans l'équilibre des forces" - une répétition d'une formule du XIXᵉ siècle ressuscitée par Henry Kissinger dans les années 1970 et qui a toujours fini par conduire à la guerre plutôt qu'à la paix. Filene formule sa version comme suit :

> Pas étonnant qu'il y ait eu la guerre. On découvrit bientôt que la paix ne pouvait être maintenue que par un équilibre des forces entre les plus grands concurrents, et cet équilibre des forces était souvent rompu. Finalement, toute cette situation impossible a explosé dans la plus grande guerre de l'histoire de l'humanité. La guerre mondiale n'a pas provoqué le changement mondial que nous constatons depuis peu. Elle a plutôt été l'un des phénomènes de ce changement, tout comme la Révolution française a été un phénomène de la première révolution industrielle.[70]

Ce thème de la promotion de l'intérêt public en tant que question d'intérêt primordial pour les entreprises elles-mêmes se retrouve chez

---

[67] Edward A. Filene, *Successful Living in this Machine Age* (New York : Simon & Schuster, 1932).

[68] Filene, *The Way Out*, op. cit. p. 281.

[69] Filene, *Successful Living in This Machine Age*, op. cit. p. 269.

[70] Ibid, p. 79.

Myron C. Taylor, président de la United States Steel Company. L'intérêt public, selon Taylor, a besoin de la coopération des entreprises pour une production rationnelle. L'aveuglement des grandes entreprises est évident lorsque Taylor nie que cela constituerait également une restriction au commerce. Taylor omet d'expliquer comment nous pouvons ajuster la production à la consommation sans que ceux qui ne veulent pas coopérer ne soient contraints de le faire. Taylor résume ses propositions comme suit :

> Il s'agit donc de découvrir ce que nous possédons en tant que nation et d'apprendre à l'utiliser plutôt que de partir à la recherche du nouveau uniquement parce qu'il est nouveau. La responsabilité première de l'industrie est de trouver des moyens de promouvoir l'intérêt public et les intérêts de ses propres producteurs, employés, distributeurs et clients, en élaborant et en réalisant tous les plans constructifs autorisés par les lois actuelles, en agissant ouvertement et dans la mesure du possible, en coopération avec le gouvernement. J'avoue qu'il m'est extrêmement difficile de croire que des plans constructifs et coopératifs entrepris sincèrement par une industrie de base pour ajuster rationnellement la production à la demande dans cette industrie, et qui évitent toute tentative de fixer ou de contrôler artificiellement les prix, puissent être considérés à juste titre comme une entrave aux échanges et au commerce. Car le seul effet serait de supprimer les entraves vitales à la production, aux échanges et au commerce, et de promouvoir les intérêts publics.[71]

La contribution de Standard Oil à cette liturgie est exprimée par Walter C. Teagle, président de la Standard Oil Company du New Jersey et nommé par le président Roosevelt à un poste de haut niveau dans son ARN. Teagle exprime sa version du socialisme d'entreprise comme suit :

> Les maux de l'industrie pétrolière sont propres à cette industrie et nécessitent des remèdes particuliers. Il s'agit de la modification des lois antitrust, de la coopération entre les producteurs et de l'exercice du pouvoir de police des États.[72]

Plus crûment que les autres, Teagle veut que le pouvoir policier de l'État fasse respecter la coopération volontaire :

> La coopération volontaire au sein de l'industrie ne suffit pas pour remédier à ses maux. Elle ne serait pas suffisante même si les restrictions légales à la coopération étaient supprimées, même si la suppression de ces restrictions entraînait des progrès considérables.

---

[71] Tiré du livre de Samuel Crowther, *A Basis for Stability*, (Boston : Little, Brown, 1932), p. 59.

[72] Ibid, p. 111.

Pour protéger les droits corrélatifs des producteurs et pour faire respecter les lois de conservation adéquates, il faut faire appel au pouvoir de police de l'État. Il s'agit là d'une question qui relève de l'action des États plutôt que du gouvernement fédéral, mais la coopération entre les différents États et entre les unités opérationnelles de l'industrie sera également nécessaire si l'on veut que la production dans l'ensemble du pays soit limitée aux marchés nationaux.

La solution du problème dépend donc de la coopération volontaire au sein de l'industrie, de l'exercice du pouvoir de police de l'État, et de la coopération entre les différents États concernés et entre les unités (sic) de l'industrie dans les différents États. Pour permettre cela, les lois antitrust des États et de la Fédération devront être révisées.[73]

Ces extraits reflètent la vision fondamentale de nos philosophes financiers de Wall Street. Ce n'étaient pas des figures mineures issues du monde ouvrier. Au contraire, ils étaient les éléments puissants et influents et, dans des cas importants, associés à Roosevelt et au New Deal. Otto Kahn était un des principaux instigateurs du système de la Réserve Fédérale. Lamont et Perkins étaient des personnages clés dans le domaine des banques et des assurances. L'homme d'affaires Brookings a donné son nom et son argent à l'influent institut de recherche qui a produit les rapports sur lesquels une grande partie de la politique a été fondée. Louis Kirstein, un vice-président de la firme Filene, et Walter Teagle de Standard Oil devinrent deux des trois hommes dominants qui dirigèrent l'Administration nationale du recouvrement sous la direction de Hugh Johnson, le protégé de Bernard Baruch.

Bernard Baruch était probablement le plus prestigieux des membres de Wall Street de tous les temps, dépassant peut-être même en influence Morgan et Rockefeller. Nous allons maintenant examiner le rôle de Baruch et celui des Warburg.

Quelle est la philosophie des financiers décrite jusqu'à présent ? Certainement tout sauf le laissez-faire de la libre concurrence, qui est le dernier système qu'ils souhaitaient voir prospérer. Seuls le socialisme, le communisme, le fascisme ou leurs variantes étaient acceptables. L'idéal pour ces financiers était la "coopération", forcée si nécessaire. L'individualisme était inacceptable, et la concurrence était immorale. D'autre part, la coopération était constamment prônée comme étant morale et digne, et nulle part la contrainte n'était rejetée comme étant immorale. Pourquoi ? Parce que, lorsque le verbiage est dépouillé de toutes ces phrases pompeuses, la coopération obligatoire était leur voie royale vers l'obtention d'un monopole légal. Sous le couvert de service

---

[73] Ibid, p. 113.

public, d'objectifs sociaux et d'un contingent de bonnes intentions, il s'agissait fondamentalement de "laisser la société travailler pour le compte de Wall Street".

CHAPITRE VI

PRÉLUDE AU NEW DEAL

Quel que soit le parti qui gagne, les tyrans ou les démagogues sont les plus sûrs d'occuper les postes.

Le député Clinton Roosevelt de New York, 1841.

Le récit complet de la construction du socialisme d'entreprise aux États-Unis, tel qu'envisagé par les financiers philosophes identifiés dans le chapitre précédent, dépasse la portée de ce livre, mais nous pouvons ouvrir des perspectives plus larges en examinant brièvement quelques facettes du processus historique : par exemple, le système de Clinton Roosevelt un siècle avant FDR, le War Industries Board de Bernard Baruch et le système de la Réserve Fédérale de Paul Warburg.

En 1841, le lointain cousin de FDR, l'homme d'affaires new-yorkais Clinton Roosevelt, a proposé un plan ressemblant au New Deal pour la planification économique et le contrôle de la société par une minorité. Sous le président Woodrow Wilson, en 1918, Bernard Baruch, socialiste d'entreprise *par excellence*,[74] a suivi les grandes lignes du plan Roosevelt, presque certainement sans le savoir et probablement en raison d'un certain parallélisme inconscient des actions, lorsqu'il a créé le War Industries Board, le précurseur organisationnel de la National Recovery Administration de 1933. Une partie de l'élite des entreprises du WIB de 1918, nommée par Baruch-Hugh Johnson, a par exemple trouvé des niches administratives dans la NRA de Roosevelt. En 1922, Herbert Hoover, alors secrétaire au commerce, et Franklin D. Roosevelt, un futur membre de Wall Street, ont uni leurs forces pour promouvoir les associations commerciales, mettant en œuvre les propositions de planification économique d'après-guerre de Bernard Baruch. Peu de temps après, l'ancien rédacteur socialiste Benito Mussolini a marché sur Rome et a établi - avec l'aide libérale de la société J.P. Morgan - l'État

---

[74] En français dans le texte, NdT.

italien des entreprises dont la structure organisationnelle rappelle nettement la NRA de Roosevelt. Aux États-Unis, la glorification de Mussolini et de ses réalisations italiennes a été encouragée par les financiers toujours présents, Thomas Lamont, Otto Kahn et d'autres. Nous ne mentionnerons que brièvement l'implication de Wall Street dans la Russie bolchévique et l'Allemagne d'Hitler - deux États totalitaires gouvernés par une élite autoproclamée - car ces aspects sont traités en détail dans d'autres volumes.[75] En bref, la construction de l'Administration nationale de redressement de FDR n'était qu'une facette d'un processus historique plus large - la construction de systèmes économiques où le petit nombre pouvait profiter au détriment du grand nombre constitué par le citoyen-contribuable - et le tout bien sûr promu sous le couvert du bien public, que ce soit la Russie de Staline, l'Italie de Mussolini, l'Allemagne d'Hitler ou le New Deal de Roosevelt.

L'ARN DE CLINTON ROOSEVELT - 1841

Le député new-yorkais Clinton Roosevelt était un cousin du XIXe siècle de Franklin Delano Roosevelt et, incidemment, il était également lié au président Theodore Roosevelt, à John Quincy Adams et au président Martin Van Buren. Le seul effort littéraire de Clinton Roosevelt est contenu dans une rare brochure datant de 1841.[76] Il s'agit essentiellement d'une discussion socratique entre l'auteur Roosevelt et un "Producteur" représentant vraisemblablement le reste d'entre nous (c'est-à-dire le plus grand nombre). Roosevelt propose un gouvernement totalitaire sur le modèle de la société de George Orwell de 1984, où toute l'individualité est submergée par un collectif dirigé par un groupe aristocratique élitiste (c'est-à-dire le petit nombre) qui promulgue toutes

---

[75] Pour Wall Street et les premiers bolcheviks, voir Sutton, *Wall Street et la révolution bolchévique*, op. cit. L'implication de Wall Street dans la montée d'Hitler et du nazisme allemand est le sujet d'un autre volume, *Wall Street et l'ascension de Hitler*.

[76] Clinton Roosevelt, *The Science of Government Founded on Natural Law* (New York : Dean & Trevett, 1841). Il existe deux exemplaires connus de ce livre : un à la Bibliothèque du Congrès, Washington D.C. et un autre à la Bibliothèque de l'Université de Harvard. L'existence de ce livre n'est pas consignée dans la dernière édition du catalogue de la Bibliothèque du Congrès, mais a été enregistrée dans l'édition précédente de 1959 (page 75). Une édition en fac-similé a été publiée par Emanuel J. Josephson, dans le cadre de son *Manifeste communiste de Roosevelt* (New York : Chedney Press, 1955).

les lois. Roosevelt a exigé l'abandon définitif, mais non immédiat, de la Constitution

> **P.** Mais je demande à nouveau : Abandonneriez-vous immédiatement les anciennes doctrines de la Constitution ?
>
> **A.** Pas du tout. Pas plus que si l'on se trouvait dans un bateau qui fuit, on ne devrait sauter par-dessus bord pour éviter la noyade. C'est un navire qui a été assemblé à la hâte lorsque nous avons quitté le pavillon britannique, et on a alors pensé qu'il s'agissait d'une expérience très douteuse.[77]

Cette première expression du scepticisme de la famille Roosevelt à l'égard de la Constitution rappelle le rejet par la Cour suprême, en octobre 1934 (*Schechter Poultry Corp. v. U.S.*), d'un autre type de changement promu par Roosevelt, un changement "sans entrave" selon la Cour, affranchi des règles d'une société constitutionnelle : le National Recovery Act, lui-même une réplique étrange du programme de Clinton Roosevelt de 1841 en faveur d'une économie collective.

L'ancien système Roosevelt dépendait "d'abord de l'art et de la science de la coopération. Il s'agit de faire en sorte que l'ensemble fonctionne à notre avantage mutuel".[78] C'est cette coopération, c'est-à-dire la capacité à exploiter l'ensemble pour l'intérêt de quelques-uns, qui est, comme nous l'avons vu, le thème général des écrits et des prédications d'Otto Kahn, Robert Brookings, Edward Filene, Myron Taylor et des autres financiers philosophes dont il est question au chapitre 5. Dans le schéma de Roosevelt, chaque homme gravit des échelons précis dans le système social et est nommé à la fonction à laquelle il convient le mieux, le choix de la profession étant strictement limité. Selon les termes de Clinton Roosevelt :

> **P.** Qui sera chargé de désigner chaque classe ?
>
> **A.** Le Grand Maréchal.
>
> **P.** Qui sera responsable du fait que les hommes nommés sont les plus qualifiés ?
>
> **A.** Un collège de physiologistes, de philosophes de la morale, d'agriculteurs et de mécaniciens, qui sera choisi par le Grand Maréchal et responsable devant lui.
>
> **P.** Contraindriez-vous un citoyen à se soumettre à ses décisions dans le choix d'une vocation ?

---

[77] Ibid.

[78] Ibid.

A. Non. Si quelqu'un de bonne moralité insiste, il peut essayer jusqu'à ce qu'il trouve la profession la plus adaptée à ses goûts et à ses sentiments.[79]

La production dans le système devait être assimilée à la consommation, et le traitement des "excès et des carences" reflétait les idées poursuivies dans le Plan Swope,[80] la base intellectuelle de la NRA de Roosevelt. Le système est certainement similaire à celui utilisé dans le War Industries Board de Bernard Baruch pendant la Première Guerre mondiale. C'est ainsi que Clinton Roosevelt décrit les devoirs du Maréchal de la Création, dont le travail consiste à équilibrer la production et la consommation :

P. Quel est le devoir du Maréchal de l'Ordre créateur ou producteur ?

A. Il s'agit d'estimer la quantité de production nécessaire pour induire une suffisance dans chaque département en dessous de lui. Lorsqu'il est en fonction, il signale les excès et les insuffisances au Grand Maréchal.

P. Comment va-t-il découvrir ces excès et ces carences ?

A. Les différents commerçants lui feront part de la demande et de l'offre dans chaque secteur d'activité, comme on le verra plus loin.

P. Sous cet ordre se trouvent l'agriculture, les manufactures et le commerce, comme je le perçois. Quel est donc le devoir du maréchal de l'agriculture ?

A. Il devrait avoir sous lui quatre régions, sinon, le commerce extérieur doit combler cette lacune.

P. Quelles sont les quatre régions ?

A. La région tempérée, la région chaude, la région très chaude et la région humide.

P. Pourquoi les diviser ainsi ?

A. Parce que les produits de ces différentes régions nécessitent des systèmes de culture différents, et sont à juste titre soumis à des organisations différentes.[81]

Il y a ensuite un maréchal de l'industrie qui supervise l'ensemble du système, à l'instar de Baruch en tant que dictateur économique en 1918 et de Hugh Johnson en tant qu'administrateur de l'Administration

---

[79] Ibid.

[80] Voir l'annexe A.

[81] Clinton Roosevelt, *The Science of Government Founded on Natural Law*, op. cit.

nationale de redressement en 1933. Les fonctions du maréchal sont décrites par Clinton Roosevelt comme suit :

P. Quelles sont les fonctions du Maréchal des Manufactures ?

A. Il divise les hommes en cinq classes générales, selon le schéma imprimé.

1er. Les fabricants de tous les moyens de défense contre les intempéries.

2d. Toutes sortes de viandes.

3d. Métaux et minéraux.

4ème. Produits chimiques.

5ème. Machines.

Tous ces éléments figurent sur les diagrammes imprimés, les bannières, avec une couleur sur un côté et une devise appropriée au verso, montrant l'avantage que chaque classe représente pour toutes les autres : et d'ailleurs, nous remarquons que cela devrait être universellement adopté, pour donner une juste direction à la vanité de l'homme.

En se référant au tableau et à ce qui a été observé auparavant, les fonctions des agents de ce service seront toutes évidentes.

Les catégories industrielles de 1841 ne sont bien sûr pas précisément les catégories de 1930, mais on peut dégager une similitude généralisée. La 1ère division est celle des vêtements et des tissus, limitée en 1841 au coton, à la laine et au lin, mais étendue aujourd'hui aux matières synthétiques, y compris les plastiques et les fibres. La 2ème division est celle consacrée aux denrées alimentaires. La 3ème division est consacrée aux matières premières, et la 4ème division comprend les médicaments. La 5ème est celle des machines. Aujourd'hui, la 5ème division comprend les nombreuses subdivisions de l'électronique, de la mécanique et du génie civil, mais les cinq catégories pourraient être utilisées pour diviser une économie moderne.

La société de Clinton Roosevelt peut être résumée par sa phrase : "Le système doit régner, et le système doit se préoccuper principalement du bien commun."

LA DICTATURE DE BERNARD BARUCH EN TEMPS DE GUERRE

Si le système de la Réserve Fédérale et son monopole légal privé sur la masse monétaire ont été une source de richesse pour ses opérateurs, l'objectif ultime de faire fonctionner la société au bénéfice de quelques-uns, tel que décrit par Frederick Howe et Clinton Roosevelt, ne peut être atteint que par un contrôle planifié de l'ensemble de l'économie, et cela nécessite l'adhésion obligatoire des nombreux petits entrepreneurs aux diktats des quelques personnes qui décident des plans à suivre.

La genèse de la NRA de Roosevelt, un système qui prévoyait l'adhésion obligatoire des petits entrepreneurs à un plan conçu par les grandes entreprises, remonte au War Industries Board américain de Bernard Baruch, créé et élaboré comme une mesure d'urgence en temps de guerre. En 1915, avant l'entrée des États-Unis dans la Première Guerre mondiale, Howard E. Coffin, alors président de General Electric, dirigeait le Comité américain de préparation industrielle. En compagnie de Bernard Baruch et de Daniel Willard de la Baltimore and Ohio Railroad, Coffin était également membre de la Commission consultative du Conseil de la Défense Nationale. En 1915, Bernard Baruch est invité par le président Woodrow Wilson à concevoir un plan pour un comité de mobilisation de la défense. Ce plan Baruch est ensuite devenu le War Industries Board, qui a absorbé et remplacé l'ancien General Munitions Board. Margaret L. Coit, la biographe de Baruch, décrit le War Industries Board comme un concept similaire aux associations commerciales coopératives, un dispositif longtemps souhaité par Wall Street pour contrôler les impondérables de la concurrence sur le marché :

> Des comités d'industrie, de grandes et de petites entreprises, tous deux représentés à Washington, et dotés d'une représentation de Washington chez eux, pourraient constituer l'épine dorsale de toute la structure.[82]

En mars 1918, le président Wilson, agissant sans l'autorité du Congrès, avait doté Baruch de plus de pouvoir que tout autre individu ne l'avait fait dans l'histoire des États-Unis. Le War Industries Board, présidé par Baruch, devint responsable de la construction de toutes les usines et de la fourniture de toutes les matières premières, de tous les produits et de tous les transports, et toutes ses décisions finales relevaient du président Bernard Baruch. En bref, Baruch est devenu le dictateur économique des États-Unis, ou "Maréchal des fabricants" selon le schéma de Clinton Roosevelt. Pourtant, comme le souligne Margaret Coit, "... la création de ce bureau n'a jamais été spécifiquement autorisée par une loi du Congrès."[83]

Ainsi, à l'été 1918, Baruch, doté de pouvoirs extraordinaires et inconstitutionnels, avait, selon ses propres termes, "enfin mit au point un système de "contrôle" positif sur la majeure partie du tissu industriel... Le

---

[82] Margaret L. Coit, M. Baruch (Boston : Houghton, Mifflin, 1957), p. 147.

[83] Ibid, p. 172.

succès engendra le succès et le commerce fut pris en charge avec une volonté croissante de la part des intérêts concernés".[84]

Au moment de l'armistice, le W.I.B. était composé de Baruch (président), d'Alexander Legge de International Harvester (vice-président), de E.B. Parker et de R.S. Brookings (dont nous avons déjà examiné les idées) qui était chargé de fixer les prix. Les assistants du président étaient : Herbert Bayard Swope, frère de Gerard Swope de General Electric ; Clarence Dillon de la société Dillon, Read & Co. de Wall Street ; Harrison Williams ; et Harold T. Clark.[85]

Le rapport final de Baruch sur l'activité du W.I.B. était bien plus qu'un historique de ses opérations ; c'était aussi un plan spécifique et une recommandation pour la planification économique en temps de paix.

Baruch ne se contentait pas de résumer les leçons à tirer pour la planification en temps de guerre ou pour la préparation industrielle en temps de paix difficile. Au contraire, les conclusions de Baruch s'orientaient, selon ses propres termes, vers les "pratiques industrielles de paix" et à faire des recommandations "relatives aux pratiques commerciales en temps normal". La majeure partie des conclusions concerne le passage d'un système économique planifié en temps de guerre à un système économique planifié en temps de paix, et même les suggestions de pratiques en temps de guerre sont liées aux fonctions applicables en temps de paix. Baruch a suggéré que les "leçons directes les plus importantes à tirer de la guerre" sur le fonctionnement du Conseil des industries de la guerre étaient :

---

[84] Bernard M. Baruch, *American Industry in the War: A Report of the War Industries Board* (mars 1921), avec une introduction de Hugh S. Johnson (New York : Prentice-Hall, 1941) (comprenant "une réimpression du rapport du War Industries Board of World War I, le propre programme de M. Baruch pour la mobilisation totale de la nation tel que présenté à la Commission des politiques de guerre en 1931, et des documents actuels sur les priorités et la fixation des prix").

[85] Pour une liste complète du personnel du W.I.B., voir Grosvenor B. Clarkson, *Industrial America in the World War* (New York : Houghton, Mifflin, 1923), annexe III. À la lumière du chapitre 11, ci-dessous, il est intrigant de constater que de nombreux membres du comité du W.I.B. ont des bureaux au 120 Broadway, notamment Murry W. Guggenheim, Stephen Birch (Kennecott Copper), Edward W. Brush (American Smelting and Refining), F. Y. Robertson (United States Metals Refining Co.), Harry F. Sinclair (Sinclair Refining Co.), Charles W. Baker, (American Zinc), et Sidney J. Jennings (United States Smelting, Refining and Mining Co.)

1. La création d'une organisation structurée en temps de paix avec 50 divisions de produits, se réunissant pour suivre le développement de l'industrie et développer l'information. L'idée maîtresse de cette proposition était que les informations nécessaires à la planification du temps de paix soient collectées et que la direction de l'organisation provienne de l'industrie à grande échelle.

2. Que le gouvernement "devrait concevoir un système pour protéger et stimuler la production interne de certaines matières premières utilisées dans la guerre", et

3. que les industries liées à la guerre devraient être encouragées par le gouvernement à maintenir des organisations structurées pour une utilisation en temps de guerre.

En dehors de ces suggestions assez élémentaires, Baruch s'intéresse exclusivement dans le rapport à la "planification" en temps de paix. On nous présente d'abord le canular que, d'une manière non déclarée, "les processus du commerce" ont changé et sont maintenant obligés de céder devant "certains nouveaux principes de supervision". Ce non sequitur est suivi de la déclaration :

> Nous avons été progressivement contraints de nous écarter de la vieille doctrine du droit anglo-américain, selon laquelle la sphère du gouvernement doit se limiter à la prévention des ruptures de contrat, des fraudes, des dommages physiques et des atteintes à la propriété, et le gouvernement ne doit exercer sa protection que sur les personnes non compétentes.

Il est nécessaire, écrit Baruch, que le gouvernement "tende la main" pour protéger "les individus compétents contre les pratiques discriminatoires de la puissance industrielle de masse". Si Baruch évoque le contrôle fédéral des chemins de fer et de la flotte marchande, il n'explique pas pourquoi les représentants du grand capital seraient les mieux placés pour exercer ce contrôle. En d'autres termes, il ne dit pas pourquoi le renard est proposé comme l'être le plus compétent pour gérer le poulailler. Baruch s'en prend ensuite aux lois antitrust de Sherman et Clayton au motif que ces lois ne sont que des efforts pour forcer l'industrie à se conformer à des "principes plus simples, suffisants pour les conditions d'une époque révolue", et se félicite de la réussite du War Industries Board parce qu'il a créé des centaines d'associations commerciales contrôlant les prix et les méthodes de distribution et de production :

> De nombreux hommes d'affaires ont fait l'expérience pendant la guerre, pour la première fois de leur carrière, des avantages considérables, tant

pour eux-mêmes que pour le grand public, de la combinaison, de la coopération et de l'action commune avec leurs concurrents naturels.

Si ces attributs coopératifs ne sont pas maintenus, affirme Baruch, alors les hommes d'affaires seront tentés "et beaucoup d'entre eux ne pourront pas résister" de mener "leurs affaires pour un gain privé avec peu de référence au bien-être public général". D'un autre côté, les associations commerciales peuvent être d'un grand intérêt public pour atteindre l'objectif souhaité de la coopération, conclut M. Baruch :

> La question est donc de savoir quel type d'organisation gouvernementale peut être conçu pour sauvegarder l'intérêt public tout en préservant ces associations afin qu'elles puissent poursuivre le bon travail dont elles sont capables.

Baruch, comme tout bon socialiste, propose des organisations gouvernementales pour développer ces principes de coopération et de coordination.

Si le lecteur se débarrasse un instant de l'idée d'un antagonisme mutuel entre le communisme et le capitalisme, il verra aisément dans les écrits de Bernard Baruch les objectifs fondamentaux de Karl Marx tels qu'ils sont décrits dans *Le Manifeste Communiste*. Ce qui diffère entre les deux systèmes, ce sont les noms des quelques élitistes qui dirigent l'opération connue sous le nom de planification de l'État ; l'avant-garde du prolétariat chez Karl Marx est remplacée par l'avant-garde du grand capital chez Bernard Baruch.

Qui tirerait profit de la proposition de Baruch ? Le consommateur ? Pas du tout, car les intérêts des consommateurs sont *toujours* protégés par la libre concurrence sur le marché, où les biens et les services sont produits au moindre coût, de la manière la plus efficace, et où le consommateur dispose d'un maximum de choix parmi les producteurs concurrents. Les gagnants des propositions de Baruch seraient les quelques personnes qui contrôlent les principaux secteurs industriels - en particulier le fer et l'acier, les matières premières, les produits électriques, c'est-à-dire les industries déjà bien établies et qui craignent la concurrence de nouveaux venus plus performants. En d'autres termes, les gagnants de sa proposition seraient Bernard Baruch et sa coterie de Wall Street qui contrôle effectivement les grandes entreprises grâce à ses postes de directions imbriquées. La question fondamentale est donc la suivante : à qui profitent ces propositions pour les associations professionnelles et la coordination gouvernementale de l'industrie ? Le principal, voire le seul grand bienfaiteur - en dehors des essaims de conseillers universitaires, de bureaucrates et de planificateurs - serait l'élite financière de Wall Street.

Nous avons donc ici, selon les propres mots et idées de Baruch, une mise en œuvre de l'injonction de Frederic Howe de "faire travailler la société pour vous", le monopoliste. Cela se présente également sous la forme d'une proposition comparable au système de Clinton Roosevelt. Rien ne prouve que Baruch ait entendu parler de Clinton Roosevelt. Il n'était pas nécessaire qu'il le connût ; les avantages de la restriction des échanges et des opportunités ont toujours été évidents pour l'entreprise déjà établie. Il ne sera donc pas surprenant de trouver Bernard Baruch au cœur même de la NRA de Roosevelt, qui elle-même est parallèle à de nombreuses propositions d'après-guerre de Baruch, et qui a investi 200 000 dollars dans l'élection de FDR. Cela explique pourquoi le personnel de Baruch pendant la Première Guerre mondiale souscrit au New Deal. Le général Hugh Johnson, par exemple, a passé les années 1920 à étudier l'organisation industrielle aux frais de Baruch et est devenu en 1933 le patron de la National Recovery Administration. Cela explique également pourquoi Franklin Delano Roosevelt, lui-même membre de l'élite financière de Wall Street pendant une grande partie des années 1920, a été le cofondateur avec Herbert Hoover - un autre Wall Streeter dans les années 1920 - de la première des associations professionnelles proposées par Baruch, l'American Steel Construction Association, dont il est question au chapitre suivant.

Parallèlement aux idées de Bernard Baruch, qui se sont concrétisées au sein de la NRA, il existe un exemple contemporain beaucoup plus réussi de socialisme d'entreprise dans la pratique : le système de la Réserve Fédérale.

PAUL WARBURG ET LA CRÉATION DU SYSTÈME DE LA RÉSERVE FÉDÉRALE

Bien que beaucoup aient contribué, ou pensaient avoir contribué, à l'élaboration de la législation de la Réserve Fédérale, le système était essentiellement le fruit du cerveau d'un seul homme : Paul Warburg, frère de Max Warburg, que nous avons rencontré au chapitre 3. Paul Moritz Warburg (1868-1932) descendait de la famille bancaire allemande d'Oppenheim. Après une formation initiale dans les bureaux de Samuel Montagu & Co. à Londres et de la Banque Russe pour le Commerce Étranger à Paris, Warburg entre dans la maison bancaire familiale de M.M. Warburg & Co. à Hambourg. En 1902, Warburg devient partenaire de la maison de banque new-yorkaise Kuhn, Loeb & Co. tout en continuant à être partenaire de la Warburg de Hambourg. Cinq ans plus tard, à la suite de la panique financière de 1907, Warburg écrit deux brochures sur le système bancaire américain : *Défauts et besoins de notre système bancaire* et *Un plan pour une banque centrale modifiée*.[86]

Dans les années qui suivent 1907, Warburg ne perd pas l'occasion de parler et d'écrire publiquement sur la nécessité d'une réforme bancaire et monétaire aux États-Unis, et en 1910, il propose officiellement la création d'une Banque de réserve des États-Unis. Ce plan est devenu le système de la Réserve Fédérale, et Warburg a été nommé par le président Woodrow Wilson membre du premier conseil de la Réserve Fédérale. Des critiques importantes à l'encontre de Warburg ont éclaté pendant la Première Guerre mondiale en raison du rôle de son frère Max en Allemagne, et il n'a pas été reconduit au Conseil en 1918. Cependant, de 1921 à 1926, après que les critiques se soient atténuées, Warburg est devenu membre du Conseil consultatif du Conseil de la Réserve Fédérale et en a été le président de 1924 à 1926.

Après l'adoption de la loi de 1913 sur la Réserve Fédérale, Warburg et ses associés bancaires ont rapidement commencé à utiliser le monopole bancaire légal à leurs propres fins et objectifs, comme le suggérait Frederic Howe. En 1919, Warburg a organisé l'American Acceptance Council et a été le président de son comité exécutif en 1919-20 et son président en 1921-22. Puis, en 1921, Warburg a organisé et est devenu président de la banque privée International Acceptance Bank, Inc. tout en continuant à siéger au conseil consultatif du conseil de la Réserve Fédérale. En 1925, Warburg a ajouté deux autres banques privées d'acceptation : l'American and Continental Corp. et l'International Acceptance Trust Co. Ces banques étaient affiliées à la Bank of the Manhattan Company, contrôlée par Warburg. En passant, on peut noter que Paul Warburg était également directeur de l'American IG Chemical Corp, la filiale américaine de IG Farben en Allemagne. I.G. Farben a joué un rôle important dans l'arrivée au pouvoir d'Hitler en 1933 et a fabriqué le gaz Zyklon-B utilisé dans les camps de concentration nazis. Warburg a été membre fondateur de la Carl Schurz Memorial Foundation, une organisation de propagande créée en 1930, directeur du prestigieux Council on Foreign Relations, Inc. et administrateur de la Brookings Institution.

Mais c'est grâce à un quasi-monopole de l'International Acceptance Bank Inc. et ses unités affiliées, que Warburg a pu amener la société à travailler pour les Warburg et leurs amis banquiers. L'historien révisionniste Murray Rothbard a examiné les origines de l'inflation des

---

[86] Voir aussi Paul Warburg, *The Federal Reserve System, Its Origin & Growth; Reflections & Recollections* (New York : Macmillan, 1930)

années 1920 qui a conduit à l'effondrement de 1929 et fait cette observation pertinente :

> Si l'achat de titres américains a fait l'objet d'une plus grande publicité, les billets achetés étaient au moins aussi importants et même plus importants que les rabais. Les billets achetés ont mené la parade inflationniste du crédit de la Réserve en 1921 et 1922, ont été considérablement plus importants que les titres lors de la poussée inflationniste de 1924, et tout aussi importants lors de la poussée de 1927. En outre, les billets achetés seuls ont continué à stimuler l'inflation pendant le dernier semestre de 1928, qui fut fatal.[87]

Quels étaient ces "billets achetés" que Rothbard a désigné comme le principal coupable de la dépression de 1929 ? Les billets achetés étaient des acceptations, et presque tous étaient des acceptations bancaires.

Qui a créé le marché de l'acceptation aux États-Unis, largement inconnu avant 1920 ? Paul Warburg.

Qui a gagné la part du lion dans ce commerce d'acceptation à des taux subventionnés artificiellement bas ? L'International Acceptance Bank, Inc.

Qui était l'International Acceptance Bank, Inc. Son président était Paul Warburg, avec Felix Warburg et James Paul Warburg comme co-directeurs. Cependant, un examen plus approfondi de la composition des banques (voir ci-dessous page 95) suggère qu'il s'agissait d'un véhicule représentant l'élite financière de Wall Street.

Les Warburg et leurs amis de Wall Street savaient-ils où leur politique financière allait mener ? En d'autres termes, leur politique financière des années 1920 comportait-elle des éléments de délibération ? Il existe un mémorandum de Paul Warburg qui note clairement que les banques avaient la capacité de prévenir l'inflation :

> Si le gouvernement et les banques des États-Unis étaient des automates impuissants, il faudrait sans doute que l'inflation s'en suive. Mais il est insultant pour nos banques d'avoir l'impression qu'elles ne devraient pas être capables de coopérer à un plan commun de protection tel que, par exemple, le maintien de toutes les réserves de liquidités à un niveau supérieur à celui exigé par la loi, si une telle mesure devait effectivement devenir souhaitable pour la plus grande sécurité du pays.[88]

---

[87] Murray N. Rothbard, *America's Great Depression* (Los Angeles : Nash Publishing Corp. 1972), p. 117.

[88] Sénat des États-Unis, Hearings, Munitions Industry, partie 25, op. cit. p. 8103.

Par conséquent, Rothbard conclut à juste titre :

> Le rôle de premier plan de Warburg dans le système de la Réserve Fédérale n'était certainement pas sans rapport avec le fait qu'il a récolté la part du lion des bénéfices de sa politique d'acceptation.[89]

En bref, la politique de création d'acceptations à des taux artificiels subventionnés n'était pas seulement inflationniste, mais elle était le facteur le plus important, apparemment une politique bancaire délibérée, qui a conduit à l'inflation des années 1920 et à l'effondrement final en 1929, faisant ainsi apparaître le New Deal de FDR ou la planification économique nationale comme nécessaire. En outre, comme le dit Rothbard, "...l'octroi d'un privilège spécial à un petit groupe aux dépens du grand public". En d'autres termes, Wall Street a fait travailler toute la société américaine pour un oligopole financier.

Le plan révolutionnaire de Warburg pour faire travailler la société américaine pour Wall Street était étonnamment simple. Aujourd'hui encore, en 1975, les théoriciens universitaires couvrent leurs tableaux noirs d'équations dénuées de sens, et le grand public se débat dans une confusion déconcertante avec l'inflation et l'effondrement imminent du crédit, alors que l'explication assez simple du problème reste ignorée et presque entièrement incomprise. Le système de la Réserve Fédérale est un monopole privé légal de la masse monétaire qui fonctionne au profit de quelques-uns sous le couvert de la protection et de la promotion de l'intérêt public.

Révolutionnaire ? Oui, en effet ! Mais comme l'a fait remarquer l'un des biographes admiratifs de Warburg :

> Paul M. Warburg est probablement l'homme aux manières les plus douces qui ait jamais personnellement mené une révolution. C'était une révolution sans effusion de sang : il n'a pas tenté de pousser la population à prendre les armes. Il est parti armé d'une simple idée. Et il a vaincu. C'est ce qui est étonnant. Un homme timide et sensible, il a imposé son idée à une nation de cent millions de personnes.[90]

En quoi cette révolution de Warburg diffère-t-elle de la révolution socialiste ? Seulement dans le fait que sous le socialisme, une fois la révolution accomplie et le pouvoir de l'État rassemblé entre les bonnes mains idéologiques, les récompenses personnelles accumulées ne sont généralement pas aussi substantielles - bien que les fiefs créés par le

---

[89] Murray Rothbard, *America's Great Depression*, op. cit. p. 119.

[90] Harold Kellock, "Warburg, le révolutionnaire", dans *The Century Magazine*, mai 1915, p. 79.

national-socialisme d'Hitler et les Soviétiques modernes puissent remettre en question cette observation - et les résultats ne sont pas non plus aussi minces. La dictature monétaire des Soviétiques est évidente. La dictature monétaire du système de la Réserve Fédérale est étouffée et éludée.

Nous devrions ensuite examiner de plus près la Banque Internationale d'Acceptation, le véhicule utilisé pour cette manœuvre d'exploitation révolutionnaire, car elle fournit des signaux valables indiquant que Wall Street avait également un réel intérêt dans la planification économique nationale et un New Deal de type FDR.

THE INTERNATIONAL ACCEPTANCE BANK, INC.

La banque a été fondée en 1921 à New York et est affiliée à la Bank of the Manhattan Company de Warburg. Cependant, le conseil d'administration suggère que les éléments les plus importants de Wall Street avaient également un intérêt et un contrôle significatifs dans l'International Acceptance Bank et en ont profité. En outre, nous constatons un lien frappant entre ses institutions financières affiliées et un plan général visant à établir le socialisme d'entreprise aux États-Unis.

Comme nous l'avons noté, Paul M. Warburg était président du conseil d'administration : son frère Felix, également associé de Kuhn Loeb & Co, et son fils James P. Warburg étaient co-directeurs. Le vice-président du conseil d'administration était John Stewart Baker, également président et directeur de la Bank of Manhattan Trust Co. et International Manhattan Co. ainsi que président du comité exécutif et directeur de la Manhattan Trust Co. Baker était également directeur de l'American Trust Co. et de la New York Title and Mortgage Co. F. Abbot Goodhue a été président et directeur de l'International Acceptance Bank, membre du conseil d'administration des autres banques de Warburg, et directeur de la First National Bank of Boston. Les autres directeurs de l'International Acceptance Bank étaient Newcomb Carlton, directeur de la Chase National Bank contrôlée par Rockefeller, de la Metropolitan Life Insurance Co. contrôlée par Morgan et d'autres grandes sociétés telles que l'American Express Co., l'American Sugar Refining Co. et l'American Telegraph and Cable Co. Newcomb Carlton a également été directeur de l'American Telegraph and Cable et directeur de l'American International Corporation, une société intimement liée à la révolution bolchévique.[91] Un autre directeur de l'International Acceptance Bank qui

---

[91] Voir Sutton, *Wall Street et la révolution bolchévique*, op. cit. chapitre 8.

était également directeur de l'American International Corp. était Charles A. Stone, situé au 120 Broadway et directeur de la Federal Reserve Bank de 1919 à 1932. Bronson Winthrop a également été directeur de l'American International Corp. et de l'International Acceptance Corp. Ainsi, trois directeurs de l'International Acceptance Bank ont eu des mandats d'administrateurs interdépendants avec l'American International Corp, le véhicule clé de l'implication américaine dans la révolution bolchévique.

Un autre directeur de l'International Acceptance Bank était David Franklin Houston, qui était également directeur de la Carnegie Corp, de la Guaranty Trust Co. contrôlée par Morgan, de U.S. Steel et de A.T.&T., ainsi que président de la Mutual Life Insurance Co. Parmi les autres administrateurs de l'I.A.B., on peut citer Philip Stockton, président de la First National Bank of Boston, et administrateur de A.T.&T., General Electric, International Power Securities, et de nombreuses autres sociétés ; William Skinner, administrateur de Irving Trust Co, Equitable Life Assurance et de la Union Square Savings Bank ; Charles Bronson Seger, directeur de la société Aviation, de la société Guaranty Trust et de W.A. Harriman ; Otto V. Schrenk, directeur de la société Agfa Ansco, de Krupp Nirosta et de Mercedes Benz ; et Henry Tatnall, directeur de la société Girard Trust. Paul Warburg a également été directeur d'Agfa Ansco, Inc, une société détenue à 60% par I.G. Farben et une "façade" de la société aux États-Unis.

En résumé, les directeurs de l'International Acceptance Bank reflétaient les éléments les plus puissants de Wall Street : les Morgan, les Rockefeller et Harriman, ainsi que les banquiers de Boston.

De plus, Warburg a été associé aux Roosevelt pendant toute sa vie et de façon intime, de l'enfance jusqu'au New Deal. Cette association Warburg-Roosevelt est illustrée par un extrait des mémoires de James P. Warburg :

> "Il se trouve que je connaissais le fils aîné du président élu, James Roosevelt, depuis quelques années, car il vivait dans l'une des maisons de campagne de la propriété de mon oncle Felix à White Plains."[92]

Plus tard, ce même James P. Warburg devient conseiller du président Franklin D. Roosevelt pour les affaires monétaires nationales et internationales. L'intérêt profond de Warburg pour le programme de la

---

[92] James P. Warburg, *The Long Road Home: The Autobiography of a Maverick* (Garden City: Doubleday, 1964), p. 106.

NRA se reflète dans un mémorandum de Warburg de 1933 adressé à FDR :

> Mémorandum pour le Président : Problème de monnaie nationale. L'administration n'a, à mon avis, jamais été confrontée à une situation plus grave qu'aujourd'hui. L'ensemble du programme de redressement, qui est au cœur de sa politique, est mis en péril par l'incertitude et le doute dans le domaine monétaire. La loi sur le redressement national ne peut pas fonctionner utilement si l'on craint une dépréciation de la monnaie d'un montant inconnu et si l'on a peur de l'expérimentation monétaire. Il y a déjà eu une formidable fuite de capitaux, et cette fuite se poursuivra à un rythme croissant tant que l'incertitude régnera.[93]

Puis, suite à la propension de Warburg pour le monopole, James Warburg a recommandé à FDR que toutes les idées, actions et décisions monétaires soient centralisées dans le département du Trésor et le Conseil de la Réserve Fédérale.

Évidemment, cette proposition garantirait que toutes les décisions monétaires soient prises par le groupe élitiste associé à la Banque Internationale d'Acceptation et au Système de Réserve Fédérale. En juillet 1933, lorsque James Warburg écrivit son mémorandum à FDR, le secrétaire au Trésor était William H. Woodin, qui avait été directeur de la FRB de New York de 1925 à 1931. Nous pouvons également citer les propres associations de FDR avec le Système de la Réserve Fédérale. Son "oncle préféré" Frederic Delano fut nommé vice-président du conseil de la Réserve Fédérale par le président Woodrow Wilson en 1914, et de 1931 à 1936, Delano fut président du conseil d'administration de la Banque de la Réserve Fédérale de Richmond, en Virginie. FDR a nommé Delano président du National Resources Planning Board en 1934.

En 1933-34, les États-Unis ont été confrontés à la plus grande crise financière de leur histoire. Et qu'a fait FDR ? Il a fait appel, en tant que médecins financiers, aux mêmes opérateurs responsables de la crise - une politique aussi sensée que de laisser les fous gérer l'asile.

On trouve donc des associations entre Franklin D. Roosevelt, la famille Warburg et le système de banque centrale inspiré par Warburg, allant de l'enfance à la nomination de Warburg comme conseiller monétaire clé de FDR. Nous verrons plus tard que c'est Warburg qui a déterminé la forme finale de l'Administration nationale de la relance industrielle. D'autre part, la famille Warburg et ses amis de Wall Street contrôlaient la masse monétaire monopolistique privée connue sous le

---

[93] Franklin D. Roosevelt et les affaires étrangères, vol. I, p. 325. Mémorandum de James P. Warburg à Roosevelt, 24 juillet 1933

nom de Système de la Réserve Fédérale et, par le biais de la Banque Internationale d'Acceptation, exploitaient ce monopole à leurs propres fins.

Les Pères Fondateurs ont fait preuve d'une profonde sagesse et d'une grande perspicacité quant aux dangers d'une émission monopolistique de monnaie de papier qui se reflète dans l'article I, section 9 de la Constitution américaine :

> "Aucun État ne pourra... émettre autre chose que des pièces d'or et d'argent pour servir d'instrument de paiement de dettes...."

Une contestation constitutionnelle de l'émission des billets de la Réserve Fédérale par un monopole bancaire privé, le Système de la Réserve Fédérale, est attendue depuis longtemps. Il faut espérer que la valeur du dollar n'aura pas à être réduite à zéro, comme c'était le cas dans l'Allemagne de l'après-guerre, avant qu'une telle contestation ne soit lancée et soutenue par la Cour suprême des États-Unis.

CHAPITRE VII

ROOSEVELT, HOOVER, ET LES CONSEILS DE COMMERCE

> *Il est rare que les gens d'un même métier se rencontrent, même pour se divertir, sans que la conversation ne se termine par une conspiration contre le grand public, ou par un stratagème pour augmenter les prix.*
>
> Adam Smith, *An Inquiry into the Nature and Causes of the Wealth of Nations* (Londres : George Routledge, 1942), p. 102.

L'idée de faire travailler la société pour un groupe privilégié au sein de cette société n'est née ni chez les socialistes d'entreprise de Wall Street, ni dans la communauté financière en général, ni même chez les socialistes marxistes. En fait, cette notion est antérieure à notre propre société industrielle, et il existe un parallèle intéressant entre les codes du New Deal America (que nous examinerons plus tard) et la législation commerciale du XIIIe siècle en Angleterre.[94]

UN NEW DEAL MÉDIÉVAL

En 1291, les tanneurs de Norwich, en Angleterre, ont été traduits devant le tribunal local chargé d'organiser et de codifier leurs activités de tannage au détriment des citoyens locaux. Deux ans plus tard, en 1293, les cordonniers et les fabricants de selles de Norwich ont été confrontés à des accusations similaires. En "graissant" les législateurs, la structure

---

[94] Voir Erwin F. Meyer, "English Medieval Industrial Codes" dans *The American Federationist*, janvier 1934. Meyer établit des parallèles fascinants entre les guildes médiévales et la pratique de la NRA sous Roosevelt. À l'époque médiévale, le résultat, comme dans les années 1930, a été de créer "une oligarchie de capitalistes" dans l'économie anglaise.

du pouvoir politique du Norwich médiéval a été amenée à penser que les tanneurs avaient peut-être besoin de protection, après tout.

Cette protection en est venue à intégrer les mêmes principes de base de la planification économique que ceux qui ont été mis en application près de 700 ans plus tard dans le Roosevelt New Deal. Ainsi, en 1307, l'industrie du tannage de Norwich a été légalement codifiée et les salaires et conditions de travail prescrits, le tout sous le couvert de la protection du consommateur, mais en pratique en accordant un monopole légal aux tanneurs.

Dans la décennie qui a précédé le New Deal, dans les années 1920, le Wall Streeter Roosevelt a été actif au nom des entreprises pour promouvoir ces mêmes idées de base, à savoir utiliser le pouvoir de l'État pour restreindre le commerce, faire progresser la coopération et utiliser la réglementation gouvernementale pour empêcher la concurrence indésirable d'étrangers plus efficaces. Les associations commerciales des années 1920 étaient plus discrètes dans leurs propositions que les tanneurs de Norwich du XIIIe siècle, mais le principe sous-jacent était le même.

Malheureusement, le rôle de Franklin D. Roosevelt dans le Wall Street des années 1920 a été ignoré par les historiens. Daniel Fusfield observe à juste titre que FDR "a pris une part active dans le mouvement associatif qui allait devenir la N.R.A. du New Deal initial" ;[95] d'autre part, Fusfield, qui offre la seule description détaillée des activités commerciales de FDR, conclut que son attitude envers les affaires relevait d'"un curieux mélange". FDR, dit Fusfield, "insistait sur le fait que les simples profits ne justifiaient pas pleinement l'activité commerciale", qu'un homme d'affaires devait également "avoir la motivation du service public". Pour Fusfield, cela était incompatible avec la participation "à un certain nombre d'entreprises purement spéculatives et aux activités commerciales qui n'avaient pas grand-chose à voir avec le service public".[96]

Fusfield et ses collègues historiens de l'ère Roosevelt ont omis de noter que le "service public" pour un homme d'affaires est absolument cohérent avec la "maximisation du profit" ; en fait, le service public est la voie la plus facile et certainement la plus lucrative vers la maximisation du profit. En outre, plus l'entreprise est risquée et spéculative, plus

---

[95] Daniel R. Fusfield, *The Economic Thought of Franklin D. Roosevelt and the Origins of the New Deal*.

[96] Ibid.

l'avantage que l'on peut tirer du service public est probablement important.

Si l'on adopte cette vision plus réaliste du bien social, alors l'attitude de Roosevelt à l'égard des entreprises n'est pas du tout "curieuse". Il s'agit en fait d'un programme cohérent de maximisation des profits.

LE CONSEIL AMÉRICAIN DE LA CONSTRUCTION

L'American Construction Council (A.C.C.), créé en mai 1922, a été la première des nombreuses associations commerciales créées dans les années 1920, dispositifs utilisés pour augmenter les prix et réduire la production. La proposition initiale et l'impulsion pour le conseil sont venues du secrétaire au commerce Herbert Hoover, et le conseil a fonctionné sous la direction de Franklin D. Roosevelt, qui commençait alors sa carrière à Wall Street après avoir été secrétaire adjoint de la marine. Les objectifs publics déclarés de l'A.C.C. étaient un "code d'éthique" (un euphémisme pour restriction du commerce libre), l'efficacité et la standardisation de la production. Plus important encore, mais moins connu, l'A.C.C. devait donner à l'industrie la possibilité de fixer ses propres niveaux de prix et de production sans craindre des poursuites antitrust par le gouvernement. Le *New York Times* mentionnait :

> Ce sont ces énormes possibilités, dans le dévouement au service public et à l'élimination du gaspillage, qui ont enflammé l'imagination de M. Hoover et de M. Roosevelt et les ont invités à accepter des postes de direction dans le mouvement.[97]

Comme les comités de fixation des prix du conseil des industries de guerre de Baruch, l'A.C.C. était en fait une association industrielle primitive, bien que l'objectif déclaré du conseil soit très ambitieux :

> ... pour placer l'industrie de la construction sur un plan élevé d'intégrité et d'efficacité et pour corréler les efforts d'amélioration réalisés par les agences existantes par le biais d'une association dédiée à l'amélioration du service au sein de l'industrie de la construction ... .[98]

et donc de stabiliser les conditions de profit de l'industrie, des travailleurs et du grand public. Cet objectif était également celui de Baruch pour les associations commerciales en temps de paix : réglementer l'industrie sous le contrôle du gouvernement, tout ça au nom

---

[97] *The New York Times*, 15 mai 1922, p. 19.

[98] Cité dans Fusfield, *Economic Thought*, op. cit. p. 102.

du bien public. Au sein du Conseil Américain de la Construction, le bien public a été prétexté comme l'élimination des scandales découverts par la Commission Lockwood qui enquêtait sur l'industrie du bâtiment à New York.

Cependant, comme ce scandale portait en grande partie sur l'exclusivité et les conditions coercitives similaires imposées aux entrepreneurs et aux monteurs par l'United States Steel Corporation et Bethlehem Steel, le bien public comme justification n'a guère de sens. Ces géants de l'industrie étaient contrôlés par les intérêts de Morgan à Wall Street qui étaient, comme nous le verrons, également à l'origine de la proposition de l'A.C.C. En bref, les prétendues conditions antisociales à résoudre par une association commerciale auraient pu être stoppées beaucoup plus simplement et efficacement par un mémorandum de J.P. Morgan et de ses associés ; il n'était pas nécessaire de promouvoir une association commerciale pour mettre fin à ces abus. Nous devons donc chercher ailleurs la raison d'être des associations professionnelles. La véritable raison, bien sûr, est de protéger l'industrie contre une concurrence indésirable et d'établir des conditions de monopole pour ceux qui sont déjà dans le métier. Comme Howe nous l'a dit, un monopole légal est la voie sûre vers le profit. C'est la formation de ce monopole légal qui a incité Roosevelt et Herbert Hoover à se donner la main contre l'intérêt public, bien que, selon Freidel :

> L'ami de FDR, Elliott Brown, l'a mis en garde contre les tendances "socialistes" de ces associations et de Hoover en particulier. Socialistes, parce que dès qu'une association se forme, le gouvernement y porte intérêt par l'intermédiaire d'un employé du ministère du commerce, qui approuve ou désapprouve de nombreuses questions touchant à l'initiative et au bien-être de tous les peuples.[99]

Le rôle de FDR n'est pas vraiment surprenant. Il tentait alors de se lancer dans une carrière commerciale. Il avait des contacts politiques et était plus que disposé, voire désireux, de les utiliser. D'autre part, il existe une étrange dichotomie dans les idées et les pratiques d'Herbert Hoover dans ce domaine de la relation entre le gouvernement et les entreprises. Herbert Hoover a déclaré son adhésion aux principes de la libre entreprise et de l'initiative individuelle et sa suspicion à l'égard de l'intervention du gouvernement. Ces affirmations étaient mélangées à d'autres déclarations contraires encourageant, voire autorisant, l'intervention du gouvernement pour des raisons presque insignifiantes. Malheureusement, les Mémoires d'Herbert Hoover, seule source faisant finalement autorité, ne résolvent pas ces conflits. Le Conseil Américain

---

[99] Freidel, *The Ordeal*, op. cit. p. 152.

de la Construction n'est pas mentionné dans les Mémoires de Hoover, bien que le Volume II, "Le Cabinet et la Présidence", souligne les maux de l'intervention gouvernementale dans l'économie, en pointant du doigt le communisme, le socialisme et le fascisme pour commenter, "Ce remède de gauche pour tous les maux des affaires" apparaît maintenant comme "planification nationale". Hoover a ajouté que les "abus" des entreprises étaient seulement "marginaux" et qu'au lieu d'une intervention du gouvernement, "il valait mieux que le monde des affaires coopère pour remédier à ses propres abus".[100]

D'autre part, la correspondance privée de Hoover avec Roosevelt sur le Conseil Américain de la Construction suggère que Hoover, bien que favorable à l'intervention du gouvernement, a pris soin de dissimuler cet intérêt continu de peur de faire tomber l'opposition publique sur sa propre tête et de ruiner la proposition. Une lettre de Hoover à Roosevelt, datée du 12 juin 1923, fait valoir ce point :

> 12 juin 1923
>
> Franklin D. Roosevelt, vice-président.
>
> Fidelity and Deposit Company of Maryland 120 Broadway
>
> New York City
>
> Mon cher Roosevelt :
>
> Je suis un peu perplexe quant à votre télégramme du 7 juin. J'avais espéré que le Conseil de la Construction serait uniquement issu des industries sans pression de l'administration. Sinon, il va bientôt se heurter à la même opposition que celle que suscite immédiatement tout ce que le gouvernement touche quant à ce problème.
>
> Le vaste sentiment du monde des affaires contre l'ingérence du gouvernement tend à détruire même un effort volontaire si l'on pense qu'il est mené sous l'inspiration du gouvernement.
>
> Je vous prie d'agréer, Monsieur le Président, l'expression de ma haute considération.
>
> Herbert Hoover

En tout état de cause, l'American Construction Council était une association coopérative d'entreprises, de travailleurs et de gouvernements,

> formé à Washington le 19 juin à la suggestion et sous la direction du secrétaire Hoover du ministère du commerce (qui) a fait les premiers pas

---

[100] *Les Mémoires d'Herbert Hoover*. The Cabinet and the Presidency 1920-1933, (Londres : Hollis and Carter 1952), p. 67.

vers la mise en œuvre d'un programme d'effort de construction qui, on l'espère, éliminera beaucoup des maux qui se sont développés dans l'industrie au cours de la dernière décennie.[101]

Ainsi, c'est l'entrepreneur libre Herbert Hoover qui est devenu le parrain de la première des associations professionnelles, l'American Construction Council, qui a été conçue pour inclure :

> les architectes, les ingénieurs, les ouvriers du bâtiment, les entrepreneurs généraux, les sous-traitants, les fabricants de matériaux et d'équipements, les marchands de matériaux et d'équipements, les intérêts en matière de cautionnement, d'assurance et d'immobilier et les services de construction des gouvernements fédéral, des États et des municipalités.[102]

La réunion d'organisation de l'American Construction Council s'est tenue chez FDR à New York et a réuni une vingtaine de personnes. Ce groupe a discuté du concept du conseil et notamment de la question de savoir s'il :

> devrait être un centre d'échange d'informations pour les différentes associations nationales, un centre d'échange d'informations professionnelles, ou si elle doit être une organisation active, agressive (sic) et militante au service du bien public de l'industrie de la construction.[103]

Il a été décidé à l'unanimité que le conseil devait être une organisation militante agressive et non pas seulement un centre d'information. Ce concept a été discuté avec Dwight Morrow de la firme J.P. Morgan ; avec M. Dick, secrétaire du juge Gary de l'U.S. Steel Corporation ; avec Gano Dunn, président de J.G. White Engineering Corporation ; et avec Stone & Webster. Il est intéressant de noter que la plupart de ces personnes et de ces entreprises sont très présentes dans mon précédent volume, *Wall Street et la révolution bolchévique*.

Après que l'établissement financier ait exprimé son soutien à l'A.C.C., le secteur de la construction dans son ensemble a été approché pour sa réaction. Ce travail préliminaire a abouti à une réunion d'organisation à l'hôtel Washington, Washington D.C., le mardi 20 juin 1922. Franklin D. Roosevelt est élu président du conseil, et John B. Larner, vice-président de l'American Bankers Association, est élu

---

[101] *The New York Times*, 9 juillet 1922, VIII 1:3.

[102] *The New York Times*, 15 mai 1922, p. 19, col. 8.

[103] Procès-verbal du conseil d'administration de l'American Construction Council, 20 juin 1922. Dossiers FDR, groupe 14 : Conseil américain de la construction.

trésorier. Le président du comité des finances était Willis H. Booth de la Guaranty Trust Company. Le comité a ensuite créé ses comités et défini les priorités de ses problèmes.

L'interprétation de Roosevelt des causes des problèmes de l'industrie de la construction a été rapportée par le *New York Times* :

> "La débrouille est la méthode caractéristique utilisée par l'industrie de la construction depuis quelques années. Il n'y a eu aucun système, aucune coopération, aucune planification nationale intensive".

Après avoir souligné qu'un cheminot n'est pas licencié pour cause de mauvais temps, Roosevelt a commenté :

> Dans le secteur de la construction, cependant, nous avons ce grand impondérable dans notre vie économique, le travail saisonnier. Tous les travaux sont concentrés pendant les mois d'été, et aucun n'est effectué pendant l'hiver. Les résultats de cet empilement sont évidents. L'été, la main-d'œuvre se fait rare et les prix montent en flèche, l'hiver, le chômage et les revenus diminuent. La seule chose qui dure toute l'année, c'est l'amertume des hommes engagés dans le travail.[104]

Comment FDR propose-t-il de changer tout cela ?

> Une grande partie du travail peut être étalée sur l'année. Il n'y a aucune raison au monde pour qu'un mécanicien qualifié vivant à New York, par exemple, soit appelé en juin pour participer à la construction d'un bâtiment public en Géorgie. La Géorgie peut construire pendant les saisons de l'année où il est impossible pour New York de construire ; il en va de même pour la Louisiane et tous les États du Sud.

La suggestion de Roosevelt, un non sequitur sans but, était que l'industrie de la construction doit "se concerter sur cette situation : déplacer les matériaux de construction pendant la basse saison et répartir la main-d'œuvre". Lors d'une première réunion du conseil des gouverneurs, tenue au domicile de FDR à New York le 16 mai 1923, FDR a attiré l'attention sur la voie suivie par le conseil :

> "Le Conseil Américain de la Construction était organisé, mais franchement, il n'a pas fait une seule chose depuis cette époque à part

---

[104] *The New York Times*, 4 juin 1922. On cherche en vain une proposition praticable et réalisable pour résoudre les prétendus problèmes de l'industrie de la construction. Les suggestions les plus valables avancées par Roosevelt et ses collègues planificateurs exigeaient de gagner du temps pour permettre la construction ou le mouvement des hommes et des matériaux tout au long de l'année par "planification". Bien sûr, un système de marché déplace automatiquement les hommes et les matériaux, un point probablement inconnu de FDR.

collecter les cotisations de quelque 115 organisations différentes, je pense."

FDR a soumis le choix fondamental aux gouverneurs réunis : voulaient-ils continuer à suivre l'ancienne méthode, "Construire tout ce que nous pouvons, en payant n'importe quel prix tant que nous recevons les ordres ? Parce que si c'était le cas, a dit FDR, "Nous pourrions tout aussi bien ajourner." D'un autre côté, poursuit-il, cela ne semble pas être le point de vue de la majorité, et "Nous voulons revenir au véritable objectif fondamental du Conseil, qui était d'empêcher ce genre de choses". Suit alors une série de propositions de résolutions, adoptées à l'unanimité, qui auraient pour effet de ralentir la construction. Le Conseil continua à avoir ses problèmes, résumés dans une lettre du 29 avril 1924 du vice-président exécutif D. Knickerbocker Boyd à Franklin D. Roosevelt, "pour attirer l'attention sur l'état très grave des affaires existant à cette époque". Boyd rappelle à FDR que le secrétaire exécutif, Dwight L. Hoopingarner, a servi "pratiquement" sans salaire, et que 7000 dollars d'arriérés de salaire lui sont dus. Boyd a ajouté : "Ce n'est pas juste et cela ne devrait pas être autorisé à continuer. Il devrait non seulement être remboursé rapidement de tous les arriérés de salaire, mais aussi être assuré d'être payé rapidement à l'avenir - ou alors le travail devrait être arrêté". Ensuite, Boyd a indiqué qu'il s'attendait lui aussi à ce que le temps consacré aux travaux du conseil soit rémunéré, notant que le temps consacré à ce jour s'élevait à 3168,41 dollars, en plus des frais de déplacement. Boyd a suggéré que le conseil fasse face à ses responsabilités, se place sur une base financière adéquate ou se dissolve. Le dernier paragraphe de la lettre de Boyd démontre l'objectif fondamental de ceux qui promeuvent le Conseil Américain de la Construction :

> Si le Conseil devait disparaître, ce serait, à mon avis, une calamité nationale - car je doute qu'après ce deuxième effort de nationalisation de la grande industrie du bâtiment sur des bases humaines, on puisse trouver suffisamment de personnes ayant l'enthousiasme, la foi et la patience nécessaires pour faire une troisième tentative.

Franklin D. Roosevelt, président du Conseil Américain de la Construction, avait plaidé pour une "planification économique" ; aujourd'hui, le vice-président exécutif reconnaît un "effort de nationalisation" de l'industrie de la construction. Cet effort pour organiser l'industrie de la construction sous l'œil somnolent du gouvernement, prétendument pour le bien public, a échoué.

CHAPITRE VIII

WALL STREET ACHÈTE LE NEW DEAL

> B.M. [Bernard Baruch] a joué un rôle plus efficace. Le quartier général n'avait tout simplement pas d'argent. Parfois, ils ne pouvaient même pas payer la facture de la radio pour les discours des candidats. Ils n'avaient pratiquement rien pour poursuivre la campagne dans l'État critique du Maine. Chaque fois qu'une crise survenait, B.M. donnait l'argent nécessaire ou allait le chercher.
>
> Hugh S. Johnson, *The Blue Eagle from Egg to Earth* (New York : Doubleday, Doran, 1935), p. 141.
> Sur la campagne de FDR en 1932.

La campagne présidentielle de 1928 a opposé le gouverneur Alfred E. Smith, un catholique soutenu par Tammany Hall et collectiviste de conviction, à Herbert Hoover, un quaker qui se réclame de l'individualisme traditionnel américain et de l'autosubsistance. Herbert Hoover l'a emporté par 21 392 000 voix contre 15 016 000 pour Smith.

Où les banquiers-philosophes de Wall Street ont-ils placé leur soutien et leur influence dans l'élection de Smith-Hoover ? Sur la base de l'interprétation acceptée de la philosophie des financiers, leur soutien aurait dû aller à Herbert Hoover. Hoover a fait la promotion des associations commerciales bien-aimées, bien-aimées, c'est-à-dire par la communauté financière et commerciale. En outre, dans l'*Individualisme américain*,[105] Herbert Hoover a clairement indiqué que le système idéal pour l'Amérique était, selon ses propres termes, "pas de système de libre entreprise", mais, au contraire, une économie réglementée. D'autre part, le membre de l'establishment financier de Wall Street le plus engagé politiquement en 1928 était John J. Raskob, vice-président de Du Pont et de General Motors et administrateur de Bankers Trust Co. et de County Trust Co. Sur l'insistance personnelle du gouverneur Al Smith, Raskob

---

[105] New York: Doubleday, page 1922.

est devenu président de la commission des finances du parti démocrate. Raskob a également été le plus grand donateur individuel, avec plus de 350 000 dollars à la campagne. Quels étaient les objectifs politiques recherchés par Raskob et ses alliés qui rendaient Al Smith si attrayant comme candidat ?

En 1928, John J. Raskob, Bernard Baruch et d'autres membres de Wall Street ont présenté au public les éléments clés de ce qui est devenu le programme de rétablissement national. La promotion de la NRA de Roosevelt date en fait des discours de Raskob de 1928, prononcés lors de la campagne présidentielle d'Al Smith. Bien qu'Al Smith et Herbert Hoover dépendaient tous deux fortement du "cercle d'or" de Wall Street pour les fonds électoraux, comme nous le détaillerons plus loin dans ce chapitre, l'argent de Du Pont-Raskob-Baruch reposait fortement sur Al Smith.

Smith, bien sûr, a perdu l'élection de 1928 pour les Démocrates, et Herbert Hoover est devenu le président républicain. Malgré la tiédeur de Wall Street, Hoover nomme de nombreux Wall Streeters à ses comités et conseils d'administration. Puis, au milieu de l'année 1932, devant le choix brutal entre un programme de redressement national sous la forme du plan Swope ou des politiques moins fascistes, Hoover refusa d'instituer le socialisme d'entreprise, identifia le plan Swope pour ce qu'il était et fit s'abattre sur lui la colère de Wall Street.

Par conséquent, nous pouvons retracer et nous retracerons dans ce chapitre les propositions de Baruch pour l'ARN et le soutien financier des deux candidats présidentiels à chaque élection par Raskob, Baruch, Du Pont, Rockefeller, et d'autres de l'élite financière. Dans chaque cas, le principal soutien est allé au candidat démocrate désireux de promouvoir le socialisme d'entreprise. En 1928, il s'agissait d'Al Smith, qui était également directeur de la Metropolitan Life Insurance Company, contrôlée par Morgan ; en 1930, il est allé à Roosevelt avec les contributions anticipées à la convention pour le concours Hoover-Roosevelt de 1932. Au milieu de l'année 1932, Herbert Hoover se voit retirer une grande partie du soutien de Wall Street et l'influence et l'argent sont transférés en masse vers l'élection de Roosevelt.

Par la suite, FDR n'a pas abandonné ses partisans. La loi sur le redressement national (National Recovery Act), avec sa capacité intégrée à contraindre les petites entreprises, a été promulguée et est entrée en vigueur en juin 1933. Examinons donc de plus près ces événements et les preuves qui s'y rapportent.

L'INFLUENCE DE BERNARD BARUCH SUR FDR

Selon ses propres déclarations, Hugh Johnson, l'administrateur de la NRA de Roosevelt, a suivi un programme de formation dans les années 1920 sous la tutelle de Bernard Baruch. Johnson relate cette expérience comme suit :

> Je doute que quelqu'un ait eu un accès plus direct ou plus complet aux sources d'information que B.M. et il m'a toujours laissé carte blanche pour la consultation et l'utilisation des scientifiques et experts dont j'aurais pu avoir besoin. Pendant plusieurs années, j'ai été le seul membre du personnel de recherche qu'il a consulté en permanence. Cela et ce qui a précédé étaient une excellente formation pour le service dans la NRA parce que ces études couvraient un segment considérable de toute l'industrie américaine et que l'expérience avec le gouvernement reliait les deux.[106]

Johnson lui-même considère les discours de Raskob de septembre et octobre 1928 dans la campagne d'Al Smith comme le début de la NRA de Roosevelt :

> "Il n'y avait rien de particulièrement nouveau dans la substance des principes développés. Nous avions élaboré et exprimé exactement la même philosophie dans la campagne d'Al Smith en 1928...".[107]

Al Smith, le candidat démocrate à la présidence de 1928, était, comme nous l'avons noté, un directeur de Metropolitan Life Insurance, la plus grande compagnie d'assurance-vie des États-Unis, contrôlée par J.P. Morgan, et la majeure partie de ses fonds de campagne provenait du cercle d'or de Wall Street. Bernard Baruch a présenté le plan de la NRA lui-même le 1er mai 1930 - jour propice à une mesure socialiste - dans un discours à Boston. Tout le contenu de la NRA était là, la réglementation, les codes, l'application et la carotte du bien-être pour les travailleurs. Il a été repris dans la plate-forme de Baruch de juin 1932 - celle qu'Herbert Hoover a refusé d'adopter. La NRA a été présentée à nouveau par Baruch lors de son témoignage devant le Sénat et dans des discours devant la Brookings Institution et à l'université Johns Hopkins. En tout, Hugh Johnson compte dix documents et discours, tous présentés avant l'élection de Roosevelt en 1932, dans lesquels "se trouve le développement de la philosophie économique de la campagne de 1928 et de presque tout ce qui s'est passé depuis. D'une partie de cette philosophie, la NRA était une expression concrète".[108]

---

[106] Hugh S. Johnson, *The Blue Eagle from Egg to Earth* (New York : Doubleday, Doran, 1935), p. 116.

[107] Ibid, p. 141.

[108] Ibid, p. 157.

WALL STREET ET FRANKLIN D. ROOSEVELT

Les extraits suivants du discours de Baruch du 1er mai 1930 contiennent l'essentiel de ses propositions :

> Ce dont les entreprises ont besoin, c'est d'un forum commun où les problèmes nécessitant une coopération peuvent être examinés et traités avec la sanction constructive et non politique du gouvernement. Il était peut-être judicieux d'interdire par la loi tout ce qui visait à réglementer la production lorsque le monde craignait la famine, mais c'est de la folie publique que de décréter le fonctionnement illimité d'un système qui dégorge périodiquement des masses indigestes de produits non consommables. Aucun bureau répressif, inquisitorial et médiocre ne fera l'affaire - nous devons développer un nouveau concept à cet effet –un tribunal investi comme la Cour suprême, de tant de prestige et de dignité que nos plus grands chefs d'entreprise seront heureux de se défaire de tout intérêt personnel dans les affaires et de servir ainsi le bien commun. Comme la Cour suprême, il doit également être absolument apolitique.
>
> Il ne devrait pas avoir le pouvoir de réprimer ou de contraindre, mais il devrait avoir le pouvoir de convoquer une conférence, de suggérer et de sanctionner ou d'autoriser une coopération de bon sens entre les unités industrielles, afin d'éviter que nos bienfaits économiques ne deviennent des fardeaux insupportables. Son seul pouvoir punitif devrait être de prescrire les conditions de ses licences, puis de les révoquer en cas de violation de ces conditions.
>
> Ses délibérations doivent être ouvertes et doivent être entièrement scientifiques, présentées comme un rapport d'ingénieur et publiées dans le monde entier. Un tel système préserverait l'intérêt public et devrait se substituer aux couvertures inhibitrices des lois Sherman et Clayton...
>
> Ce n'est pas l'ingérence gouvernementale dans les affaires au sens où on l'entend ici qui est condamnée. Il s'agit seulement d'un relâchement de l'emprise que le gouvernement a déjà exercée sur les entreprises par les lois antitrust. Il n'y a aucune erreur à limiter une production excessive ruineuse - une politique que le gouvernement fédéral encourage maintenant vigoureusement dans le domaine de l'agriculture. Mais si le changement de concept, qui consiste à passer d'un précédent bureaucratique à un forum ouvert où les entreprises peuvent pratiquer l'autonomie de groupe, agissant de leur propre initiative sous la sanction d'un tribunal apolitique, constructif et utile, n'a rien de pratique, alors l'idée n'est pas réalisable. Mais la possibilité d'une telle autonomie industrielle sous sanction gouvernementale a été clairement démontrée en 1918. De nombreuses difficultés se présentent. En premier lieu, tout ce qui est fait dans l'euphorie et la ferveur de la guerre ne doit être accepté comme critère qu'avec prudence.
>
> Dans la réglementation de la production, le prix n'est qu'un élément de référence. Mais c'est un sujet explosif.
>
> Il y a d'autres réserves évidentes. La réflexion est relancée en ce moment critique parce qu'elle semble digne d'être considérée comme une aide à

un développement économique menaçant "d'une ampleur inhabituelle" et comme une alternative à l'ingérence gouvernementale et à la vaste extension des pouvoirs politiques dans le domaine économique - une éventualité qui, en l'absence d'une action constructive des entreprises elles-mêmes, est presque aussi certaine que la mort et les impôts.[109]

Baruch voulait, selon ses propres termes, une résurrection des associations commerciales, un assouplissement des lois antitrust et un contrôle des chefs d'entreprise. Il renvoie le lecteur au War Industries Board de 1918. Certes, Baruch suggère "pas de pouvoir de coercition" et des délibérations "ouvertes", mais de telles protestations de bonne foi ont peu de poids à la lumière de l'histoire économique et des furieux efforts passés de ce même groupe pour établir des cartels et des combinaisons de restriction du commerce. C'est dans ce but qu'un soutien financier a été accordé aux candidats démocrates et républicains ; la majeure partie du financement provenait d'une zone géographique relativement petite de New York.

WALL STREET FINANCE LA CAMPAGNE PRÉSIDENTIELLE DE 1928

L'orientation du soutien politique peut être mesurée et identifiée par le soutien financier correspondant. Les origines des contributions financières aux campagnes de Smith et Hoover de 1928 peuvent être identifiées, et nous constatons, contrairement aux croyances dominantes, que ce sont les démocrates qui ont reçu la part du lion des fonds de Wall Street ; comme nous l'avons vu, c'est lors de la campagne démocrate que les grandes lignes de la loi sur le rétablissement national ont été promulguées pour la première fois par Baruch et Raskob.

Après l'élection présidentielle de 1928, la commission Steiwer de la Chambre des représentants des États-Unis a enquêté sur les sources des fonds de campagne reçus pour l'élection[110]. Les informations détaillées ont été publiées, mais la commission Steiwer n'a pas enquêté sur les origines et les affiliations des donateurs : elle s'est contentée d'énumérer

---

[109] Ibid, p. 156-7. Italique dans l'original.

[110] Congrès des États-Unis, Comité spécial du Sénat chargé d'enquêter sur les dépenses de la campagne présidentielle, Dépenses de la campagne présidentielle. Rapport en vertu de la résolution 234, 25 février (jour du calendrier, 28 février), 1929. 70e Congrès, 2e session. Rapport du Sénat. 2024 (Washington : Government Printing Office, 1929). Cité ci-après comme le rapport de la commission Steiwer.

les noms et les montants des contributions. Le tableau XIII du rapport est intitulé "Personnes ayant contribué des sommes de 5000 dollars et plus au nom du candidat républicain à la présidence". Le candidat républicain à la présidence était, bien entendu, Herbert Hoover. Ce tableau énumère les noms complets et les montants contribués, mais sans l'affiliation des contributeurs. De même, le tableau XIV du rapport est intitulé "Personnes ayant contribué des sommes de 5000$ et plus au nom du candidat démocrate à la présidence". Là encore, les noms complets et les montants sont indiqués, mais l'affiliation de la personne n'est pas précisée.

Ces listes ont été prises et comparées par l'auteur au *Directory of Directors in the City of New York 1929-1930*.[111] Lorsque le contributeur figurant sur la liste du Comité Steiwer était identifié comme ayant une adresse dans un cercle d'un mile du 120 Broadway à New York, le nom et le montant de la contribution étaient notés. Aucune mention n'était faite des personnes ne figurant pas dans l'annuaire et résidant très probablement en dehors de la ville de New York, mais un registre était tenu des sommes d'argent versées par les personnes ne résidant pas à New York. En d'autres termes, deux totaux ont été établis à partir des données du Comité Steiwer : (1) les contributions des personnes inscrites comme administrateurs de sociétés ayant leur siège à New York et (2) les contributions de toutes les autres personnes. En outre, une liste des noms des contributeurs de New York a été établie. En pratique, la procédure de recherche a été biaisée contre l'inclusion des directeurs basés à New York. Par exemple, dans la liste du parti démocrate, Van-Lear Black était inscrit par l'auteur comme un non-résident de New York, bien que Black ait été président de la Fidelity & Casualty Co ; la société avait des bureaux au 120 Broadway, et Franklin D. Roosevelt était leur vice-président à New York au début des années 1920. Cependant, Black était basé à Baltimore et n'était donc pas considéré comme un directeur new-yorkais. Une fois de plus, Rudolph Spreckels, le millionnaire du sucre, était cité dans le rapport du Comité Steiwer pour une contribution de 15 000 dollars, mais n'est pas repris dans le total de New York, car il n'était pas basé à New York. De même, James Byrne a contribué à hauteur de 6500 dollars à la campagne de Smith for President, mais n'est pas répertorié dans le total de New York - il était directeur de la Fulton Savings Bank à Brooklyn et en dehors du cercle d'un mille. Jesse Jones, le banquier texan, a contribué à hauteur de 20 000 dollars, mais n'est pas répertorié comme un directeur new-yorkais parce qu'il était un banquier texan et non new-yorkais. En d'autres termes, la définition d'un

---

[111] New York : *Directory of Directors Co.*, 1929.

contributeur de Wall Street a été établie de manière très stricte et cohérente.

**Les principaux contributeurs de Wall Street à Al Smith
Pour la campagne présidentielle - 1928**

Nom	Contributions			
	La campagne de 1924 contre le déficit	1928	Contribution au déficit de 1928	Total
John J. Raskob (Du Pont et General Motors)	—	$110,000	$250,000	$360,000
William F. Kenny (W.A. Harriman)	$25,000	$100,000	$150,000	$275,000
Herbert H. Lehman	$10.000	$100.00	$150,000	$260,000
M.J. Meehan (120 Broadway)	—	$50,000	$100,000	$150,000

Source : Adapté de Louise Overacker, *Money in Elections* (New York : Macmillan, 1932), p. 155.

Selon cette définition restreinte, le montant total des contributions des directeurs de Wall Street, pour la plupart liés aux grandes banques, à la campagne présidentielle de 1928 d'Al Smith s'élevait à 1 864 339 dollars. Le montant total des contributions des personnes ne faisant pas partie de ce cercle d'or s'élevait à 500 531 dollars, ce qui donne un total général de 2 364 870 dollars. En bref, le pourcentage des fonds de la campagne présidentielle d'Al Smith provenant de personnes ayant donné plus de 5000 dollars et également identifiées comme étant des directeurs de Wall Street était de 78,83%. Le pourcentage de donateurs hors du cercle d'or n'était que de 21,17%. Si l'on considère le total des contributions d'Al Smith d'une autre manière, les grands donateurs (plus de 5000 dollars) à la campagne de M. Smith, ceux qui sont les mieux placés pour demander et recevoir des faveurs politiques, ont versé près de quatre dollars sur cinq.

L'identité des principaux contributeurs à la campagne Al Smith et au fonds du Comité national démocratique est indiquée dans les tableaux ci-joints.

Contributeurs de 25 000$ ou plus au Comité national démocratique de janvier à décembre 1928 (y compris les contributions énumérées dans le tableau précédent)

NOTE

Herbert H. Lehman et Edith A. Lehman	Lehman Brothers, et Studebaker Corp.	$135,000	Le conseiller politique en chef de FDR
John J. Raskob	Vice-président de Du Pont et de General Motors	$110,000	Administrateur de l'ARN
Thomas F. Ryan	Président, Bankers Mortgage Co., Houston	$75,000	Président, Reconstruction Finance Corp.
Harry Payne Whitney	Garantie de confiance	$50,000	Voir le chapitre 10 : "L'affaire Butler".
Pierre S. Du Pont	Compagnie Du Pont, General Motors	$50,000	Voir le chapitre 10 : "L'affaire Butler".
Bernard M. Baruch	Financier, 120 Broadway	$37,590	Planificateur de l'ARN
Robert Sterling Clark	Singer Sewing Machine Co.	$35,000	Voir le chapitre 10 : "L'affaire Butler".
John D. Ryan	Banque nationale de la ville, Anaconda Copper	$27,000	—
William H. Woodin	General Motors	$25,000	Secrétaire au Trésor, 1932

Source : *Rapport de la commission Steiwer*, op. cit.

Contributions à la primaire présidentielle démocratique de 1928 par les directeurs* de la County Trust Company.

Nom du directeur	Contribution à la campagne et au déficit	Autres affiliations
Vincent Astor	$10,000	Great Northern Railway, U.S. Trust Co. Trustee, N.Y. Public Library Metropolitan Opera
Howard S. Cullman	$6,500	Vice-président, Cullman Brothers, Inc.
William J. Fitzgerald	$6,000	—
Edward J. Kelly	$6,000	—

William F. Kenny	$275,000 **		Président et directeur, William F. Kenny Co. Directeur, The Aviation Corp., Chrysler Corp.
Arthur Lehman	$14,000 ***		Associé, Lehman Brothers. Directeur, American International Corp, RKO Corp, Underwood-Elliott-Fisher Co.
M.J. Meehan	$150,000**		61 Broadway
Daniel J. Mooney	—		120 Broadway
John J. Raskob	$360,000 **		Directeur, American International Corp., Bankers Trust Co., Christiania Securities Co. Vice-président, E.I. Du Pont de Nemours & Co. et General Motors Corp.
James J. Riordan	$10,000		—
Alfred E. Smith	—		Candidat à la présidence Directeur : Metropolitan Life Insurance Co.
Total	$842,000		

Notes : *Les directeurs suivants de la County Trust Company n'ont pas contribué (selon les dossiers) : John J. Broderick, Peter J. Carey, John J. Cavanagh, William H. English, James P. Geagan, G. Le Boutillier, Ralph W. Long, John J. Pulleyn et Parry D. Saylor.

**Comprends les contributions au déficit de la campagne.

***Exclus les contributions des autres membres de la famille Lehman à la campagne présidentielle démocratique qui s'élevaient à 168 000$.

En regardant les noms dans ces tableaux, il ne serait ni méchant ni injuste de dire que le candidat démocrate a été acheté par Wall Street avant l'élection. De plus, Al Smith était un directeur de la County Trust Company, et la County Trust Company était la source d'un pourcentage extraordinairement important des fonds de campagne des démocrates.

LES FONDS ÉLECTORAUX D'HERBERT HOOVER

Lorsque nous nous penchons sur la campagne de 1928 d'Herbert Hoover, nous constatons également une dépendance à l'égard du financement de Wall Street, qui trouve son origine dans le carré d'or, mais pas dans la même mesure que dans la campagne d'Al Smith. Sur un total de 3 521 141 dollars de dons importants pour Herbert Hoover, environ 51,4% provenaient de ce carré d'or à New York et 48,6% de l'extérieur du district financier.

Contributions de 25 000$ ou plus au Comité national républicain, de janvier à décembre 1928

La famille Mellon	Banque nationale de Mellon	$50,000
La famille Rockefeller	Pétrole standard	$50,000
La famille Guggenheim	Fusion du cuivre	$75,000
Eugène Meyer	Banque de Réserve Fédérale	$25,000
William Nelson Cromwell	Avocat de Wall Street	$25,000
Otto Kahn	Equitable Trust Company	$25,000
Mortimer Schiff	Banquier	$25,000
	Total	$275,000

Source : *Rapport de la commission Steiwer*, op. cit.

Herbert Hoover a, bien sûr, été élu président ; sa relation avec la mise en place du socialisme d'entreprise a été mal interprétée par la plupart des sources universitaires et médiatiques. La plupart des ouvrages à orientation libérale soutiennent qu'Herbert Hoover était une sorte de laissez-faire néandertalien non reconstruit. Mais ce point de vue est rejeté par les propres déclarations de Hoover : par exemple :

> Ceux qui prétendent que, pendant la période de mon administration, notre système économique était un système de laissez-faire ne connaissent que très peu l'étendue de la réglementation gouvernementale. La philosophie économique du laissez-faire, ou "de la concurrence sauvage", était morte aux États-Unis quarante ans auparavant, lorsque le Congrès a adopté la Commission du commerce interétatique et les lois antitrust Sherman.[112]

Murray Rothbard souligne[113] qu'Herbert Hoover était un partisan important du Parti progressiste de Theodore Roosevelt et, selon Rothbard, Hoover "a contesté de manière néo-marxiste la vision orthodoxe du laisser-faire selon laquelle le travail est une marchandise et que les salaires doivent être régis par les lois de l'offre et de la

---

[112] *The Memoirs of Herbert Hoover*: The Cabinet and the Presidency 1920-1923 (Londres : Hollis and Carter, 1952), p. 300.

[113] *New Individualist Review*, hiver 1966.

demande".[114] En tant que secrétaire au commerce, Hoover a fait pression pour que le gouvernement cartellise les entreprises et les associations commerciales, et sa contribution "remarquable", selon Rothbard, "a été d'imposer le socialisme à l'industrie de la radio", alors que les tribunaux travaillaient sur un système raisonnable de droits de propriété privée sur les fréquences radio. Rothbard explique ces incursions dans le socialisme par le fait que Hoover "a été victime d'une maîtrise terriblement insuffisante de l'économie".[115] En effet, Rothbard soutient qu'Herbert Hoover était le véritable créateur du New Deal de Roosevelt.

Bien que les preuves présentées ici suggèrent que Baruch et Raskob avaient plus à voir avec le New Deal de FDR, l'argument de Rothbard a une certaine validité. Les politiques pratiques de Hoover n'étaient pas cohérentes. Il y a quelques actions en faveur du marché libre ; il y a beaucoup de préconisations contre le marché libre. Il semble plausible que Hoover était prêt à accepter une partie, peut-être substantielle, d'un programme socialiste, mais qu'il avait une limite précise au-delà de laquelle il n'était pas prêt à aller.

Au cours des années 1920, dans les années qui ont suivi la formation de l'American Construction Council, plus de 40 codes de pratique compilés par des associations professionnelles ont été adoptés. Lorsqu'il est devenu président, et malgré son association précoce avec l'A.C.C., Herbert Hoover a rapidement mis fin à ces codes industriels. Il a agi ainsi au motif qu'il s'agissait probablement d'associations illégales visant à contrôler les prix et la production et qu'aucun gouvernement ne pouvait les réglementer dans l'intérêt du public. Puis, en février 1931, la Chambre de commerce américaine forma un groupe intitulé "Committee on Continuity of Business and Employment" sous la direction de Henry I. Harriman. Ce comité a formulé des propositions très proches de celles du New Deal : que la production soit équilibrée pour une consommation égale, que les lois antitrust Sherman soient modifiées pour permettre des accords de restriction du commerce, qu'un conseil économique national soit créé sous les auspices de la Chambre de commerce américaine, et que des dispositions soient prises pour réduire les heures de travail dans l'industrie, pour les pensions et pour l'assurance chômage. Cette proposition a été suivie par un autre comité Hoover, connu sous le nom de "Committee on Work Periods in Industry", sous la direction de P.W. Litchfield, président de la Goodyear Tire and Rubber Company. Puis un autre comité, sous la direction de Walter Teagle, président de la Standard

---

[114] Ibid, p. 5.

[115] Ibid, p.10.

Oil Company du New Jersey, a recommandé le partage du travail, une proposition approuvée par le comité Litchfield. Puis vint le plan Swope en 1931 (voir annexe A). Les plans ont été présentés, mais Herbert Hoover n'a pas fait grand-chose.

Ainsi, sous Herbert Hoover, les grandes entreprises étaient prolifiques dans la publication de plans visant à modifier la loi antitrust Sherman, à permettre l'autorégulation de l'industrie et à établir des codes de restriction du commerce. Le président Herbert Hoover n'a rien fait à leur sujet.

En fait, Hoover a reconnu le plan Swope comme une mesure fasciste et l'a consigné dans ses mémoires, ainsi que ses regrets que Wall Street lui ait donné le choix d'adopter le plan Swope - fasciste ou non - et de faire soutenir la candidature de Roosevelt par leur argent et leur influence. C'est ainsi qu'Herbert Hoover a décrit l'ultimatum de Wall Street sous le titre "Le fascisme vient aux affaires - avec de terribles conséquences" :

> Parmi les premières mesures fascistes de Roosevelt figure la loi sur la relance de l'industrie nationale (NRA) du 16 juin 1933. Les origines de ce dispositif méritent d'être répétées. Ces idées ont été suggérées pour la première fois par Gerard Swope (de la General Electric Company) lors d'une réunion de l'industrie électrique à l'hiver 1932. Elles ont ensuite été adoptées par la Chambre de commerce des États-Unis. Au cours de la campagne de 1932, Henry I. Harriman, président de cet organisme, m'a demandé d'accepter de soutenir ces propositions, m'informant que M. Roosevelt avait accepté de le faire. J'ai essayé de lui montrer que ce truc était du pur fascisme, qu'il s'agissait simplement d'une refonte de l'"État corporatif" de Mussolini et j'ai refusé d'accepter tout cela. Il m'a informé qu'au vu de mon attitude, le monde des affaires soutiendrait Roosevelt avec de l'argent et de l'influence. Cela s'est avéré en grande partie vrai.[116]

WALL STREET SOUTIENT FDR POUR SA CANDIDATURE DE GOUVERNEUR DE NEW YORK

Le principal collecteur de fonds de la campagne de réélection de FDR en 1930 était Howard Cullman, commissaire du port de New York et directeur de la County Trust Company. Freidel[117] dresse la liste des donateurs de la campagne de 1930, sans indication de leur appartenance

---

[116] Herbert Hoover, *The Memoirs of Herbert Hoover*: The Great Depression 1929-1941 (New York : Macmillan, 1952), p. 420.

[117] Freidel, *The Ordeal*, op. cit, p. 159.

à une société. Lorsque nous identifions les affiliations corporatives de ces donateurs, nous constatons une fois de plus que la County Trust Company du 97 Eighth Avenue, New York, avait un intérêt extraordinairement important dans la réélection de FDR. Outre Howard Cullman, les principaux contributeurs suivants à la campagne de FDR étaient également directeurs de la County Trust Company : Alfred Lehman, Alfred (Al) Smith, Vincent Astor et John Raskob. Un autre directeur était le vieil ami de FDR, Dan Riordan, un client de Fidelity & Deposit au 120 Broadway, et William F. Kenny, un autre supporter de FDR et directeur de County Trust. Pour mettre cette liste en évidence, nous devons nous rappeler que Freidel liste 16 personnes comme principaux contributeurs à cette campagne, et sur ces 16, nous pouvons identifier pas moins de cinq comme directeurs du County Trust et deux autres directeurs non listés comme partisans connus de FDR. Parmi les autres personnalités de Wall Streeters qui ont financé la campagne de 1930 de FDR, citons la famille Morgenthau (avec les Lehman, les plus gros contributeurs) ; Gordon Rentschler, président de la National City Bank et directeur de la Société bancaire internationale ; Cleveland Dodge, directeur de la National City Bank et de la Bank of New York ; Caspar Whitney ; August Heckscher de l'Empire Trust Company (120 Broadway) ; Nathan S. Jones de la Manufacturers Trust Company ; William Woodin de la Remington Arms Company ; Ralph Pulitzer ; et la famille Warburg. En bref, lors de la campagne de 1930, l'essentiel du soutien financier de FDR est venu des banquiers de Wall Street.

Contributions aux dépenses pré-convention de FDR (3 500$ et plus)

Edward Flynn	$21,500	Directeur de la Bronx County Safe Deposit Co.
W.H. Woodin	$20,000	Banque de Réserve Fédérale de New York, Remington Arms Co.
Frank C. Walker	$15,000	Financier de Boston
Joseph Kennedy	$10,000	—
Lawrence A. Steinhardt	$ 8,500	Membre de Guggenheim, Untermeyer & Marshall, 120 Broadway
Henry Morgenthau	$ 8,000	Underwood-Elliott-Fisher
F.J. Matchette	$ 6,000	—
La famille Lehman	$ 6,000	Lehman Brothers, 16 William Street

Dave H. Morris	$ 5,000	Directeur de plusieurs entreprises de Wall Street
Sara Roosevelt	$ 5,000	—
Guy P. Helvering	$ 4,500	
H.M. Warner	$ 4,500	Directeur, Motion Picture Producers & Distributors of America
James W. Gerard	$ 3,500	Financier, 57 William Street
Total	$117,500	

Peu après la réélection de FDR en 1930, ces bailleurs de fonds ont commencé à collecter des fonds pour la campagne présidentielle de 1932. Ces contributions "précoces" avant la convention ont été décrites par Flynn : "Ces contributeurs, qui ont aidé très tôt quand le besoin était grand, ont tellement gagné la dévotion de Roosevelt que dans la plupart des cas, ils ont finalement reçu des retours substantiels dans les fonctions publiques et les honneurs".[118]

WALL STREET FAIT ÉLIRE FDR EN 1932

En 1932, Bernard Baruch a été l'opérateur clé travaillant en coulisses - et parfois pas tant que ça - pour faire élire FDR, avec l'argent et l'influence des grandes entreprises (voir l'épigraphe de ce chapitre). En outre, Bernard Baruch et Hugh Johnson ont recueilli de nombreuses statistiques et documents au cours de la décennie 1920 pour soutenir leur concept de planification économique nationale par le biais des associations professionnelles. Johnson raconte comment ces informations ont été mises à la disposition des rédacteurs de discours de FDR. Pendant la campagne Roosevelt de 1932 :

> Ray Moley et Rex Tugwell sont venus chez B.M. et nous avons passé en revue tout le matériel que B.M. et moi avions rassemblé et résumé au cours de nos années de travail. Avec Adolf Berle, ils avaient déjà élaboré depuis longtemps les sujets de ce qu'ils pensaient être un schéma idéal de discours économiques pour un candidat à la présidence, mais ils disposaient de peu de faits. À partir de ce moment, nous avons rejoint les forces de Ray Moley et nous nous sommes tous mis au travail pour

---

[118] John T. Flynn, "Whose Child is the NRA ?" *Harper's Magazine*, septembre 1932, p. 84-5.

trouver pour Franklin Roosevelt les idées qu'il a développées dans la très remarquable série de discours exprimés simplement sur l'économie nationale qui a convaincu ce pays qu'il était le leader sur lequel il pouvait compter.[119]

En relisant les discours de la campagne FDR, il devient évident qu'ils manquent de concret et de faits précis. L'équipe de Moley-Tugwell a sans doute exposé le thème général et Baruch et Johnson ont introduit des déclarations de soutien dans des domaines tels que l'expansion du crédit, les conséquences de la spéculation, le rôle du système de la Réserve Fédérale, etc. Il est remarquable, mais peut-être pas surprenant, que ces discours influencés par Baruch aient ramené le lecteur à la Première Guerre mondiale, aient cité l'urgence contemporaine comme étant plus grande que celle de la guerre, puis aient subtilement suggéré des solutions similaires à celles prônées par Baruch. Par exemple, lors du discours du Jefferson Day Dinner du 18 avril 1932, Roosevelt a dit, ou a été incité à dire :

> Comparez cette politique de retard et d'improvisation, frappée de panique, à celle conçue pour répondre à l'urgence de la guerre il y a quinze ans. Nous avons répondu à des situations spécifiques par des mesures réfléchies, pertinentes et constructives. Il y avait le War Industries Board, la Food and Fuel Administration, le War Trade Board, le Shipping Board et bien d'autres encore.[120]

Puis, le 22 mai 1932, Roosevelt s'est penché sur le thème "Les besoins du pays, les demandes du pays, l'expérimentation persistante" et a appelé à une planification économique nationale. Ce discours a été suivi, le 2 juillet 1932, par le premier indice du New Deal.

Enfin, en acceptant la nomination à la présidence à Chicago, FDR a déclaré : "Je vous promets - je m'engage à un New Deal pour le peuple américain".

NOTE : Liste des contributeurs pré-convention de Freidel à la campagne présidentielle de Franklin Delano Roosevelt en 1932.

[121]Contributeurs à la reconvention de 1932 (plus de 2000$)	Affiliations

---

[119] Hugh S. Johnson, *The Blue Eagle from Egg to Earth*, op. cit., p. 140-1.

[120] *The Public Papers and Addresses of Franklin D. Roosevelt* ; Vol. 1, The Genesis of the New Deal, 1928-1932 (New York : Random House, 1938), p. 632.

[121] Freidel, *The Ordeal*, op. cit. p. 172.

WALL STREET ET FRANKLIN D. ROOSEVELT

James W. Gerard	Gerard, Bowen & Halpin (voir Julian A. Gerard)
Guy Helvering	—
Col. E.M. House, New York	—
Joseph P. Kennedy,1560 Broadway	Ambassadeur à la Cour de St. James New England Fuel & Transportation Co.
Henry Morgenthau, Sr.	Banque de N.Y. & Trust Co. (Contrôleur adjoint)
Underwood-Elliott-Fisher 1133 Fifth Avenue	Banque d'épargne américaine (Trustee)
Dave Hennen Morris	—
Mme Sara Delano Roosevelt, Hyde Park, N.Y.	La mère de FDR
Laurence A. Steinhardt 120 Broadway	Guggenheim, Untermeyer & Marshall
Harry M. Warner 321W. 44th St.	Motion Picture Producers & Distributors of America, Inc.
William H. Woodin Secrétaire au Trésor	American, Car & Foundry ; Remington Arms Co.
Edward J. Flynn 529 Courtlandt Ave.	Bronx County Safe Deposit Co.

James A. Farley s'ajoute à cette liste :

William A. Julian	Directeur, Central Trust Co.
Jesse I. Straus 1317 Broadway	Président, R.H. Macy & Co. N.Y. Assurance-vie
Robert W. Bingham	Éditeur, Louisville Courier-Journal
Basil O'Connor 120 Broadway	Le partenaire juridique de FDR

CHAPITRE IX

FDR ET LES SOCIALISTES D'ENTREPRISE

> *Je pense que c'est aussi révolutionnaire que tout ce qui s'est passé dans ce pays en 1776, ou en France en 1789, ou en Italie sous Mussolini ou en Russie sous Staline.*
>
> Le sénateur Thomas P. Gore lors des auditions de la National Recovery Administration, Commission des finances du Sénat américain, 22 mai 1933.

LE PLAN SWOPE

Bien que le New Deal et sa composante la plus importante, la National Recovery Administration (NRA), soient généralement présentés comme la progéniture des éminences grises de FDR, comme nous l'avons vu, les principes essentiels avaient été élaborés en détail bien avant l'arrivée au pouvoir de FDR et de ses associés. Le groupe de réflexion derrière FDR n'a guère fait plus que donner le sceau de l'approbation académique à un plan déjà préparé.

Les racines de la NRA de Roosevelt sont d'une importance particulière. Comme nous l'avons vu au chapitre 6, en permettant de vastes changements dans la structure industrielle, la NRA s'est rapprochée d'un schéma élaboré en 1841 par l'ancêtre de FDR, l'homme d'affaires new-yorkais Clinton Roosevelt.

Nous avons ensuite noté que le dictateur Bernard Baruch préparait un programme de type NRA dans les années 1920 et que lui et son assistant Hugh Johnson faisaient partie intégrante de la planification préliminaire. En outre, la NRA de Roosevelt était dans ses détails un plan présenté par Gerard Swope (1872-1957), président de longue date de la General Electric Company.

Ce plan Swope[122] était à son tour comparable à un plan allemand élaboré pendant la Première Guerre mondiale par son homologue Walter Rathenau, chef de la société allemande General Electric (Allgemeine Elektizitäts Gesellschaft) en Allemagne, où il était connu sous le nom de Plan Rathenau. Examinons donc de plus près le plan Swope.

LA FAMILLE SWOPE

La famille Swope était d'origine allemande. En 1857, Isaac Swope, un immigrant allemand, s'installe à St. Louis comme fabricant de boîtes de montres. Deux des fils de Swope, Herbert Bayard Swope et Gerard Swope, ont ensuite atteint l'apogée de l'entreprise américaine. Herbert Bayard Swope a été longtemps rédacteur en chef du *New York World*, un passionné de courses, un ami proche de Bernard Baruch, et utilisé par FDR comme envoyé non officiel pendant la période du New Deal. Le frère d'Herbert, Gérard, a fait carrière à la General Electric Company. Swope a commencé comme aide à l'usine en 1893, est devenu représentant commercial en 1899, directeur du bureau de St. Louis en 1901, et directeur de la Western Electric Company en 1913. Pendant la Première Guerre mondiale, Swope a été directeur adjoint des achats, du stockage et du trafic au sein du gouvernement fédéral sous le général George W. Goethals et a planifié le programme d'approvisionnement de l'armée américaine. En 1919, Swope est devenu le premier président de l'International General Electric Company. Le succès de la promotion des affaires étrangères de G.E. l'a amené à la présidence de G.E. en 1922 pour succéder à Edwin Rice, Jr. Swope est resté président de G.E. de 1922 à 1939.

General Electric était une société contrôlée par Morgan et avait toujours un ou deux partenaires de Morgan dans son conseil d'administration, tandis que Swope était également directeur d'autres entreprises de Wall Street, notamment International Power Securities Co. et la National City Bank.

Le développement politique de Gérard Swope a commencé dans les années 1890. Le biographe David Loth rapporte que, peu après son arrivée à Chicago, Swope a été présenté aux socialistes Jane Addams, Ellen Gates Starr, et à leur colonie de Hull House. Cet intérêt pour les affaires sociales s'est développé pour culminer avec le plan Swope de 1931 pour la stabilisation de l'industrie, dont 90 pour cent consistait en un plan pour l'indemnisation des travailleurs, l'assurance vie et

---

[122] Voir l'annexe A pour le texte complet.

invalidité, les pensions de vieillesse et la protection contre le chômage. Le plan Swope est un document extraordinaire. Un court paragraphe supprime toute l'industrie des lois antitrust - un objectif industriel de longue date - tandis que de nombreux longs paragraphes détaillent les plans sociaux proposés. En résumé, le plan Swope était un dispositif transparent destiné à jeter les bases de l'État corporatif en désamorçant l'opposition ouvrière potentielle avec une carotte sociale massive.

Le plan Swope et la proposition antérieure et similaire de Bernard Baruch sont devenus la loi Roosevelt sur la relance nationale. Les origines de la NRA à Wall Street ne sont pas passées inaperçues lorsque la loi a été débattue par le Congrès. En témoigne par exemple l'indignation, mais pas tout à fait exacte, du sénateur Huey P. Long :

> Je viens ici maintenant et je me plains. Je me plains au nom du peuple de mon pays, de l'État souverain que je représente. Je me plains au nom du peuple, où qu'il soit connu. Je me plains s'il est vrai, comme me l'ont dit les sénateurs ici présents, qu'en vertu de cette loi, M. Johnson, un ancien employé de M. Baruch, a été chargé de l'application de la loi et a déjà appelé comme assistants le directeur de la Standard Oil Co., le directeur de General Motors et le directeur de la General Electric Co.
>
> Je me plains si M. Peek, qui est un employé de M. Baruch, ou a été, comme on me l'a dit au Sénat, chargé d'appliquer la loi agricole, aussi bon soit-il et quelles que soient ses idées.
>
> Je me plains si M. Brown, qui, me dit-on dans l'enceinte du Sénat, a été fait un manipulateur influent du bureau du directeur du budget, a été un employé de M. Baruch, et se voit maintenant attribuer cette autorité. Je me plains parce que, le 12 mai 1932, avant que nous nous rendions à Chicago pour nommer un président des États-Unis, je me suis levé ici même, à cet étage, et j'ai dit aux habitants de ce pays que nous n'allions pas avoir l'influence de M. Baruch, à l'époque si puissant avec Hoover, qui manipulait le parti démocrate avant la nomination, après la nomination ou après l'élection.[123]

Huey Long a eu raison de souligner la domination de Wall Street sur la NRA, mais ses identifications sont un peu hasardeuses. Hugh Johnson, associé de longue date de Bernard Baruch, a en effet été nommé à la tête de la NRA. En outre, les principaux assistants de Johnson au sein de la NRA étaient trois chefs d'entreprise : Walter C. Teagle, président de Standard Oil du New Jersey ; Gerard Swope, président de General Electric et auteur du plan Swope ; et Louis Kirstein, vice-président de William Filene's Sons of Boston. Comme nous l'avons vu, Filene était un partisan de longue date du socialisme d'entreprise. Le "chef de

---

[123] Sénateur Huey P. Long, procès-verbal du Congrès, 8 juin 1933, p. 5250.

General Motors" cité par le sénateur Long était Alfred P. Sloan, sans lien avec la NRA, mais le vice-président de G.M., John Raskob, qui a été le grand collecteur de fonds en 1928 et 1932 et l'opérateur en coulisses qui a promu l'élection de Franklin D. Roosevelt en 1932. En d'autres termes, les postes clés de la NRA et de l'administration Roosevelt elle-même étaient occupés par des hommes de Wall Street. L'explication des relations publiques pour les hommes d'affaires devenus bureaucrates est que les hommes d'affaires ont l'expérience et devraient s'impliquer dans le service public. En pratique, l'intention a été de contrôler l'industrie. Cela ne devrait cependant pas nous surprendre si les socialistes d'entreprise se rendent à Washington D.C. après l'élection de leurs fils préférés pour prendre les rênes de l'administration des monopoles. Il faudrait être naïf pour penser qu'il en serait autrement après les investissements électoraux massifs enregistrés au chapitre 8.

Avant l'inauguration du président Roosevelt en mars 1933, un "brain trust" a été mis en place de manière plus ou moins informelle pour élaborer des plans économiques pour l'ère Roosevelt. Ce groupe comprenait le général Hugh Johnson, Bernard Baruch (voir précédemment pour ses contributions politiques), Alexander Sachs de Lehman Brothers (voir plus loin pour ses contributions politiques), Rexford G. Tugwell et Raymond Moley. Ce petit groupe, trois de Wall Street et deux universitaires, a généré la planification économique de Roosevelt.

Ce lien entre Bernard Baruch et la planification de la NRA a été consigné par Charles Roos dans son volume définitif sur la NRA :

> Au début du mois de mars 1933, Johnson et Baruch se lancèrent dans un voyage de chasse et s'arrêtèrent en route à Washington. Moley a dîné avec eux et a proposé que Johnson reste à Washington pour élaborer un plan de relance industrielle... . L'idée séduit Baruch, qui accorde rapidement à Johnson un congé de ses fonctions habituelles. Puis Johnson et Moley, après avoir étudié les différentes propositions jugées valables par ce dernier, entreprirent de rédiger un projet de loi qui organiserait l'industrie pour contrer les effets de la dépression.[124]

Selon M. Roos, le premier projet de la NRA de Johnson était rédigé sur deux feuilles de papier brouillon et prévoyait simplement la suspension des lois antitrust, ainsi qu'un pouvoir presque illimité pour le président Roosevelt de faire presque tout ce qu'il souhaitait avec l'économie, y compris l'octroi de licences et le contrôle de l'industrie. Selon Roos, "cette proposition a bien sûr été rejetée par l'administration,

---

[124] Charles F. Ross, *NRA Economic Planning* (Indianapolis: The Principia Press 1937), p. 37.

car elle aurait fait du président un dictateur, et un tel pouvoir n'était pas souhaitable".

Ce rejet apparemment accidentel du pouvoir dictatorial non désiré par l'administration Roosevelt peut avoir une certaine importance. Au chapitre 10, nous décrirons l'affaire Butler, une tentative des mêmes intérêts de Wall Street pour installer Roosevelt en tant que dictateur ou le remplacer par une figure de proue plus souple en cas d'objection de sa part. Les premières tentatives de Johnson visaient à mettre en place l'ARN sous une forme compatible avec Roosevelt en tant que dictateur économique, et son rejet par Roosevelt est conforme aux graves accusations portées aux pieds de Wall Street (p. 141). À ce stade de la planification, selon Roos, Johnson et Moley ont été rejoints par Tugwell et plus tard par Donald R. Richberg, un avocat du droit du travail de Chicago. Tous trois ont entrepris de rédiger un projet de loi plus "complet", quoi que cela signifie.

Le général Hugh Johnson, a été nommé à la tête de l'Administration nationale de redressement créée sous le nom de N.I.R.A. et a cru pendant un certain temps qu'il allait également diriger l'Administration des travaux publics. Les plans et schémas élaborés par le général Johnson et Alexander Sachs de Lehman Brothers supposaient que le chef de la NRA dirigerait également le programme de travaux publics.

Par conséquent, c'est dans ce petit groupe de Wall Street que l'on peut trouver les racines du projet de loi de la NRA et de l'administration des travaux publics. Leur effort reflète à la fois les plans de Swope et de Baruch pour le socialisme d'entreprise, avec une première tentative d'organiser une dictature commerciale étatique aux États-Unis.

LES PLANIFICATEURS SOCIALISTES DES ANNÉES 1930

Bien sûr, il y avait beaucoup d'autres plans au début des années 1930 ; en effet, la planification économique était endémique parmi les universitaires, les politiciens et les hommes d'affaires de cette époque. Le poids de l'opinion informée considérait la planification économique comme essentielle pour sortir l'Amérique de la dépression. Ceux qui doutaient de l'efficacité et de la sagesse de la planification économique étaient peu nombreux. Malheureusement, au début des années 1930, aucune expérience empirique n'existait pour démontrer que la planification économique est inefficace, qu'elle crée plus de problèmes qu'elle n'en résout et qu'elle entraîne une perte de liberté individuelle. Certes, Ludwig von Mises avait écrit *Socialisme* et fait des prédictions précises sur le chaos de la planification, mais von Mises était un théoricien économique inconnu à l'époque. Il existe un attrait mystique pour la planification économique. Ses partisans se visualisent toujours implicitement comme des planificateurs, et la psychologie anticapitaliste, si bien décrite par von Mises, est la pression psychologique qui s'exerce en coulisse pour que le plan se réalise. Même aujourd'hui, en 1975, bien après que la planification économique ait été totalement discréditée, nous avons toujours le chant des sirènes de la prospérité par la planification. J. Kenneth Galbraith en est un exemple éloquent, sans doute parce que l'estimation personnelle que Galbraith fait de ses capacités et de sa sagesse est plus grande que celle de l'Amérique en général. Galbraith reconnaît que la planification offre un moyen d'exercer pleinement ses capacités supposées. Le reste d'entre nous doit être contraint à participer au plan par le pouvoir de police de l'État : une négation des principes libéraux peut-être, mais la logique n'a jamais été un point fort chez les théoriciens économiques.

En tout cas, dans les années 1930, la planification économique avait beaucoup plus de partisans enthousiastes et beaucoup moins de critiques qu'aujourd'hui. Presque tout le monde était un Galbraith, et le contenu de base des plans proposés était sensiblement similaire au sien. Le tableau ci-dessous énumère les plans les plus importants et leurs caractéristiques les plus remarquables. L'industrie, toujours soucieuse de trouver un abri contre la concurrence dans le pouvoir étatique, proposa elle-même trois plans. Le plus important de ces plans industriels, le plan Swope, présentait des caractéristiques obligatoires pour toutes les entreprises de plus de 50 salariés, combinant une réglementation continue avec, comme nous l'avons noté, des propositions d'aide sociale extraordinairement coûteuses. Le plan Swope est reproduit dans son intégralité à l'annexe A ; le texte intégral reflète l'absence de propositions administratives bien pensées et la prépondérance de caractéristiques sociales irresponsables. Les premiers paragraphes du plan donnent l'essentiel des propositions de Swope : des associations professionnelles, contrôlées par l'État et dont le pouvoir d'exécution est concentré dans les mains des grandes entreprises par le biais d'un système de votes industriels. Alors que 90% du texte de la proposition est consacré aux pensions de retraite des travailleurs, à l'assurance chômage, à l'assurance vie, etc. En bref, le plan Swope était une carotte pour obtenir ce que Wall Street souhaitait si ardemment : des associations commerciales monopolistiques ayant la capacité d'utiliser le pouvoir de l'État pour faire appliquer dans la pratique la maxime de Frederic Howe "faire travailler la société pour vous".

Plans de stabilisation économique : 1933

Nom du plan	Proposition pour l'industrie	Réglementation gouvernementale	Propositions en matière d'aide sociale
Plan Swope (General Electric)	Plans pour l'industrie Associations professionnelles, adhésion obligatoire après trois ans pour les entreprises de 50 salariés ou plus. Décisions obligatoires	Réglementation continue par la Federal Trade Commission	Assurance vie et invalidité, pensions et assurance chômage
Plan de la Chambre de commerce américaine	Conseil économique national ; pouvoir non obligatoire	Pas de réglementation	Plans individuels des sociétés ; planification des travaux publics
Plan des entrepreneurs généraux associés d'Amérique	Octroi par le Congrès d'un pouvoir accru au Conseil de la Réserve Fédérale. Autorisation d'émettre des obligations pour le fonds renouvelable de la construction ; obligation pour l'augmentation de la construction publique et semi-publique. La Réserve Fédérale doit garantir la solvabilité des banques Plans de travail	Réglementation financière. L'octroi de licences aux entrepreneurs. Création de bureaux de crédit à la construction	Stimulation de l'emploi par une plus grande activité dans le bâtiment et la construction. Obligations d'État pour les bâtiments publics ; développement de la banque de prêts au logement

Plan de la Fédération américaine du travail	Conseil économique national ; pouvoir non obligatoire	Pas de réglementation	Répartition des emplois ; maintien des salaires ; garantie des emplois ; plans de stabilisation à long terme. Semaine de cinq jours et jour plus court immédiatement. Programme de construction publique
	Académique et général		
Plan Stuart Chase	Conseil de la renaissance des industries de guerre utilisant un pouvoir coercitif et obligatoire, limité à 20 ou 30 industries de base	Réglementation continue	Bureaux nationaux de l'emploi ; réduction des heures de travail ; assurance chômage ; augmentation des salaires ; répartition de la main-d'œuvre
Plan national de la fédération civique	"Business Congress" des organisations industrielles. Aucune limitation ou restriction ; pouvoir complet de fixer les prix ou de combiner	Réglementation continue	Régime d'assurance-chômage. Augmenter les salaires

Plan Barbe	Conseil économique national", autorisé par le Congrès, pour coordonner les finances, l'exploitation, la distribution et les entreprises de service public. Chaque secteur est régi par des syndicats subsidiaires	Réglementation continue	Utilisation des chômeurs dans les programmes de logement et les projets publics

Le plan de la Chambre de commerce américaine était similaire au plan Swope, mais n'exigeait qu'une conformité volontaire au code et ne contenait pas les clauses sociales étendues du plan Swope. Le plan de la Chambre de commerce était également basé sur une conformité volontaire, et non sur la réglementation gouvernementale coercitive inhérente à la proposition Swope.

Le troisième plan industriel a été proposé par l'Associated General Contractors of America. Le plan de l'AGC proposait d'accorder des pouvoirs plus importants au système de la Réserve Fédérale pour garantir les obligations des banques pour la construction publique et, sans surprise, la création de bureaux de crédit spéciaux pour la construction financés par l'État, couplés à l'octroi de licences aux entrepreneurs. En bref, l'AGC voulait éviter la concurrence et utiliser les fonds fédéraux (des contribuables) pour promouvoir l'industrie de la construction.

Le plan de la Fédération américaine du travail proposait un Conseil économique national pour diffuser et garantir l'emploi, et entreprendre une planification économique pour la stabilisation. Les syndicats n'ont pas fait pression pour une réglementation gouvernementale.

Les plans universitaires étaient remarquables dans le sens où ils soutenaient les objectifs de l'industrie. Stuart Chase, un socialiste bien connu, proposa quelque chose de très proche des plans de Wall Street : en effet, une reprise du War Industries Board de 1918 de Bernard Baruch, avec un pouvoir coercitif accordé à l'industrie, mais limité à 20 ou 30 industries de base, avec une réglementation continue. Le plan Chase était une approximation du fascisme italien. Le plan Beard proposait également des syndicats sur le modèle italien, avec une réglementation continue et l'utilisation des chômeurs dans les programmes publics inspirés de Marx et de son "Manifeste Communiste". La Fédération civique nationale a défendu le concept de planification totale : le pouvoir total et complet de fixer les prix et les combinaisons, avec une réglementation de l'État et des dispositifs de protection sociale pour apaiser les revendications de la main-d'œuvre.

Presque personne, sauf bien sûr Ludwig von Mises, n'a pointé du doigt les racines du problème pour tirer la conclusion logique de l'histoire économique que la meilleure planification économique n'est pas la planification économique.[125]

LES SOCIALISTES SALUENT LE PLAN SWOPE

Les socialistes orthodoxes ont accueilli le plan de Swope avec une retenue curieuse, bien que peut-être compréhensible. D'une part, ont déclaré les socialistes, Swope avait reconnu les maux du capitalisme sauvage. D'autre part, le système Swope, se plaignaient les socialistes, laisserait le contrôle de l'industrie dans les mains de l'industrie elle-même plutôt qu'à l'État. Comme l'a expliqué Norman Thomas :

> Le plan de régulation de M. Swope est un plan probablement inconstitutionnel visant à mettre le pouvoir du gouvernement à la disposition de puissants syndicats capitalistes qui chercheront à contrôler le gouvernement qui les réglemente et, à défaut, le combattront.[126]

La critique socialiste du plan Swope de General Electric ne s'est pas penchée sur la question de savoir si le système Swope fonctionnerait ou aurait une efficacité opérationnelle, ni sur la façon dont il se proposait de fonctionner ; la critique socialiste orthodoxe s'est limitée à l'observation que le contrôle serait entre de mauvaises mains si l'industrie prenait le relais et non entre les bonnes mains des planificateurs du gouvernement, c'est-à-dire les socialistes eux-mêmes. En résumé, le conflit portait sur la question de savoir qui allait contrôler l'économie : M. Gérard Swope ou M. Norman Thomas.

Par conséquent, la critique de Thomas à l'égard de Swope présente une curieuse dualité, parfois louable :

> Il est certainement significatif qu'au moins un de nos authentiques capitaines d'industrie, un des véritables dirigeants de l'Amérique, ait

---

[125] Si le lecteur souhaite poursuivre l'explication de cette incapacité omniprésente à voir l'évidence, il ne pourrait pas commencer par un meilleur auteur que Ludwig von Mises, *The Anti-Capitalistic Mentality* (New York ; Van Nostrand, 1956).

[126] "A Socialist Looks at the Swope Plan", *The Nation*, 7 octobre 1931, p. 358.

surmonté la réticence profonde et déconcertée des puissants à aller au-delà des platitudes les plus tristes en nous disant comment réparer les effets de la dépression qu'ils ont tant fait pour causer et si peu pour éviter. De toute évidence, le discours de M. Swope avait ses bons côtés...[127]

D'autres fois, Thomas est sceptique et souligne que Swope "... ne fait plus confiance à l'initiative individuelle, à la concurrence et au fonctionnement automatique des marchés", mais propose d'orienter le système au profit de "la classe des actionnaires".

Rien ne prouve que Gerard Swope et ses associés n'aient jamais fait confiance à l'initiative individuelle, à la concurrence et aux marchés libres, pas plus que Norman Thomas. C'est une observation importante, car, une fois que nous abandonnons les mythes de tous les capitalistes en tant qu'entrepreneurs et de tous les planificateurs libéraux en tant que sauveurs de l'homme moyen, nous les voyons tous deux pour ce qu'ils sont : des totalitaires et des opposants à la liberté individuelle. La seule différence entre eux est de savoir qui doit être le dictateur.

LES TROIS MOUSQUETAIRES DE LA NRA

L'Administration Nationale de Redressement, le segment le plus important du New Deal, a ensuite été conçue, construite et promue par Wall Street. La NRA est essentiellement née avec Bernard Baruch et son assistant de longue date, le général Johnson. Dans le détail, la NRA était le Plan Swope, et ses principes généraux ont été promus au fil des ans par de nombreux Wall Streeters éminents.

Il y avait bien sûr des variantes de planification provenant des planificateurs d'influence socialiste et marxiste, mais ces variantes n'étaient pas les versions qui sont finalement devenues la NRA. La NRA était essentiellement fasciste dans la mesure où l'industrie, et non les planificateurs de l'État central, avait le pouvoir de planifier, et ces planificateurs industriels venaient de l'establishment financier de New York. Le bureau de Bernard Baruch se trouvait au 120 Broadway ; les bureaux de Franklin D. Roosevelt (les bureaux new-yorkais de Fidelity & Deposit et les cabinets d'avocats de Roosevelt & O'Connor) se trouvaient également au 120 Broadway. Le bureau de Gerard Swope et les bureaux exécutifs de la General Electric Company se trouvaient à la même adresse. Nous pouvons donc dire, dans un sens limité, que le Roosevelt NRA est né au 120 Broadway, à New York.

---

[127] Ibid, p. 357.

Le général Hugh Johnson avait trois assistants-principaux à la NRA, et "ces trois mousquetaires ont été en service plus longtemps et ils entraient et sortaient de mon bureau dès qu'ils découvraient quelque chose qui nécessitait de l'attention".[128] Les trois assistants étaient des Wall Streeters des grandes industries qui occupaient eux-mêmes des postes importants dans les grandes entreprises de ces industries : Gerard Swope, président de General Electric, Walter C. Teagle, de Standard Oil du New Jersey, et Louis Kirstein de William Filene's Sons, les commerçants de détail. Grâce à ce trio, un élément dominant des grandes entreprises était aux commandes au plus fort de la NRA. Cette concentration de contrôle explique les milliers de plaintes d'oppression de la NRA qui sont venues d'hommes d'affaires moyens et petits.

Qui étaient ces hommes ? Comme nous l'avons noté, Gerard Swope de General Electric avait été l'assistant du général Johnson au sein du War Industries Board de la Première Guerre mondiale. Alors que la NRA était en discussion, Johnson "suggéra immédiatement son nom au secrétaire Roper". En 1930, General Electric était le plus grand des fabricants de matériel électrique, Westinghouse détenant de nombreux brevets de base dans ce domaine, ainsi qu'une grande participation dans RCA et de nombreuses filiales et sociétés affiliées internationales. À la fin des années 1920, G.E. et Westinghouse produisaient environ les trois quarts des équipements de base pour la distribution et la production d'énergie électrique aux États-Unis. General Electric était cependant l'entreprise dominante dans l'industrie des équipements électriques.[129] Dans le cadre de la NRA, la National Electrical Manufacturers Association (NEMA) a été désignée comme l'agence chargée de superviser et d'administrer le code de l'industrie électrique. La NEMA a agi rapidement et, en juillet 1933, a présenté le deuxième code de "concurrence loyale" à la signature du président.

Le deuxième mousquetaire de Johnson était Walter Teagle, président du conseil d'administration de la Standard Oil du New Jersey. Standard of New Jersey était la plus grande compagnie pétrolière intégrée des États-Unis, et seule la Royal Dutch l'a défiée dans les ventes internationales. La Standard du New Jersey était contrôlée par la famille Rockefeller, dont les avoirs au début des années 1930 ont été estimés entre 20 et 25 pour cent.[130] On pourrait donc dire que Teagle représentait

---

[128] Hugh S. Johnson, *The Blue Eagle from Egg to Earth*, op. cit. p. 217.

[129] Pour plus d'informations, voir Harry W. Laidler, *Concentration of Control in American Industry* (New York : Crowell, 1931), chapitre XV.

[130] Ibid, p. 20.

les intérêts des Rockefeller dans la NRA, tandis que Swope représentait les intérêts de Morgan. Il est intéressant de noter au passage que le plus grand concurrent de Standard était Gulf Oil, contrôlé par les intérêts de Mellon, et qu'il y a eu des efforts persistants au début de l'administration Roosevelt pour poursuivre Mellon pour évasion fiscale.

Le troisième des trois mousquetaires de Johnson à la NRA était Louis Kirstein, vice-président de Filene's of Boston. Edward Filene est connu pour ses livres sur les avantages des associations commerciales, la concurrence loyale et la coopération (voir page 81 ci-dessous).

Le sommet de la Roosevelt National Recovery Administration était composé du président de la plus grande société électrique, du président de la plus grande compagnie pétrolière et du représentant du plus important spéculateur financier des États-Unis.

En bref, l'administration de la NRA était le reflet de l'établissement financier de New York et de ses intérêts pécuniaires. En outre, comme nous l'avons vu, puisque le plan lui-même est né à Wall Street, la présence d'hommes d'affaires dans l'administration de la NRA ne peut s'expliquer sur la base de leur expérience et de leur capacité administrative. L'ARN était une créature de Wall Street mise en œuvre par l'élite de Wall Street.

L'OPPRESSION DES PETITES ENTREPRISES

Les partisans de la loi nationale sur la relance industrielle ont montré de façon éclatante que l'ARN protégerait les petites entreprises qui, selon eux, avaient souffert dans le passé de l'application inéquitable des lois antitrust ; la suspension des lois antitrust supprimerait leurs caractéristiques les plus indésirables, tandis que l'ARN préserverait leurs dispositions antimonopole bienvenues. Le sénateur Wagner a déclaré que l'ensemble de l'industrie formulerait les codes industriels proposés, et pas seulement les grandes entreprises. Le sénateur Borah, au contraire, a soutenu que le "monopole" était sur le point de recevoir un service qu'il convoitait depuis plus de 25 ans, c'est-à-dire "la mort des lois antitrust" et que les codes industriels de l'ARN "vont être des combinaisons ou des contrats restreignant le commerce, et qu'il ne serait pas nécessaire de suspendre les lois antitrust". Le sénateur Borah a également accusé le sénateur Wagner de trahir l'homme d'affaires légitime au bénéfice de Wall Street :

> Le vieux Rockefeller n'avait pas besoin de droit pénal pour l'aider à s'enrichir. Il a détruit les indépendants partout, il les a dispersés aux quatre vents, il a concentré son grand pouvoir. Mais le sénateur ne donnait

pas seulement aux moissonneuses-batteuses tout le pouvoir de rédiger leur code, mais il leur donnait aussi le pouvoir d'accuser et de poursuivre l'homme qui violait le code, même s'il poursuivait une entreprise parfaitement légitime.

Monsieur le Président, je me fiche de savoir combien nous renforçons, combien nous construisons, combien nous renforçons la loi antitrust ; je m'oppose à une suspension à quelque titre que ce soit, parce que je sais que lorsque ces lois sont suspendues, nous donnons à ces 200 sociétés non bancaires, qui contrôlent la richesse des États-Unis, une puissance prodigieuse, qui ne peut jamais être contrôlée autrement que par les lois pénales appliquées par les tribunaux.[131]

Le sénateur Borah a ensuite cité Adam Smith à cet effet, en soulignant qu'aucune définition de la concurrence loyale ne figurait dans le projet de loi et que les codes de concurrence loyale dégénéreraient en diktats des grandes entreprises. De même, le sénateur Gore a évoqué la possibilité que le président puisse exiger que tous les membres d'une industrie soient titulaires d'une licence et que cela signifie que le président puisse révoquer une licence à son gré, ce qui constitue une violation évidente de la loi et des droits de propriété fondamentaux :

> SÉNATEUR GORE. Le Président pourrait-il révoquer cette licence à plaisir ?
>
> SÉNATEUR WAGNER. Oui, pour une violation du code imposée par le gouvernement fédéral.
>
> SÉNATEUR GORE. Sur quel type d'audience ?
>
> SÉNATEUR WAGNER. Après une audition. Il est prévu qu'une audience peut être tenue, avant qu'une licence ne puisse être révoquée.
>
> SÉNATEUR GORE. C'est quelque chose qui affecte réellement la vie et la mort d'une industrie ou d'une entreprise particulière, s'il a le pouvoir de révoquer la licence.
>
> SÉNATEUR WAGNER. Oui, c'est une sanction.
>
> SÉNATEUR GORE. Ce que je voulais vous demander Sénateur, c'est ceci : Pensez-vous que vous pourriez confier ce pouvoir à un cadre supérieur ?
>
> SÉNATEUR WAGNER. Je le fais, en cas d'urgence.
>
> SÉNATEUR GORE. Pour exterminer une industrie ?
>
> SÉNATEUR WAGNER. Tous ces pouvoirs, bien sûr, sont logés chez un seul individu, et nous devons nous en remettre à lui pour les

---

[131] Compte rendu du Congrès, 1933, p. 5165.

administrer de manière juste et équitable. Nous avions le même type de pouvoir pendant la guerre.

SÉNATEUR GORE. Je le sais, et M. Hoover, si je peux utiliser ces mots, ce dispositif met les citoyens américains nés libres en faillite sans procès devant un jury.

SÉNATEUR WAGNER. La philosophie de ce projet de loi est d'encourager l'action et l'initiative volontaires de la part de l'industrie, et je doute que ces méthodes obligatoires soient utilisées du tout, sauf en de très rares occasions ; mais si vous voulez relever la norme, vous devez disposer de certaines sanctions afin de faire respecter le code qui pourrait être adopté.

SÉNATEUR GORE. Je comprends, mais si vous voulez mettre en place ce système, vous devez avoir le pouvoir de le faire. Ce que je veux dire, c'est pourquoi, dans un pays libre, un homme libre devrait être obligé de prendre une licence pour s'engager dans une industrie légitime, et pourquoi, dans notre système constitutionnel, quelqu'un devrait avoir le pouvoir de détruire la valeur de ses biens, ce que vous faites lorsque vous créez une situation où il ne peut pas opérer. Il me semble que l'on s'approche du point où l'on s'empare des biens sans procédure légale.[132]

Lorsque nous examinons les résultats de la N.R.A., même quelques mois après l'adoption du projet de loi, nous constatons que ces craintes sénatoriales étaient pleinement justifiées et que le président Roosevelt avait abandonné le petit entrepreneur des États-Unis au contrôle de Wall Street. De nombreuses industries étaient dominées par quelques grandes entreprises, elles-mêmes sous le contrôle des sociétés d'investissement de Wall Street. Ces grandes entreprises ont dominé, par l'intermédiaire des trois mousquetaires, l'établissement des codes de la NRA. Elles avaient le plus de voix et pouvaient fixer des prix et des conditions ruineux pour les petites entreprises.

L'industrie sidérurgique est un bon exemple de la manière dont les grandes entreprises ont dominé le code de la NRA. Dans les années 1930, deux grandes entreprises, United States Steel, avec 39%, et Bethlehem Steel, avec 13,6%, contrôlaient plus de la moitié de la capacité de production de lingots d'acier du pays. Le conseil d'administration de U.S. Steel comprenait J.P. Morgan et Thomas W. Lamont, ainsi que le président Myron C. Taylor. Le conseil d'administration de Bethléem comprenait Percy A. Rockefeller et Grayson M-P. Murphy de Guaranty Trust, que nous retrouverons au chapitre 10.

---

[132] Sénat des États-Unis, National Industrial Recovery, Audiences devant la commission des finances, 73e Congrès, 1ère session, S.17et H.R. 5755 (Washington : Government Printing Office, 1933), p. 5.

En 1930, les plus grands actionnaires de U.S. Steel étaient George F. Baker et George F. Baker, Jr, avec des actions combinées de 2000 actions privilégiées et 107 000 actions ordinaires ; Myron C. Taylor, chef du Comité des finances de U.S. Steel, possédait 27 800 actions ordinaires ; J. P. Morgan détenait 1261 actions ; et James A. Farrell avait le titre de propriété de 4850 actions privilégiées. Ces hommes étaient également d'importants contributeurs à la campagne présidentielle. Par exemple, lors de la campagne de Hoover en 1928, ils ont contribué

J.P. Morgan.................................. $5000

J.P. Morgan Company................... $42 500

George F. Baker............................ $27 000

George F. Baker Jr........................ $20 000

Myron C. Taylor........................... $25 000

Au sein de la NRA, nous constatons que U.S. Steel et Bethlehem Steel contrôlaient effectivement l'ensemble de l'industrie en vertu de leurs votes dans les codes industriels ; sur un total de 1428 votes, ces deux entreprises à elles seules ont obtenu un total de 671 votes, soit 47,2%, dangereusement proche du contrôle absolu et avec une capacité incontestable à trouver un allié parmi les entreprises plus petites, mais toujours importantes.

La force du vote des ARN dans le code de l'industrie sidérurgique

Société[133]	Votes au sein de l'autorité du code	Pourcentage du total
Acier américain	511	36.0
Acier de Bethléem	160	11.2
République Acier	86	6.0
Acier national	81	5.7

---

[133] En outre, les petites entreprises suivantes ont eu des voix : Acme Steel (9), Granite City Steel (8), Babcock and Wilcox (8), Alan Wood (7), Washburn Wire (7), Interlake Iron (7), Follansbee Bros. (6), Ludlum Steel (6), Superior Steel (6), Bliss and Laughlin (6), Laclede Steel (5), Apollo Steel (5), Atlantic Steel (4), Central Iron and Steel (4), A.M. Byers Company (4), Sloss-Sheffield (4), Woodward Iron (3), Firth-Sterling (2), Davison Coke and Iron (2), Soullin Steel (1), Harrisburg Pipe (1), Eastern Rolling Mill (1), Michigan Steel Tube (1), Milton Manufacturing Company (1) et Cranberry Furnace (1).

Jones et Laughlin	79	5.5
Youngstown Sheet & Tube	74	5.1
Acier pour roues	73	5.1
Laminoir américain	69	4.8
Acier intérieur	51	3.6
Acier en creuset	38	2.7
Fer blanc McKeesport	27	1.9
Allegheny Steel	21	1.5
Spang-Chalfant	17	1.2
Sharon Steel Hoop	16	1.1
Continental Steel	16	1.1

Source : Rapport de l'ARN sur le fonctionnement du système de points de base dans l'industrie sidérurgique.

Bien que U.S. Steel et Bethléem aient été les principales unités de l'industrie sidérurgique avant l'adoption de la NRA, elles n'ont pas été en mesure de contrôler la concurrence de nombreuses entreprises plus petites. Après l'adoption de la NIRA, ces deux entreprises ont pu, grâce à leur domination du système des codes, dominer également l'industrie sidérurgique.

John D. Rockefeller a organisé le trust Standard Oil en 1882, mais, à la suite d'ordonnances du tribunal en vertu de la loi Sherman, le cartel a été dissous en 33 sociétés indépendantes. En 1933, ces sociétés étaient encore contrôlées par les intérêts de la famille Rockefeller ; la loi Sherman était plus une ombre qu'une substance :

Société	Revenu net (1930) en millions$.
Standard Oil du New Jersey	57
Standard Oil of Indiana	46
Standard Oil of California	46

Standard Oil de New York 16

Les bureaux des sociétés "indépendantes" de Standard continuent à être situés au siège de Rockefeller, à cette époque aux 25 et 26 Broadway. Au cours des années 1920, de nouveaux capitaux sont entrés et l'importance des différentes sociétés de Standard Oil a relativement changé.

Au moment du New Deal, la plus grande unité était la Standard Oil du New Jersey, dans laquelle les Rockefeller détenaient une participation de 20 à 25%. Le président de la Standard du New Jersey, Walter S. Teagle, est devenu l'un des trois mousquetaires de la NRA.

Lorsque nous examinons l'industrie automobile en 1930, nous constatons que deux sociétés, Ford et General Motors, ont vendu environ trois quarts des voitures produites aux États-Unis. Si l'on inclut Chrysler, les trois sociétés ont vendu environ cinq sixièmes de toutes les automobiles produites aux États-Unis :

Ford Motor Co............................... 40 pour cent

General Motors................................ 35 pour cent

Chrysler Corp................................. 8 pour cent

Sous la direction de son fondateur, Henry Ford, la Ford Motor Company n'avait guère d'utilité pour la politique, bien que James Couzens, l'un des premiers actionnaires de Ford, soit devenu plus tard sénateur du Michigan. Ford maintint ses bureaux exécutifs à Dearborn, Michigan, et seulement un bureau de vente à New York. Ford était également farouchement anti-NRA et anti-Wall Street, et Henry Ford se distingue par son absence des listes de contributeurs aux campagnes présidentielles.

D'autre part, General Motors était une créature de Wall Street. La société était contrôlée par la firme J.P. Morgan ; le président du conseil d'administration était Pierre S. Du Pont, de la Du Pont Company, qui en 1933 détenait environ 25% des parts de General Motors. En 1930, le conseil d'administration de General Motors était composé de Junius S. Morgan, Jr. et George Whitney de la firme Morgan, des directeurs de la First National Bank et du Bankers Trust, de sept directeurs de Du Pont et d'Owen D. Young de General Electric.

Un autre exemple est l'International Harvester Company, en 1930 sous la direction de son président Alexander Legge, le géant de l'industrie des équipements agricoles. Legge faisait partie de la NRA. L'association des équipements agricoles a été créée en 1920 par la J.P. Morgan

Company et contrôlait environ 85% de la production totale de machines de récolte aux États-Unis. En 1930, la société était encore dominante dans l'industrie :

Société	Actifs	Pourcentage du marché
International Harvester (11 Broadway)	384 millions de dollars (1929)	60
Deere & Co.	$107	17
Affaire J.I.	$55	8
Autres	$100	15
Total	646 millions de dollars	100

En 1930, au moins 80 grandes entreprises exploitaient le charbon bitumineux aux États-Unis ; parmi elles, deux - Pittsburgh Coal et Consolidation Coal - étaient dominantes. Pittsburgh Coal était sous le contrôle de la famille bancaire de Pittsburgh, les Mellon. Consolidation Coal était en grande partie détenue par J.D. Rockefeller, qui possédait 72% des actions privilégiées et 28% des actions ordinaires. Les Mellon et les Rockefeller sont tous deux de gros contributeurs politiques. De même, la production d'anthracite était concentrée dans les mains de la Reading Railroad, qui exploitait 44% de la houille américaine. Reading était contrôlée par la Baltimore and Ohio Railroad, qui détenait 66% de ses actions, et le président de B&O était E.T. Stotesbury, un associé de la firme Morgan.

Lorsque nous examinons les entreprises de construction de machines aux États-Unis en 1930, nous constatons que la plus grande était de loin General Electric - et le président Swope de G.E. était intimement lié à la NRA.

Grandes entreprises de construction mécanique (1929)

Entreprise	Actifs en millions	Bénéfices (1929) en millions	Ventes (1929) en millions
General Electric, 120 Broadway	$500	$71	$415.3
Radiateur américain & Standard Sanitary, 40 W.	$226	$20	

WALL STREET ET FRANKLIN D. ROOSEVELT

40th St.			
Westinghouse Electric, 150 Broadway	$225	$27	$216.3
Locomotive Baldwin, 120 Broadway	$100	$3	$40
American Locomotive, 30 Church St.	$106	$7	
American Car & Foundry, 30 Church St.	$120	$2.7	
International Business Machines, 50 Broadway	$40	$6.7	
Ascenseur Otis, 260 11e avenue	$57	$8	
Société Crane	$116	$11.5	

En parcourant la liste, nous constatons qu'American, Car & Foundry (dont le président, Woodin, est devenu secrétaire au Trésor sous Roosevelt), American Radiator & Standard et Crane Company ont tous contribué de manière importante à la carrière politique de FDR.

Compte tenu de cette influence dominante des grandes entreprises au sein de l'ARN et de l'administration Roosevelt, il n'est pas surprenant que l'ARN ait été administrée de manière oppressive pour les petites entreprises. Même pendant la brève existence de l'ARN, jusqu'à ce qu'elle soit déclarée inconstitutionnelle, nous trouvons des preuves d'oppression : voyez les plaintes des petites entreprises dans les secteurs dont nous avons parlé, par rapport à d'autres secteurs dans les petites entreprises ayant beaucoup plus d'unités :

Industrie	Nombre de plaintes pour oppression (janvier-avril 1934)
Grande industrie	
Fer et acier	66
Banque d'investissement	47
Pétrole	60

Fabrication électrique	9
Petites entreprises	
Nettoyage et teinture	31
Ice	12
Impression	22
Botte et chaussures	10
Blanchisserie	9

Source : Roos, *NRA Economic Planning*, p. 411, à partir de données non publiées de la NRA.

CHAPITRE X

FDR, LE CHEVALIER BLANC

> *Dans les dernières semaines de sa vie officielle, le comité a reçu des preuves montrant que certaines personnes avaient tenté d'établir une organisation fasciste dans ce pays. Il ne fait aucun doute que ces tentatives ont été discutées, ont été planifiées et auraient pu être mises à exécution quand et si les bailleurs de fonds le jugeaient opportun....*
> *Cette commission a reçu le témoignage du général Smedley D. Butler (retraité), deux fois décoré par le Congrès des États-Unis ... votre commission a pu vérifier toutes les déclarations pertinentes faites par le général Butler....*
>
> John W. McCormack, président de la commission spéciale sur les activités anti-américaines, Chambre des Représentants, 15 février 1935.

Dès Noël 1934, la nouvelle d'un étrange complot visant à installer un dictateur à la Maison-Blanche fait surface à Washington et à New York, et l'histoire - d'une importance sans précédent - est rapidement étouffée par le Congrès et la presse de l'establishment.[134]

---

[134] Voir Jules Archer, *The Plot to Seize the White House* (New York : Hawthorn Books, 1973) Le livre d'Archer est "le premier effort pour raconter toute l'histoire de l'intrigue dans l'ordre et avec tous les détails". Voir également George Wolfskill, *The Revolt of the Conservatives* (Boston : Houghton, Mifflin, 1962), qui contient de nombreux éléments sur l'intrigue. Le lecteur intéressé devrait également jeter un coup d'œil à George Seldes, *One Thousand Americans* (New York : Honi & Gaer, 1947).

Malheureusement, bien que ces livres aient maintenu la mémoire de l'événement - un effort courageux qui ne doit en aucun cas être sous-estimé - ils reflètent une confusion du fascisme avec la modération. Les partisans de la Constitution rejetteraient bien entendu absolument les efforts dictatoriaux décrits. Certains groupes, comme l'Union conservatrice américaine par exemple, ont depuis une décennie dirigé leurs attaques sur les cibles identifiées par Archer et Seldes. La mauvaise interprétation de ces derniers auteurs est accentuée par le fait que la

Le 21 novembre 1934, le *New York Times* a publié la première partie de l'histoire de Butler telle qu'elle a été racontée à la commission des activités anti-américaines de la Chambre des représentants, en lui donnant un traitement de première page et un paragraphe principal intrigant :

> Un complot des intérêts de Wall Street pour renverser le président Roosevelt et établir une dictature fasciste, soutenu par une armée privée de 500 000 ex-soldats et autres, a été mis en accusation par le major général Smedley D. Butler, officier retraité du corps des Marines...

Le rapport du *New York Times* ajoute que le général Butler "... a dit à ses amis que le général Hugh S. Johnson, ancien administrateur de la NRA, était prévu pour le rôle de dictateur, et que J.P. Morgan & Co. ainsi que Murphy & Co. étaient derrière le complot."

Après cette ouverture prometteuse, le reportage du *New York Times* s'est progressivement effacé pour finalement disparaître. Heureusement, suffisamment d'informations ont fait surface depuis pour démontrer que l'affaire Butler ou le complot pour s'emparer de la Maison-Blanche fait partie intégrante de notre histoire de FDR et de Wall Street.

GRAYSON M-P. MURPHY COMPANY, AU 52 BROADWAY

La figure centrale de l'intrigue était le major général Smedley Darlington Butler, un officier du corps des Marines haut en couleur, populaire et très connu, deux fois décoré de la médaille d'honneur du Congrès et vétéran de 33 ans de service militaire. Le général Butler a témoigné en 1934 devant le Comité McCormack-Dickstein qui enquêtait sur les activités nazies et communistes aux États-Unis qu'un plan pour une dictature de la Maison-Blanche lui avait été exposé par deux membres de la Légion américaine : Gerald C. MacGuire, qui travaillait pour Grayson M-P. Murphy & Co, 52 Broadway, New York City, et Bill Doyle, que Butler a identifié comme un officier de la Légion américaine. Le général Butler a déclaré que ces hommes voulaient "déloger la famille royale du contrôle de la Légion américaine lors de la convention qui devait se tenir à Chicago, et [étaient] très désireux de me voir y participer". Un plan a été présenté au général Butler : il devait se présenter à la convention en tant que délégué de la légion d'Honolulu ; il

---

confusion sur le sens du conservatisme a également empêché ces auteurs d'explorer la possibilité que Wall Street n'ait eu à l'esprit que Franklin Delano Roosevelt comme "l'homme au cheval blanc".

y aurait deux ou trois cents membres de la légion américaine dans le public ; et "ces hommes disséminés devaient commencer à applaudir et à demander un discours, puis je devais me rendre sur la plate-forme et prononcer un discours."

Le discours préparé devait être rédigé par John W. Davis, associé de Morgan. Pour prouver son soutien financier à Wall Street, MacGuire montra au général Butler un livre de banque énumérant des dépôts de 42 000 et 64 000 dollars et mentionna que leur source était le député Grayson. Murphy, directeur de la Guaranty Trust Company et d'autres sociétés contrôlées par Morgan. Un banquier millionnaire, Robert S. Clark, dont les bureaux se trouvent dans le bâtiment de la Bourse au 11 Wall Street, est également impliqué.

Robert Clark était d'ailleurs connu du général Butler depuis sa campagne en Chine. MacGuire et Doyle ont également offert à Butler une somme substantielle pour qu'il fasse un discours similaire devant la convention des vétérans des guerres étrangères à Miami Beach. Selon MacGuire, son groupe avait enquêté sur les antécédents de Mussolini et du fascisme italien, sur l'organisation de Hitler en Allemagne et sur la Croix de Feu en France et avait laissé entendre qu'il était temps d'établir une organisation similaire aux États-Unis. Le général Butler a témoigné devant la commission du Congrès au sujet de la déclaration de MacGuire en ces termes

> Il a dit : "Le temps est venu maintenant de rassembler les soldats."
>
> "Oui", ai-je dit, "je le pense aussi". Il m'a répondu : "Je suis parti à l'étranger pour étudier le rôle que joue le vétéran dans les différentes structures des gouvernements étrangers. Je suis allé en Italie pendant 2 ou 3 mois et j'ai étudié la position qu'occupent les vétérans d'Italie dans la structure gouvernementale fasciste, et j'ai découvert qu'ils sont le soutien d'arrière-plan de Mussolini. Ils les maintiennent sur les listes de paie de diverses manières et les gardent heureux et satisfaits ; et ils sont sa véritable colonne vertébrale, la force sur laquelle il peut compter, en cas de problème, pour le soutenir. Mais ce dispositif ne nous conviendrait pas du tout. Les soldats américains n'aimeraient pas cela. Je suis donc allé en Allemagne pour voir ce que faisait Hitler, et toute sa force réside aussi dans les organisations militaires. Mais cela n'aurait pas été possible. Je me suis penché sur les affaires russes. J'ai découvert que l'utilisation des soldats là-bas ne plairait pas à nos hommes. Alors je suis allé en France, et j'ai trouvé exactement l'organisation que nous allons avoir. C'est une organisation de super soldats." Il m'a donné le nom français de cette organisation, mais je ne me souviens pas de ce que c'est. Je n'aurais jamais pu le prononcer, de toute façon. Mais je sais que c'est une super organisation de membres de toutes les autres organisations de soldats de France, composée de sous-officiers et d'officiers. Il m'a dit qu'ils étaient

environ 500 000 et que chacun d'eux était à la tête de 10 autres, ce qui leur donnait 5 000 000 de voix. Et il a dit : "Maintenant, c'est notre idée, ici en Amérique, de mettre sur pied une organisation de ce genre."[135]

Quel serait l'objectif de cette super organisation ? Selon le *New York Times*[136], le général Butler aurait déclaré que l'affaire était une tentative de *coup d'État*[137] pour renverser le président Roosevelt et le remplacer par un dictateur fasciste. Cette interprétation est reprise par Archer, Seldes et d'autres écrivains. Cependant, ce n'est pas l'accusation que le général Butler a faite à la commission. La déclaration précise de Butler concernant l'organisation projetée, l'usage qui en sera fait une fois établi et le rôle du président Roosevelt est la suivante ; le général Butler a fait un rapport sur sa conversation avec MacGuire :

> J'ai dit : "Que voulez-vous en faire quand vous le porterez au pouvoir ?"
>
> "Eh bien", a-t-il dit, "nous voulons soutenir le président".
>
> J'ai dit : "Le président n'a pas besoin du soutien de ce genre d'organisation. Depuis quand êtes-vous devenu un partisan du Président ? La dernière fois que je vous ai parlé, vous étiez contre lui."
>
> Il a dit : "Eh bien, il va nous accompagner maintenant."
>
> "Est-ce qu'il l'est ?
>
> "Oui."
>
> "Eh bien, qu'allez-vous faire de ces hommes, supposez que vous ayez ces 500 000 hommes en Amérique ? Qu'allez-vous faire d'eux ?"
>
> "Eh bien", a-t-il dit, "ils seront le soutien du président".
>
> J'ai dit : "Le président a obtenu l'ensemble du peuple américain. Pourquoi les veut-il ?"
>
> Il a dit : "Ne comprenez-vous pas qu'il faut changer un peu la configuration ? Maintenant, nous l'avons, nous avons le Président. Il doit avoir plus d'argent. Il n'y a plus d'argent à lui donner. Quatre-vingt pour cent de l'argent est maintenant sous forme d'obligations d'État, et il ne peut pas continuer à faire ce racket plus longtemps. Il doit faire quelque chose pour y remédier. Soit il doit nous soutirer plus d'argent, soit il doit

---

[135] Chambre des représentants, Enquête sur les activités de propagande nazie et enquête sur certaines autres activités de propagande, Audiences n° 73-D.C.-6, op. cit. p. 17.

[136] *The New York Times*, 21 novembre 1934.

[137] En français dans le texte, NdT.

changer la méthode de financement du gouvernement, et nous allons veiller à ce qu'il ne change pas cette méthode. Il ne la changera pas".

J'ai dit : "L'idée de ce grand groupe de soldats est donc de l'effrayer, n'est-ce pas ?

"Non, non, non ; pas pour l'effrayer. C'est pour le soutenir quand les autres l'agressent."

J'ai dit : "Eh bien, je n'en sais rien. Comment le président l'expliquerait-il ?"

Il a dit : "Il n'aura pas nécessairement à l'expliquer, car nous allons l'aider. Maintenant, vous est-il venu à l'esprit que le Président est surchargé de travail ? Nous pourrions avoir un président adjoint, quelqu'un à blâmer ; et si les choses ne marchent pas, il peut le laisser tomber".

Il a poursuivi en disant qu'il n'était pas nécessaire de modifier la Constitution pour autoriser un autre membre du cabinet, quelqu'un à prendre en charge les détails du bureau - les retirer des épaules du président. Il a mentionné que le poste serait un secrétaire aux affaires générales - une sorte de super-secrétaire.

PRÉSIDENT [Membre du Congrès McCormack]. Un secrétaire aux affaires générales ?

BUTLER. C'est le terme qu'il a utilisé - ou qu'un secrétaire d'État providence - je ne me souviens plus lequel. Je suis sorti de l'entretien avec ce nom en tête. J'ai eu cette idée en parlant avec les deux, vous voyez. Ils avaient tous les deux parlé du même type de soulagement qui devrait être accordé au président, et il a dit "Vous savez, le peuple américain va avaler ça. Nous avons les journaux. Nous allons lancer une campagne sur le fait que la santé du président est défaillante. Tout le monde peut le dire en le regardant, et les Américains stupides tomberont dans le panneau en une seconde".

Et je pouvais le voir. Ils avaient ce racket de sympathie, qu'ils allaient avoir quelqu'un qui lui enlèverait le patronage de ses épaules et qui lui enlèverait tous les soucis et les détails, et alors il sera comme le président de la France.

J'ai dit : "C'est donc de là que vous tenez cette idée ?"

Il a dit : "J'ai voyagé en regardant autour de moi. Maintenant, à propos de cette super organisation, seriez-vous intéressé à la diriger ?"

J'ai dit : "Cela m'intéresse, mais je ne sais pas si je vais la diriger. Elle m'intéresse beaucoup, parce que vous savez. Jerry, mon intérêt est, mon seul hobby est, de maintenir une démocratie. Si vous obtenez ces 500 000 soldats qui prônent quelque chose qui sent le fascisme, je vais en obtenir 500 000 de plus et vous botter le cul, et nous aurons une véritable guerre chez nous. Vous le savez."

"Oh, non. Nous ne voulons pas cela. Nous voulons que le président soit moins exigeant."

"Oui ; et ensuite vous y mettrez quelqu'un que vous pourrez diriger ; c'est ça l'idée ? Le Président fera le tour des lieux pour baptiser les bébés, inaugurer des ponts et embrasser les enfants. M. Roosevelt ne sera jamais d'accord avec cela lui-même."

"Oh oui, il le fera. Il sera d'accord avec cela."[138]

En d'autres termes, le complot de Wall Street ne visait pas du tout à se débarrasser du président Roosevelt, mais à le mettre à la porte et à installer un président adjoint doté de pouvoirs absolus. La raison pour laquelle il a fallu se donner la peine d'installer un président adjoint n'est pas claire, car le vice-président était en fonction. En tout état de cause, il était prévu de diriger les États-Unis avec un secrétaire aux affaires générales, ce que le public américain crédule accepterait sous le couvert de la protection nécessaire contre une prise de pouvoir communiste.

À ce stade, il est intéressant de rappeler le rôle de ces mêmes financiers et sociétés financières dans la révolution bolchévique - un rôle, soit dit en passant, que le général Butler n'aurait pas pu connaître[139] - et l'utilisation de tactiques de peur similaires de la part des Rouges dans l'organisation des États-Unis de 1922. Grayson M-P. Murphy était, au début des années 1930, administrateur de plusieurs sociétés contrôlées par les intérêts de J.P. Morgan, dont la Guaranty Trust Company, bien connue dans la révolution bolchévique, la New York Trust Company et Bethlehem Steel, et faisait partie du conseil d'administration de l'Inspiration Copper Company, de la National Aviation Corporation, de l'Intercontinental Rubber Co. et des U.S. & Foreign Securities. John W. Davis, le rédacteur de discours du général Butler, était associé dans Davis, Polk, Wardwell, Gardner & Reed du 15 Broad Street. Polk et Wardwell de ce prestigieux cabinet d'avocats, ainsi que Grayson Murphy, ont tous deux joué un rôle dans la révolution bolchévique. En outre, Davis a également été co-directeur avec Murphy dans la société Guaranty Trust contrôlée par Morgan et co-directeur avec l'espoir présidentiel Al Smith dans la société Metropolitan Life Insurance Co. ainsi que directeur de la société Mutual Life Insurance Co., de la société U.S. Rubber Co. et de American Telephone and Telegraph, l'unité de contrôle du système Bell.

---

[138] Chambre des représentants, Investigation of Nazi Propaganda Activities and Investigation of Certain Other Propaganda Activities, Hearings No. 73-D.C.-6, op. cit., pp. 17-18.

[139] Voir Sutton, *Wall Street et la révolution bolchévique*, op. cit.

Heureusement pour l'histoire. Le général Butler a discuté de l'offre avec une source journalistique impartiale au tout début de ses entretiens avec MacGuire et Doyle. La commission McCormack-Dickstein a entendu le témoignage sous serment de ce confident, Paul Comley French. French a confirmé qu'il était reporter pour le *Philadelphia Record* et le *New York Evening Post et* que le général Butler lui avait parlé du complot en septembre 1934. Par la suite, le 13 septembre 1934, French se rendit à New York et rencontra MacGuire. Ce qui suit fait partie de la déclaration de French au Comité :

> MR. FRENCH. [J'ai vu] Gerald P. MacGuire dans les bureaux de Grayson M.-P. Murphy & Co, au douzième étage du 52 Broadway, peu après 13 heures. Il y a un petit bureau privé et je suis allé dans son bureau. J'ai ici quelques citations directes de sa part. Dès que j'ai quitté son bureau, je me suis approché d'une machine à écrire et j'ai noté tout ce qu'il m'a dit. "Nous avons besoin d'un gouvernement fasciste dans ce pays", a-t-il insisté, "pour sauver la nation des communistes qui veulent la démolir et détruire tout ce que nous avons construit en Amérique. Les seuls hommes qui ont le patriotisme pour le faire sont les soldats et Smedley Butler est le leader idéal. Il pourrait mobiliser un million d'hommes en une nuit". Au cours de la conversation, il m'a dit qu'il avait été en Italie et en Allemagne pendant l'été 1934 et le printemps 1934 et qu'il avait fait une étude approfondie du contexte des mouvements nazi et fasciste et de la façon dont les vétérans y avaient joué un rôle. Il disait avoir obtenu suffisamment d'informations sur les mouvements fascistes et nazis et sur le rôle joué par les vétérans, pour en créer un dans ce pays.

> Il a souligné tout au long de sa conversation avec moi que tout cela était extrêmement patriotique, que c'était sauver la nation des communistes, et que les hommes avec lesquels ils traitent ont cette idée folle que les communistes vont la démanteler. Il a dit que la seule sauvegarde serait les soldats. Au début, il a suggéré que le général organise lui-même cette tenue et demande à tout le monde de verser un dollar par an de cotisation. Nous en avons discuté, puis il est arrivé au point d'obtenir des fonds extérieurs, et il a dit que ce ne serait pas un problème de réunir un million de dollars.

> Au cours de la conversation, il n'a cessé de parler du besoin d'un chevalier blanc, comme il l'appelait, un dictateur qui viendrait au galop sur son cheval blanc. Il disait que c'était la seule façon de sauver le système capitaliste, soit par la menace de la force armée, soit par la délégation du pouvoir et l'utilisation d'un groupe de vétérans organisés.

> Il s'est considérablement échauffé après notre départ et il a dit : "Nous pourrions suivre Roosevelt, puis faire avec lui ce que Mussolini a fait avec le roi d'Italie". Cela correspond à ce qu'il a dit au général [Butler], que nous aurions un secrétaire aux affaires générales, et que si Roosevelt

jouait le jeu, il serait génial ; et que s'il ne le faisait pas, ils le pousseraient dehors.¹⁴⁰

ACKSON MARTINDELL, 14 WALL STREET

Le témoignage sous serment du général Smedley Butler et de Paul French lors des auditions de la commission a un fil conducteur. Le général Butler a divagué de temps en temps, et certaines parties de sa déclaration sont vagues, mais il est évident que l'histoire ne se résume pas à un rassemblement innocent de membres de la légion américaine au sein d'une super organisation. Y a-t-il des preuves indépendantes qui confirment la thèse du général Butler et de Paul French ? À l'insu de Butler et de French, Guaranty Trust avait été impliqué dans les manœuvres de Wall Street lors de la révolution bolchévique de 1917, ce qui indique au moins une prédisposition à mélanger affaires financières et politique dictatoriale ; deux des personnes impliquées dans le complot étaient des directeurs de Guaranty Trust. En outre, avant que les audiences ne soient brusquement interrompues, la commission a entendu le témoignage d'une source indépendante, qui a confirmé de nombreux détails relatés par le général Butler et Paul French. En décembre 1934, le capitaine Samuel Glazier, commandant du camp du CCC à Elkridge, dans le Maryland,¹⁴¹ est convoqué devant la commission.

Le 2 octobre 1934, témoigne le capitaine Glazier, il avait reçu une lettre d'A.P. Sullivan, Adjudant général adjoint de l'armée américaine, présentant un certain M. Jackson Martindell, "qui se montrera très courtois avec vous". Cette lettre avait été envoyée à Glazier par le commandement du major général Malone de l'armée américaine. Qui était Jackson Martindell ? Il était conseiller financier et travaillait au 14 Wall Street, auparavant associé à Stone & Webster & Blodget, Inc, banquiers d'affaires du 120 Broadway, et à Carter, Martindell & Co, banquiers d'affaires du 115 Broadway.¹⁴² Martindell était un homme de substance, vivant, selon le *New York Times*, "... au centre d'un magnifique domaine de soixante acres" qu'il avait acheté à Charles

---

¹⁴⁰ Chambre des représentants, Enquête sur les activités de propagande nazie et enquête sur certaines autres activités de propagande, Audiences n° 73-D.C.-6, op. cit. p. 26.

¹⁴¹ Ibid, parties 1 et 2. Basé sur le témoignage devant la commission McCormack-Dickstein.

¹⁴² 120 Broadway fait l'objet d'un chapitre dans ce livre et dans un livre précédent, Sutton, *Wall Street et la révolution bolchévique*, op. cit.

Pfizer[143], et était suffisamment influent pour que le général Malone organise une visite guidée du camp du Corps de conservation d'Elkridge, dans le Maryland.

L'association de Martindell avec Stone & Webster (120 Broadway) est importante et justifie à elle seule un suivi de ses associés dans la région de Wall Street.

Le capitaine Glazier a fourni à Martindell la visite du camp demandée et a témoigné devant le comité que Martindell a posé de nombreuses questions sur un camp similaire destiné aux hommes travaillant dans l'industrie plutôt que dans les forêts. Une semaine environ après la visite. Le capitaine Glazier a visité la maison de Martindell dans le New Jersey, a appris qu'il était un ami personnel du général Malone et a été informé que Martindell voulait organiser des camps similaires au CCC pour former 500 000 jeunes hommes. Selon Glazier, cette conversation avait une connotation antisémite et suggérait une tentative de coup d'État aux États-Unis. L'organisation qui parrainait ce renversement s'appelait American Vigilantes, dont l'emblème était un drapeau avec un aigle rouge sur fond bleu à la place de la croix gammée allemande. Il s'agissait en partie d'une vérification indépendante du témoignage du général Butler.

LE TÉMOIGNAGE DE GERALD C. MACGUIRE

Gerald MacGuire, l'un des comploteurs accusés, a été appelé devant la commission et a longuement témoigné sous serment. Il a déclaré qu'il avait rencontré le général Butler en 1933 et que les raisons de sa visite à Butler étaient (1) de discuter du Comité pour un dollar sain et (2) qu'il pensait que Butler serait "un homme bien pour être commandant de la Légion".

MacGuire a admis avoir dit au général Butler qu'il était membre du comité des invités de marque de la Légion américaine ; il avait un "vague souvenir" que le millionnaire Robert S. Clark avait parlé à Butler, mais avait "nié catégoriquement" avoir pris des dispositions pour que Clark rencontre Butler. MacGuire admit avoir envoyé des cartes postales à Butler depuis l'Europe, qu'il avait eu une conversation avec le général à l'hôtel Bellevue-Stratford, et qu'il avait dit à Butler qu'il allait à la convention à Miami. Cependant, lorsqu'on lui demanda s'il avait parlé à Butler du rôle joué par les vétérans dans les gouvernements européens, il répondit que non, bien qu'il ait déclaré avoir dit à Butler qu'à son avis

---

[143] *The New York Times*, 28 décembre 1934.

"Hitler ne durerait pas une année de plus en Allemagne et que Mussolini était sur le déclin".[144]

Le témoignage de MacGuire sur sa rencontre avec French diffère sensiblement du récit de French :

QUESTION. Pourquoi M. French a-t-il appelé pour vous voir, M. MacGuire ?

RÉPONSE. Il m'a appelé, selon l'histoire de M. French, pour me rencontrer et faire ma connaissance, car j'avais connu le général Butler, et j'étais un de ses amis, et il voulait me connaître, et c'était principalement l'objet de sa visite.

QUESTION. Rien d'autre n'a été discuté ?

RÉPONSE. Un certain nombre de choses ont été discutées ; oui. La position du marché des obligations, du marché boursier ; ce que je pensais être un bon achat en ce moment ; ce qu'il pourrait acheter s'il avait sept ou huit cents dollars ; la position du pays ; les perspectives de reprise, et divers sujets dont deux hommes discuteraient s'ils se réunissaient.

QUESTION. Rien d'autre ?

RÉPONSE. Rien d'autre, sauf ceci, Monsieur le Président : Comme je l'ai dit hier, je crois, lorsque M. French est venu me voir, il a dit Le général Butler est ou a été approché par deux ou trois organisations - et je crois qu'il a mentionné l'une d'entre elles comme étant un comité de vigilance de ce pays - et il a dit : "Qu'en pensez-vous ?" et je crois que je lui ai répondu : "Pourquoi, je ne pense pas que le général devrait se mêler de ces affaires dans ce pays. Je pense que tous ces gens essaient de se servir de lui, d'utiliser son nom à des fins publicitaires et pour devenir membre, et je pense qu'il devrait se tenir à l'écart de ces organisations.

QUESTION. Rien d'autre ?

RÉPONSE. Rien d'autre. C'était l'essentiel de toute la conversation.[145]

MacGuire a en outre témoigné qu'il travaillait pour Grayson Murphy et que Robert S. Clark avait mis 300 000$ à disposition pour former le Comité pour un dollar sain.

La commission McCormack-Dickstein a pu confirmer le fait que Robert Sterling Clark a transmis de l'argent à MacGuire à des fins politiques :

---

[144] Chambre des représentants, Enquête sur les activités de propagande nazie et enquête sur certaines autres activités de propagande, Audiences n° 73-D.C.-6, op. cit. p. 45.

[145] Ibid, p. 45.

Il [MacGuire] a en outre déclaré que cet argent lui avait été donné par M. Clark bien après la Convention de Chicago de la Légion, et qu'il avait également reçu de Walter E. Frew de la Corn Exchange Bank & Trust Co. la somme de 1000 dollars, qui a également été placée au crédit du Sound Money Committee.

MacGuire a ensuite témoigné qu'il avait reçu de Robert Sterling Clark environ 7200 dollars, pour ses frais de voyage à destination, en provenance et à l'intérieur de l'Europe, auxquels s'était ajoutée la somme de 2500 dollars à une autre occasion et de 1000 dollars à un autre moment, et il a déclaré sous serment qu'il n'avait rien reçu de personne d'autre et a en outre témoigné qu'il l'avait déposé sur son compte personnel à la Manufacturers Trust Co. 55 Broad Street.

MacGuire a en outre témoigné qu'il avait actuellement un compte de retrait 432 dollars par mois, auquel s'ajoutaient quelques commissions. Plus tard, MacGuire a témoigné que les 2500$ et les 1000$ étaient liés à l'organisation du Comité pour un dollar sain.

Le président McCormack a ensuite posé la question suivante : "M. Clark a-t-il contribué d'une autre manière, outre les 30 000$ et les autres sommes que vous avez énumérées, qu'il vous a données personnellement ?" à quoi MacGuire a répondu : "Non, monsieur, on lui a demandé plusieurs fois de contribuer à différents fonds, mais il a refusé."[146]

Dans son communiqué de presse de New York, la commission a relevé plusieurs divergences dans le témoignage de MacGuire sur la réception des fonds. La section se lit comme suit :

MacGuire ne pouvait pas non plus se rappeler quel était le but de son voyage à Washington ou s'il avait donné à la Banque centrale de Hanovre treize billets de mille dollars ou qu'il avait acheté une des lettres de crédit avec un chèque certifié tiré sur le compte de M. Christmas.

Au cours de l'interrogatoire, MacGuire ne pouvait pas se rappeler s'il avait déjà manipulé des billets de mille dollars, et ne se souvenait certainement pas d'en avoir produit treize à la fois à la banque. Il faut se rappeler à ce propos que l'achat de 13 000 dollars avec des billets de mille dollars à la banque est arrivé six jours seulement après que Butler ait affirmé que MacGuire lui avait montré dix-huit billets de mille dollars à Newark.

De ce qui précède, on peut facilement voir qu'en plus des 30 000 dollars que Clark a donnés à MacGuire pour le Sound Money Committee, il a produit environ 75 000 dollars de plus, ce que MacGuire a admis à contrecœur en étant confronté aux preuves.

---

[146] Communiqué de presse. New York City, p. 12.

Ces 75 000 dollars figurent dans les 26 000 dollars qui ont été versés sur le compte du Manufacturers Trust, 10 000 dollars en devises au déjeuner, l'achat de lettres de crédit totalisant 30 300 dollars, dont le chèque certifié de Noël était représenté par 15 000 dollars, des dépenses pour l'Europe proches de 8000 dollars. Tout cela reste inexpliqué. Le Comité ne sait pas encore s'il y a eu plus et combien.[147]

La commission a ensuite posé à MacGuire une question évidente : connaissait-il Jackson Martindell ? Malheureusement, une erreur tout aussi évidente dans la réponse de MacGuire est passée inaperçue. La transcription de la commission se lit comme suit :

Par le président :

QUESTION. Connaissez-vous M. Martindell, M. MacGuire ?

RÉPONSE. M. Martin Dell ? Non, monsieur ; je ne le connais pas.

LE PRÉSIDENT. C'est son nom ?

MR. DICKSTEIN. Je pense que oui.[148]

Ainsi, en bref, nous avons trois témoins fiables - le général Butler, Paul French et le capitaine Samuel Glazier - qui témoignent sous serment des plans d'un complot visant à installer une dictature aux États-Unis. Et nous avons des témoignages contradictoires de Gerald MacGuire qui justifient clairement une enquête plus approfondie. Une telle enquête était au départ l'intention déclarée de la commission : "Le Comité attend le retour dans ce pays de M. Clark et de M. Christmas. En l'état actuel des preuves, il demande une explication que le Comité n'a pas pu obtenir de M. MacGuire".[149]

Mais le Comité n'a appelé ni M. Clark ni M. Christmas à témoigner. Il n'a pas fait d'effort supplémentaire - du moins, aucun effort supplémentaire n'apparaît dans les archives publiques - pour trouver une explication aux incohérences et aux inexactitudes du témoignage de MacGuire, témoignage qui a été donné à la commission sous serment.

---

[147] Ibid, p. 13.

[148] Chambre des représentants, Enquête sur les activités de propagande nazie et enquête sur certaines autres activités de propagande, Audiences n° 73-D.C.-6, op. cit. p. 85.

[149] Communiqué de presse, New York City, p. 13.

SUPPRESSION DE L'IMPLICATION DE WALL STREET

L'histoire d'une tentative de prise de pouvoir exécutif aux États-Unis a été étouffée, non seulement par les parties directement intéressées, mais aussi par plusieurs institutions habituellement considérées comme protectrices de la liberté constitutionnelle et de la liberté d'enquête. Parmi les groupes qui répriment l'information, on trouve (1) le Congrès des États-Unis, (2) la presse, notamment le *Time* et le *New York Times*, et (3) la Maison-Blanche elle-même. Il est également remarquable qu'aucune enquête académique n'ait été menée sur ce qui est certainement l'un des événements les plus inquiétants de l'histoire américaine récente. La répression est encore plus regrettable à la lumière de la tendance actuelle au collectivisme aux États-Unis et de la probabilité d'une autre tentative de prise de pouvoir dictatoriale utilisant comme prétexte de prétendues menaces de la gauche ou de la droite.

La répression exercée par la commission des activités anti-américaines de la Chambre des représentants a pris la forme de la suppression de nombreux extraits concernant les financiers de Wall Street, notamment le directeur de Guaranty Trust, Grayson Murphy, J.P. Morgan, les intérêts de Du Pont, Remington Arms et d'autres personnes prétendument impliquées dans la tentative de complot. Même aujourd'hui, en 1975, il est impossible de retrouver une transcription complète des audiences.

Certaines des parties supprimées de la transcription ont été découvertes par le journaliste John Spivak.[150] Une référence à l'administrateur de la NRA Hugh Johnson indiquait le type d'informations supprimées ; la commission a supprimé les mots en italique du témoignage imprimé ; Butler parle à MacGuire :

> J'ai dit : "Y a-t-il encore quelque chose qui bouge ?
>
> "Oui, dit-il, vous regardez, dans deux ou trois semaines, vous le verrez apparaître dans les journaux. Il y aura de gros bonnets" ... et en deux semaines environ, l'American Liberty League est apparue, ce qui est à peu près ce qu'il a décrit. Nous pourrions avoir un président adjoint, quelqu'un à blâmer ; et si les choses ne marchent pas, il peut le laisser tomber.

---

[150] Voir Jules Archer, *The Plot to Seize the White House*, op. cit.

Il a dit : "C'est pour cela qu'il a construit Hugh Johnson. Hugh Johnson a trop parlé et l'a mis dans un trou, et il va le virer dans les trois ou quatre semaines à venir".

J'ai dit : "Comment savez-vous tout cela ?"

"Oh," dit-il, "nous sommes tout le temps avec lui. Nous savons ce qui va se passer."[151]

Le témoignage de Paul French a également été censuré par la commission parlementaire. En témoigne l'extrait suivant du témoignage de French qui fait référence à John W. Davis, J.P. Morgan, la Du Pont Company et d'autres personnes de Wall Street et qui corrobore fortement le témoignage du général Butler :

> Au début, il [MacGuire] a suggéré au général [Butler] d'organiser lui-même cette réunion et de demander à tout le monde une cotisation annuelle d'un dollar. Nous en avons discuté, puis il en est venu à obtenir des fonds extérieurs, et il a dit qu'il ne serait pas difficile de réunir un million de dollars. Il a dit qu'il pouvait s'adresser à John W. Davis [avocat de J.P. Morgan & Co.] ou à Perkins de la National City Bank, et à n'importe quelle personne pour l'obtenir. Bien sûr, cela peut ou non vouloir dire quelque chose. C'est-à-dire qu'il fait référence à John W. Davis et Perkins de la National City Bank. Au cours de ma conversation avec lui, je n'ai bien sûr pas engagé le général à quoi que ce soit. Je le sentais juste bien.
>
> Plus tard, nous avons discuté de la question des armes et des équipements, et il a suggéré qu'ils puissent être obtenus auprès de la Remington Arms Co, à crédit par l'intermédiaire des Du Ponts.
>
> Je ne pense pas qu'à l'époque il ait mentionné les liens de Du Pont avec la Ligue de Liberté américaine, mais il a fait le tour de la question. Autrement dit, je ne pense pas qu'il ait mentionné la Liberty League, mais il a contourné l'idée qu'il s'agissait d'un ultime recours ; l'un des Du Pont fait partie du conseil d'administration de l'American Liberty League et il possèdent une participation majoritaire dans la Remington Arms Co ... Il a dit que le général n'aurait aucun problème à enrôler 500 000 hommes.[152]

John L. Spivak, le journaliste qui a découvert la suppression dans les transcriptions du Congrès, a contesté le témoignage du coprésident de la commission, Samuel Dickstein de New York. Dickstein a admis que :

> la commission avait supprimé certaines parties du témoignage parce qu'il s'agissait de ouï-dire".

---

[151] George Seldes, *One Thousand Americans*, op. cit, p. 288.

[152] Ibid, pp. 289-290.

"Mais vos rapports publiés sont pleins de témoignages par ouï-dire." "Ils le sont ?" a-t-il dit.

"Pourquoi n'a-t-on pas appelé Grayson Murphy ? Votre comité savait que les hommes de Murphy font partie de l'organisation d'espionnage antisémite Order of '76 ?

"Nous n'avons pas eu le temps. Nous nous serions occupés des groupes de Wall Street si nous avions eu le temps. Je n'aurais pas hésité à aller chercher les Morgan."

"Vous avez fait citer Belgrano, commandant de la légion américaine, comme témoin. Pourquoi n'a-t-il pas été interrogé ?"

"Je ne sais pas. Peut-être que vous pouvez demander à M. McCormack de vous expliquer cela. Je n'ai rien à voir avec ça."[153]

Le fait est que la commission n'a pas appelé Grayson Murphy, Jackson Martindell ou John W. Davis, tous directement accusés dans le cadre d'un témoignage sous serment. En outre, la commission a supprimé toutes les parties du témoignage impliquant d'autres personnalités : J.P. Morgan, les Du Ponts, les intérêts des Rockefeller, Hugh Johnson et Franklin D. Roosevelt. Lorsque le membre du Congrès Dickstein a plaidé son innocence auprès de John Spivak, cela était en contradiction avec sa propre lettre au président Roosevelt, dans laquelle il prétend avoir imposé des restrictions même à la diffusion publique des audiences de la commission, telles qu'elles ont été imprimées, "afin qu'elles ne tombent pas entre des mains irresponsables". Le rapport final publié par la commission le 15 février 1935 a enterré l'histoire encore plus profondément. John L. Spivak résume succinctement cet escamotage : "J'ai... étudié le rapport de la commission. Il consacrait six pages à la menace des agents nazis opérant dans ce pays et onze pages à la menace des communistes, ainsi qu'une page au complot visant à s'emparer du gouvernement et à détruire notre système démocratique."[154]

Le rôle des principaux journaux et revues d'opinion dans la couverture de l'affaire Butler est également suspect. En fait, leur traitement de l'événement a l'apparence d'une déformation et d'une censure totales. La véracité de certains grands journaux a été largement mise en doute au cours des 50 dernières années,[155] et dans certains

---

[153] John L. Spivak, *A Man in his Time* (New York : Horizon Press, 1967), pp. 311, 322-25.

[154] Ibid, p. 331.

[155] Voir Herman Dinsmore, *All the News That Fits*, (New Rochelle : Arlington House, 1969).

milieux, les médias ont même été accusés de conspiration visant à supprimer "tout ce qui est contraire aux souhaits des intérêts des puissants". Par exemple, en 1917, le membre du Congrès Callaway a inséré dans The Congressional Record la critique dévastatrice suivante du contrôle de la presse par Morgan :

> **M. CALLAWAY.** Monsieur le Président, avec le consentement unanime, j'insère à ce stade dans le procès-verbal une déclaration indiquant la combinaison des journaux, qui explique leur activité dans cette affaire de guerre, dont vient de parler le monsieur de Pennsylvanie (M. Moore) :
>
> En mars 1915, les intérêts de J.P. Morgan, les intérêts de l'acier, de la construction navale et des poudres, et leurs organisations subsidiaires, ont réuni 12 hommes haut placés dans le monde de la presse et les ont employés pour sélectionner les journaux les plus influents des États-Unis et un nombre suffisant d'entre eux pour contrôler de manière générale la politique de la presse quotidienne des États-Unis.
>
> Ces 12 hommes ont résolu le problème en sélectionnant 179 journaux, puis ont commencé par un processus d'élimination, pour ne conserver que ceux nécessaires au contrôle de la politique générale de la presse quotidienne dans tout le pays. Ils ont constaté qu'il n'était nécessaire d'acheter le contrôle que de 25 des plus grands journaux. Les 25 journaux ont fait l'objet d'un accord ; des émissaires ont été envoyés pour acheter l'analyse politique, nationale et internationale, de ces journaux ; un accord a été conclu ; les publications des journaux ont été achetées au mois ; un éditeur a été fourni pour chaque journal afin de superviser et d'éditer correctement les informations concernant les questions de préparation, de militarisme, de politiques financières, et d'autres éléments de nature nationale et internationale considérés comme vitaux pour les intérêts des commanditaires.
>
> Ce contrat existe actuellement et explique que les colonnes d'information de la presse quotidienne du pays soient remplies de toutes sortes d'arguments et de fausses déclarations sur l'état actuel de l'armée et de la marine américaines et sur la possibilité et la probabilité que les États-Unis soient attaqués par des ennemis étrangers.
>
> Cette politique comprenait également la suppression de tout ce qui s'opposait aux souhaits des intérêts servis. L'efficacité de ce système a été démontrée de façon concluante par le caractère des informations publiées dans la presse quotidienne dans tout le pays depuis mars 1915. Ils ont eu recours à tout ce qui était nécessaire pour orienter le sentiment public et pour mettre le Congrès national sur la sellette afin d'obtenir des crédits extravagants et inutiles pour l'armée et la marine sous le faux prétexte que c'était nécessaire. Leur argument de base est qu'il s'agit de

"patriotisme". Ils jouent sur tous les préjugés et les passions du peuple américain.[156]

Dans l'affaire Butler, les intérêts accusés sont également ceux identifiés par le député Callaway : la firme J.P. Morgan et les industries de l'acier et des poudres. Le général Butler a accusé Grayson Murphy, un directeur de la Guaranty Trust Company contrôlée par Morgan ; Jackson Martindell, associé à Stone & Webster, allié aux Morgan ; la société Du Pont (l'industrie des poudres) ; et la Remington Arms Company, qui était contrôlée par Du Pont et les intérêts financiers de Morgan-Harriman. En outre, les entreprises qui apparaissent dans le témoignage supprimé du Congrès de 1934 sont J.P. Morgan, Du Pont et Remington Arms. En bref, nous pouvons vérifier la suppression par le Congrès en 1934 des informations qui soutiennent les accusations portées en 1917 contre le membre du Congrès Callaway.

Cette suppression s'étend-elle aux grands journaux d'information ? Nous pouvons prendre deux exemples de premier ordre : le *New York Times* et le magazine *Time*. Si une combinaison telle que les accusations de Callaway existait, alors ces deux journaux feraient certainement partie des "25 plus grands journaux impliqués dans les années 1930". Le reportage du *New York Times* sur le "complot" débute par un article en première page du 21 novembre 1934 : "Le général Butler évoque un "Complot fasciste" pour s'emparer du gouvernement par la force", avec le paragraphe principal cité ci-dessus (p. 143). Cet article du *Times* est un assez bon travail de reportage et comprend une déclaration directe du membre du Congrès Dickstein : "D'après les indications actuelles, Butler a les preuves. Il ne portera pas d'accusations sérieuses à moins d'avoir quelque chose pour les étayer. Nous aurons des hommes ici avec des noms plus importants que le sien." Ensuite, l'article du Times indique que "M. Dickstein a dit qu'environ seize personnes mentionnées par le général Butler devant la commission seraient citées à comparaître, et qu'une audience publique pourrait avoir lieu lundi prochain." Le *Times* inclut également des démentis catégoriques et parfois enragés de Hugh Johnson, Thomas W. Lamont et Grayson M-P. Murphy de Guaranty Trust.

Le lendemain matin, le 22 novembre, le *Times* a fait un changement majeur dans sa façon de rapporter l'intrigue. Les révélations ont été publiées sur une page intérieure, bien que le témoignage concerne maintenant Gerald MacGuire, l'un des comploteurs accusés. De plus, on peut discerner un changement décidé dans l'attitude de la commission. Le membre du Congrès McCormack aurait déclaré que "la commission

---

[156] Congressional Record, Vol. 55, pp. 2947-8 (1917).

n'a pas décidé d'appeler d'autres témoins. Il a déclaré que le témoin le plus important, à part M. MacGuire, était Robert Sterling Clark, un riche New-Yorkais ayant des bureaux dans le bâtiment de la Bourse".

Alors que le reportage du *Times* était consigné dans une seule colonne, la page éditoriale, sa section la plus influente, comportait un éditorial principal qui donnait le ton des reportages ultérieurs. Sous le titre "Crédulité Illimitée", elle soutenait que l'accusation de Butler était un "récit bancal et peu convaincant". ... Toute l'histoire ressemble à un gigantesque canular ... elle ne mérite pas une discussion sérieuse", et ainsi de suite. En bref, avant que les 16 témoins importants ne soient appelés, avant que les preuves ne soient enregistrées, avant que l'accusation ne soit examinée, le *New York Times* a décidé qu'il ne voulait rien entendre de cette histoire parce qu'il s'agissait d'un canular, qui n'était pas digne d'être publié.

Le lendemain, le 23 novembre, le *Times* a encore modifié ses reportages. Les gros titres portaient désormais sur les rouges et la lutte des syndicats rouges et concernaient les activités présumées des communistes dans les syndicats américains, tandis que le témoignage de Butler et les preuves qui s'accumulaient étaient relégués au plus profond du reportage sur les activités des rouges. L'histoire qui en résultait était, bien sûr, vague et confuse, mais elle enterrait effectivement les preuves de Butler.

Le 26 novembre, les auditions se sont poursuivies, mais la commission elle-même s'est maintenant montrée frileuse et a publié une déclaration :

> "Cette commission n'a eu devant elle aucune preuve qui justifierait dans la moindre mesure de convoquer des hommes tels que John W. Davis, le général Hugh Johnson, le général James G. Harbord, Thomas W. Lamont, l'amiral William S. Sims ou Hanford MacNider."

Il convient de noter que ces noms sont apparus lors d'un témoignage sous serment, pour être ensuite effacés du registre officiel. Le *Times* a continué à rendre compte de cette évolution sous une forme abrégée sur une page intérieure sous le titre "Le comité Calme sur le "complot" de Butler, n'a aucune preuve pour justifier le témoignage de Johnson et d'autres". Le 27 novembre, le *Times* a réduit son reportage à cinq colonnes sur une page intérieure sous le titre sinistre "l'enquête Butler ne doit pas être abandonnée". Les audiences de décembre ont été rapportées par le *Times* en première page (28 décembre 1934), mais le complot était maintenant qualifié de "complot des rouges pour kidnapper le président, accusations de témoins à l'enquête parlementaire".

En examinant l'histoire de l'affaire Butler dans le *Times* 40 ans après l'événement et en comparant son récit au témoignage officiel imprimé, lui-même fortement censuré, il est évident que le journal, de sa propre initiative ou sous la pression extérieure, a décidé que l'histoire ne devait pas être rendue publique. Conformément à cette interprétation, nous constatons que le *New York Times*, le "journal officiel", omet le témoignage de Butler dans les entrées de son index annuel, dont dépendent les chercheurs et les universitaires. L'index du *Times* pour 1934 comporte une entrée "BUTLER (Maj Gen), Smedley D", mais n'énumère que quelques-uns de ses discours et un portrait biographique. Le témoignage de Butler n'est pas répertorié. Il y a une entrée "Voir aussi : Fascism-U.S.", mais sous cette référence croisée, il n'y a que : "Le Général de division S.D. Butler accuse un complot visant à renverser le gouvernement actuel ; les intérêts de Wall Street et G.P. MacGuire sont impliqués dans l'audience de la Commission du Congrès. Le seul nom significatif de Wall Street mentionné dans l'index est celui de R.S. Clark, qui est signalé comme "perplexe" par les accusations. Aucun des principaux associés de Morgan et Du Pont cités par le général Butler n'est répertorié dans l'index. En d'autres termes, il semble qu'il y ait eu une tentative délibérée de ce journal de tromper les historiens.

Les reportages du magazine *Time* sont tombés dans la fiction à travers ses tentatives de réduire les preuves du général Butler au statut d'absurdité. Si jamais un étudiant veut construire un exemple de reportage biaisé, il y a un exemple de premier ordre dans la comparaison des preuves présentées au Comité McCormack-Dickstein par le général Butler avec le reportage ultérieur publié par le *Time*. Le numéro du 3 décembre 1934 du *Time* présentait l'histoire sous le titre "le complot sans comploteurs", mais l'histoire ne ressemble en rien au témoignage, pas même au témoignage censuré. L'histoire montre le général Butler menant un demi-million d'hommes le long d'une autoroute américaine en criant : "Messieurs, Washington n'est qu'à 30 miles ! Voulez-vous me suivre ?" Butler est ensuite dépeint comme ayant pris de force le contrôle du gouvernement américain par le président Roosevelt. Le reste de l'histoire du *Time* est rempli de références au passé de Butler et d'un assortiment de dénégations de l'accusé. Nulle part on ne tente de rapporter les déclarations du général Butler, bien que les dénégations de J.P. Morgan, Hugh Johnson, Robert Sterling Clark et Grayson Murphy soient correctement citées. Deux photographies sont incluses : J.P. Morgan, le grand-père génial et le général Butler dans une pose qui symbolise universellement la folie - un doigt pointé à l'oreille. Le reportage était un journalisme trash, malhonnête et honteux au possible. Quelles que soient nos pensées sur la propagande nazie ou la déformation de la presse soviétique, ni Goebbels ni *Goslit n'ont* jamais atteint l'expertise hypnotique des journalistes et des rédacteurs du *Time*. Le problème redoutable est que les opinions et les mœurs de millions d'Américains et d'anglophones dans le monde ont été façonnées par cette école de journalisme déformée.

Pour relativiser notre critique, il faut noter que le *Time* était apparemment impartial dans sa poursuite d'un journalisme corrompu. Même Hugh S. Johnson, administrateur de la NRA et l'un des présumés comploteurs dans l'affaire Butler, a été la cible des méfaits du *Time*. Comme Johnson le rapporte dans son livre :

> J'étais dans la tribune lors de ce défilé et je connaissais des centaines de personnes qui saluaient en passant. En bas, il y avait des batteries d'appareils photo, et je savais que si je levais la main plus haut que les épaules, il semblerait que ce soit un "salut fasciste" et que cela soit rendu public. Je n'ai donc jamais levé la main plus haut. J'ai juste tendu le bras et j'ai agité ma main. Mais cela ne m'a pas aidé - *Time* a rapporté que j'avais constamment salué à la manière de Mussolini et qu'il existait même une photo pour le prouver, mais ce n'était pas mon bras sur cette photo. Il portait la manchette à ruban adhésif d'un manteau coupé et une manchette ronde rigide avec un bouton de manchette à l'ancienne et je n'ai jamais porté ni l'un ni l'autre de toute ma vie. Je pense que c'était le bras du maire O'Brien qui se tenait à côté de moi qui avait été superposé sur mon corps.[157]

UNE ÉVALUATION DE L'AFFAIRE BUTLER

Le point le plus important à évaluer est la crédibilité du général Smedley Darlington Butler. Le général Butler a-t-il menti ? Disait-il la vérité ? Exagérait-il pour des raisons de crédibilité ?

Le général Butler était un homme hors du commun au parcours exceptionnel au sein des forces armées : décoré deux fois de la médaille d'honneur, un meneur d'hommes incontesté, avec une bravoure personnelle incontestable, une profonde loyauté envers ses semblables et un sens aigu de la justice. Toutes ces qualités sont admirables. Certes, le général Butler n'était guère le genre d'homme à mentir ou même à exagérer pour une raison mesquine. Son goût pour la dramatisation laisse la porte ouverte à l'exagération, mais le mensonge délibéré est très peu probable de sa part.

Les preuves soutiennent-elles sa version ou l'invalident-elles ? Le journaliste Paul French du *Philadelphia Record* soutient totalement

---

[157] Hugh S. Johnson, *The Blue Eagle from Egg to Earth*, op. cit. p.267.

Butler. Le témoignage du capitaine Glazier, commandant du camp du CCC, soutient Butler. Dans ces deux cas, il n'y a pas de divergence dans les preuves. Les déclarations de MacGuire faites sous serment devant le Congrès ne soutiennent pas Butler. Nous avons donc un conflit de preuves présentées sous serment. De plus, MacGuire a été jugé fautif sur plusieurs points par la commission ; il a utilisé l'évitement de "ne pas se souvenir" à plusieurs reprises et, dans des domaines majeurs tels que le financement par Clark, MacGuire soutient Butler contre son gré. Il y a un noyau dur de plausibilité dans l'histoire de Butler. Il y a une possibilité d'exagération, peut-être pas atypique pour un homme à la personnalité flamboyante tel que lui, mais cela n'est ni prouvé ni réfuté.

Il ne fait aucun doute que le Congrès des États-Unis a rendu un grave service à la cause de la liberté en supprimant l'histoire de Butler. Espérons que certains membres du Congrès ou certaines commissions du Congrès, même à cette date tardive, reprendront le fil et rendront public l'intégralité du témoignage non censuré. Nous pouvons également espérer que la prochaine fois, dans une affaire d'une importance comparable, le *New York Times* sera à la hauteur de sa prétention d'être le journal de référence, un nom qu'il a si admirablement justifié quatre décennies plus tard dans l'enquête sur le Watergate.

CHAPITRE XI

LES SOCIALISTES D'ENTREPRISE AU 120 BROADWAY, NEW YORK CITY

> *Il [FDR] avait déjà commencé à réapparaître au bureau de la Fidelity and Deposit Company au 120 Broadway. Il ne s'est pas encore rendu à son cabinet d'avocats au 52 Wall Street, en raison de la hauteur des marches de la façade - il ne pouvait pas supporter l'idée d'être porté en public. Au 120 Broadway, il pouvait se débrouiller tout seul pour monter d'un petit pas sur le trottoir.*
>
> Frank Freidel, Franklin D. Roosevelt : *The Ordeal*
> (Boston ; Little, Brown, 1954), p. 119.

Dans *Wall Street et la révolution bolchévique*, on retrouve bon nombre des personnages principaux (dont FDR) et des entreprises, voire quelques-uns des événements, décrits dans ce livre, situés à une seule adresse, l'Equitable Office Building au 120 Broadway, New York City.

Le bureau de Franklin D. Roosevelt au début des années 1920, lorsqu'il était vice-président de la Fidelity and Deposit Company, se trouvait au 120 Broadway. Le biographe Frank Freidel relate ci-dessus sa rentrée dans le bâtiment après son attaque paralysante de poliomyélite. À cette époque, le bureau de Bernard Baruch se trouvait également au 120 Broadway et Hugh Johnson, qui devait plus tard être l'administrateur de la NRA, était l'assistant de recherche de Bernard Baruch à la même adresse.

Les bureaux exécutifs de General Electric et les bureaux de Gerard Swope, auteur du plan Swope qui est devenu l'ARN de Roosevelt, étaient également présents. Le Bankers Club se trouvait au dernier étage de ce même Equitable Office Building et fut le lieu d'une réunion en 1926 des comploteurs de l'affaire Butler. Il est évident qu'il y avait une concentration de talents à cette adresse particulière qui méritait une plus grande description.

LA RÉVOLUTION BOLCHÉVIQUE ET LE 120 BROADWAY

Dans *Wall Street et dans la révolution bolchévique*, nous avons constaté que les financiers liés à la révolution étaient concentrés à une seule adresse à New York, le même Equitable Office Building. En 1917, le siège du district n°2 du Système de la Réserve Fédérale, le plus important des districts de la Réserve Fédérale, était situé au 120 Broadway ; sur les neuf directeurs de la Banque de la Réserve Fédérale de New York, quatre étaient physiquement installés au 120 Broadway, et deux de ces directeurs siégeaient simultanément au conseil d'administration de l'American International Corporation. L'American International Corporation avait été fondée en 1915 par les intérêts de Morgan avec la participation enthousiaste des groupes Rockefeller et Stillman. Les bureaux généraux de l'A.I.C. étaient situés au 120 Broadway. Ses directeurs étaient fortement imbriqués avec d'autres grands intérêts financiers et industriels de Wall Street, et il est certain que l'American International Corporation a joué un rôle important dans le succès et la consolidation de la révolution bolchévique de 1917. Le secrétaire exécutif de l'A.I.C., William Franklin Sands, à qui le Département d'État avait demandé son avis sur la révolution bolchévique quelques semaines après son déclenchement en novembre 1917 (bien avant qu'une fraction de la Russie ne passe sous contrôle soviétique), a exprimé son soutien ferme à la révolution. La lettre de Sands est citée dans *Wall Street et la révolution bolchévique*. Un mémorandum adressé à David Lloyd George, Premier ministre d'Angleterre, par Dwight Morrow, associé de Morgan, exhorte également à soutenir les révolutionnaires bolchéviques et ses armées. Un directeur de la FRB de New York, William Boyce Thompson, a fait don d'un million de dollars à la cause bolchévique et est intervenu auprès de Lloyd George au nom des Soviétiques en passe de prendre le pouvoir.

En bref, nous avons trouvé un schéma identifiable d'activité pro-bolchévique de membres influents de Wall Street, concentrée à la Banque de Réserve Fédérale de New York et à l'American International Corporation, toutes deux situées au 120 Broadway. En 1933, la banque avait déménagé à Liberty Street.

LA BANQUE DE RÉSERVE FÉDÉRALE DE NEW YORK ET LE 120 BROADWAY

Les noms des directeurs de la FRB ont changé entre 1917 et les années 1930, mais il a été établi que, bien que la FRB ait déménagé, quatre directeurs de la FRB avaient encore des bureaux à cette adresse pendant la période du New Deal, comme le montre le tableau suivant :

Directeurs de la Banque de Réserve Fédérale de New York pendant la période du New Deal

Nom	Mandats d'administrateur pour les entreprises situées au 120 Broadway
Charles E. Mitchell	Directeur de la FRB de New York, 1929-1931, et administrateur de la Corporation Trust Co. (120 Broadway)
Albert H. Wiggin	A succédé à Charles E. Mitchell en tant que directeur de la FRB de New York, 1932-34, et directeur de l'American International Corp, et de Stone and Webster, Inc. (tous deux au 120 Broadway)
Clarence M. Woolley	Directeur de la FRB de New York, 1922-1936, et directeur de la General Electric Co. (120 Broadway), et directeur de la General Electric Co.
Owen D. Young	Directeur de la FRB de New York, 1927-1935, et président de la General Electric Co. (120 Broadway)

Personnes et entreprises situées à :

120 BROADWAY	42 BROADWAY
Franklin Delano Roosevelt	Herbert Clark Hoover
Bernard Baruch	
Gérard Swope	
Owen D. Young	

Autres

American International Corp.	Grayson M-P Murphy (52 Broadway)
La société The Corporation Trust Co. Empire Trust Co. Inc.	International Acceptance Bank, (52 Cedar St.)

WALL STREET ET FRANKLIN D. ROOSEVELT

Fidelity Trust Co.	International Acceptance Trust
American Smelting & Refining Co.	(52 Cedar St.)
Armour & Co. (Bureau de New York).	International Manhattan Co. Inc.
Usine de locomotives Baldwin	(52 Cedar St.)
Federal Mining & Smelting Co.	Jackson Martindell (14 Wall St.)
General Electric Co.	John D. Rockefeller, Jr. (26 Broadway)
Kennecott Copper Corp.	Percy A. Rockefeller (25 Broadway)
Metal & Thermit Corp.	Robert S. Clark (11 Wall St.)
National Dairy Products Corp.	
Yukon Gold Co.	
Stone & Webster & Blodget, Inc.	

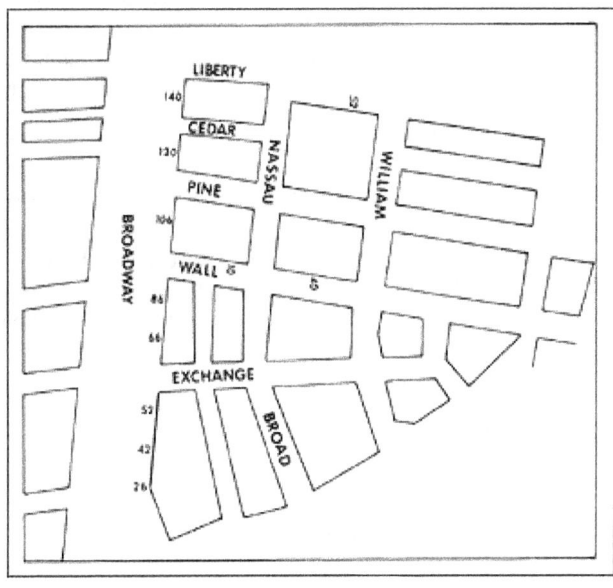

Carte de la région de Wall Street indiquant l'emplacement des bureaux pour les personnes et les entreprises mentionnées dans ce livre.

L'AMERICAN INTERNATIONAL CORPORATION ET 120 BROADWAY

L'American International Corporation (AIC) a été créée en 1915 par une coalition d'intérêts de Morgan, Stillman et Rockefeller ; ses bureaux généraux se trouvaient au 120 Broadway de 1915 à 1920. Le grand enthousiasme de Wall Street pour la formation de l'AIC a entraîné une concentration des éléments financiers les plus puissants au sein de son conseil d'administration - en fait une organisation monopolistique pour le développement et l'exploitation de ressources étrangère.[158] Sur les neuf directeurs du conseil d'administration en 1930, cinq faisaient partie du conseil de l'AIC en 1917, au moment de la révolution bolchévique : Matthew C. Brush, président du comité exécutif de l'American International Corporation et administrateur de l'Empire Trust Company ; Pierre S. Du Pont, membre de la famille Du Pont et administrateur de la Bankers Trust Company ; Percy A. Rockefeller, de la famille Rockefeller et administrateur de la National City Bank ; Albert H. Wiggin, administrateur de la Federal Reserve Bank of New York et de la Rockefeller Chase National Bank ; et Beekman Winthrop, de la Warburg International Banking Corporation et de la National City Bank. Plusieurs financiers de premier plan ont rejoint le conseil d'administration de l'AIC dans les années 1920, notamment Frank Altschul et Halstead G. Freeman de la Chase National Bank, Arthur Lehman de Lehman Brothers et de la Manufacturers Trust Company, et John J. Raskob, vice-président de Du Pont et directeur de General Motors et de la Bankers Trust Company.

Mathew C. Brush, président, directeur et président du comité exécutif d'American International Corporation et président d'Allied Machinery, une filiale, a également été directeur et membre du comité exécutif d'International Acceptance Bank (voir chapitre 6), directeur et membre du comité exécutif de Barnsdall Corporation,[159] directeur d'Empire Trust Company (120 Broadway) et d'Equitable Office Corporation (qui possédait et exploitait le bâtiment du 120 Broadway), directeur de

---

[158] Voir Sutton, *Wall Street et la révolution bolchévique*, op. cit.

[159] La Barnsdall Corporation est la société qui, en 1921, est entrée en Union soviétique pour rouvrir aux Soviétiques les champs de pétrole caucasiens et a ainsi permis à l'Union soviétique de générer les devises nécessaires au développement d'une Russie soviétique ; voir Sutton, *Western Technology and Soviet Economic Development*, 1917 to 1930 (Stanford : Hoover Institution, 1968), Vol. 1.

Georgian Manganese Company,[160] et directeur et membre du comité exécutif de Remington Arms Co, identifiés par le général Butler dans le dernier chapitre. Matthew C. Brush était en effet à l'avant-garde de Wall Street.

Les contributions politiques de Brush, contrairement à celles des autres directeurs de l'AIC, se sont apparemment limitées à 5000 dollars pour la campagne d'Herbert Hoover en 1928. Brush a été directeur de l'International Acceptance Bank, qui a profité de l'inflation des années 1920, ainsi que directeur de Remington Arms (un nom supprimé dans l'affaire Butler) alors qu'il était président d'American International, mais il semble avoir été en marge des événements explorés dans ce livre. D'autre part, quatre directeurs d'American International ont été identifiés comme étant d'importants soutiens financiers de Franklin D. Roosevelt : Frank Altschul, Pierre S. Du Pont, Arthur Lehman et John J. Raskob entre 1928 et 1932. La famille Lehman et John J. Raskob ont été, comme nous l'avons vu, au cœur même du soutien de Roosevelt. Il est significatif que l'AIC, le principal vecteur de la participation américaine à la révolution bolchévique, soit également mis au jour, même sous une forme fortuite, dans une étude de l'époque de Roosevelt.

L'AFFAIRE BUTLER ET LE 120 BROADWAY

Le témoignage de la commission des activités anti-américaines de la Chambre des représentants sur la tentative de convertir l'administration Roosevelt en une dictature avec le major général Butler dans un rôle clé de secrétaire aux affaires générales a eu plusieurs liens avec le 120 Broadway. Le comité aurait dû assigner au moins une demi-douzaine de personnes à enquêter sur les déclarations faites sous serment par le général Butler, le capitaine Glazier et Paul French ; quatre d'entre elles se trouvaient au 120 Broadway ou avaient un lien important avec celui-ci.

Selon le conspirateur accusé Gerald MacGuire, la première réunion des participants présumés s'est tenue en 1926 au Bankers Club, 120 Broadway. L'extrait suivant, extrait des audiences de la commission, enregistre la déclaration de MacGuire ; l'auteur de la question était le président McCormack :

QUESTION. Depuis combien de temps connaissez-vous Clark ?

---

[160] Ibid.

RÉPONSE. Je crois avoir dit que j'ai fait des affaires avec lui et que je le connais depuis 1925 ou 1926.

QUESTION. Vous a-t-il déjà donné ce genre d'argent avant de l'utiliser, comme vous le dites, de la manière dont il voulait que vous le représentiez dans ces transactions ?

RÉPONSE. Dans quelles transactions ?

QUESTION. Dans ces transactions monétaires, depuis ce temps-là ?

RÉPONSE. Dans quelles transactions monétaires ?

QUESTION. Ce que je veux dire, c'est que depuis 1926, à l'époque où vous l'avez rencontré et après ; c'était vraiment la première fois que vous receviez cet argent sans aucun reçu, ni papier, ni rien du tout ?

RÉPONSE. Oui.

QUESTION. Et ce dîner était au Bankers Club, au 120 Broadway, n'est-ce pas ?

RÉPONSE. Oui.

QUESTION. À qui ce dîner a-t-il été donné ; a-t-il été donné à quelqu'un en particulier ?

RÉPONSE. C'était un déjeuner régulier.

QUESTION. Qui était présent à votre table ?

RÉPONSE. Monsieur Christmas.

QUESTION. Et vous ?

RÉPONSE. Oui.

QUESTION. Et M. Clark ?

RÉPONSE. Oui.[161]

Ainsi, bien que la première réunion qui a réuni Robert S. Clark, son avocat Christmas et le vendeur d'obligations Gerald MacGuire se soit tenue au 120 Broadway, et que Christmas et Clark aient été liés de nombreuses façons à MacGuire, ni Christmas ni Clark n'ont été convoqués par le comité. De plus, le capitaine Samuel Glazier du camp CCC d'Elkridge, dans le Maryland, rapporta au comité que Jackson Martindell s'était renseigné sur la formation de 500 000 soldats civils à des fins politiques. Martindell n'a pas été convoqué par la commission

---

[161] Chambre des représentants, Enquête sur les activités de propagande nazie et enquête sur certaines autres activités de propagande, Audiences n° 73-D.C.-6, op. cit. p. 80. "M. Clark" était Robert Sterling Clark et "M. Christmas" était l'avocat de Clark.

pour contester ou confirmer le témoignage l'impliquant dans l'affaire Butler.

La compagnie Du Pont, citée dans la partie supprimée du témoignage, était située au 120 Broadway. Hugh S. Johnson, cité par le général Butler comme un participant probable, se trouvait au 120 Broadway lorsqu'il travaillait comme assistant de recherche pour Baruch ; le bureau de Baruch se trouvait à la même adresse.[162] Clark, MacGuire, et Grayson M-P. Murphy avait des bureaux juste en bas de la rue du n° 120 ; Clark au 11 Wall Street et MacGuire et Murphy au 52 Broadway.

Il est également significatif que les noms supprimés par le comité fussent situés au 120 Broadway : le bureau exécutif de la Du Pont Company et Remington Arms, filiale de Du Pont. Les autres participants nommés, MacGuire, Clark, Christmas, Martindell, Grayson M-P. Murphy (au siège de Rockefeller, 25 Broadway) étaient tous situés à quelques pâtés de maisons du 120 Broadway et dans le cercle d'or décrit précédemment.

FRANKLIN D. ROOSEVELT ET 120 BROADWAY

Nous avons constaté que le bureau préféré de FDR - il en avait deux au début des années 20 - était celui du 120 Broadway. La Georgia Warm Springs Foundation, Inc. de FDR a été créée en tant que société du Delaware en juillet 1926 avec des bureaux au 120 Broadway et est restée à cette adresse au moins jusqu'en 1936. Le rapport annuel de 1934 de la Georgia Warm Springs Foundation indique que son président était Franklin D. Roosevelt, The White House, Washington D.C., et que le siège de la fondation était situé au 120 Broadway. Le vice-président et le secrétaire adjoint étaient Raymond H. Taylor, et le secrétaire-trésorier Basil O'Connor, tous deux présents au 120 Broadway.

Basil O'Connor était un proche associé et partenaire commercial de Franklin D. Roosevelt. Né en 1892, Basil O'Connor a obtenu son diplôme de droit à Harvard en 1915 et a ensuite rejoint le cabinet new-yorkais Cravath and Henderson pendant un an, avant de partir travailler chez Streeter & Holmes à Boston pendant trois ans. En 1919, Basil O'Connor ouvre un cabinet d'avocats à New York sous son propre nom. En 1925, le cabinet de Roosevelt et O'Connor est créé, jusqu'à l'inauguration de FDR en 1933. Après 1934, O'Connor est associé principal du cabinet

---

[162] Sénat des États-Unis, *Digest of Data From the Files of a Special Committee to Investigate Lobbying Activities*, 74e Congrès, deuxième session, première partie : liste des contributions, (Washington, 1936), p. 3.

O'Connor & Farber et en 1944, il succède à Norman H. Davis en tant que président de la Croix-Rouge américaine.

O'Connor a été administrateur de plusieurs sociétés : dans les années 1920, de la New England Fuel Oil Corp., dans les années 1940 de l'American Reserve Insurance Co. et de la West Indies Sugar Corp. De 1928 à sa mort, il a été responsable de l'administration de la Georgia Warm Springs Foundation.

Le Roosevelt New Deal était une mine d'or pour certains des associés de FDR, dont Basil O'Connor. Globe & Rutgers était une compagnie d'assurance recapitalisée avec des fonds publics, et la réorganisation s'est avérée une riche source d'honoraires pour les avocats chargés de la liquidation et de la réorganisation. Parmi ces avocats, l'ancien cabinet du président Roosevelt, O'Connor & Farber, a exigé les honoraires les plus élevés jusqu'à ce que Jesse Jones de la Reconstruction Finance Corporation les réduise. Voici une lettre que Jesse Jones a écrite à Earle Bailie de J. & W. Seligman & Company à propos de ces honoraires :

> 6 octobre 1933. Cher M. Bailie :
>
> Notre conseil d'administration n'est pas disposé à investir ou à prêter des actions dans une compagnie d'assurance, si nous avons effectivement le droit de le faire, qui envisage de payer des honoraires d'avocats, de procéder à une réorganisation ou autre, comme cela est proposé dans le cas du Globe & Rutgers, qui, d'après les informations dont nous disposons
>
> | | |
> |---|---|
> | Basil O'Connor | $200,000 |
> | Root, Clark, Buckner & Ballantine | $165,000 |
> | Sullivan & Cromwell | $95,000 |
> | Prentice & Townsend | $50,000 |
> | Cravath, de Gersdorff, Swaine & Wood37. | $500 |
> | Martin Conboy | $35,000 |
> | Joseph V. McKee | $25,000 |
> | Frères Coudert | $12,000 |
>
> soit un total de 619 500 dollars. Même la réduction suggérée à un total de 426 000 dollars serait bien plus que ce qui semblerait à cette société être des frais appropriés à payer par une compagnie d'assurance qui est recapitalisée avec des fonds publics.
>
> Bien à vous, JESSE J. JONES

En vertu d'une ordonnance du tribunal, l'entreprise de M. O'Connor a reçu 100 000 dollars en 1934 et 35 000 dollars de plus l'année suivante.[163]

CONCLUSIONS CONCERNANT LE 120 BROADWAY

Il est pratiquement impossible de tirer une conclusion inébranlable sur l'importance du 120 Broadway ; les explications peuvent aller de la conspiration à la coïncidence.

Que pouvons-nous prouver avec des preuves directes plutôt que circonstancielles ?

Tout d'abord, nous savons que l'aide américaine à la révolution bolchévique a pris naissance dans le cercle d'or de Wall Street en 1917 et qu'elle était fortement concentrée à cette adresse particulière. Deuxièmement, lorsque FDR est entré dans le monde des affaires en 1921, l'un de ses deux bureaux se trouvait à cette adresse, tout comme son partenariat juridique avec Basil O'Connor et la Georgia Warm Springs Foundation. Troisièmement, Bernard Baruch et son assistant Hugh Johnson, qui a plus tard participé à la planification et à l'administration de la loi sur la relance de l'industrie nationale, se trouvaient dans le même bâtiment. La NRA était la suite logique des associations commerciales des années 1920, et FDR a joué un rôle de premier plan, avec Herbert Hoover, dans la mise en œuvre des accords d'association commerciale dans les années 1920. Quatrièmement, il y a eu une association entre General Electric et la révolution bolchévique, du moins dans la construction de l'Union soviétique naissante. Les bureaux exécutifs de G.E. se trouvaient à cette adresse, tout comme ceux de Gerard Swope, le président de G.E. qui a rédigé le plan Swope.

Enfin, l'étrange affaire Butler a eu quelques liens avec le 120 Broadway. Par exemple, c'était l'adresse de Du Pont à New York, bien que Remington Arms se soit rendu au siège de Rockefeller, au 25 Broadway. La plupart des comploteurs avaient d'autres adresses, mais toujours dans le cercle d'or.

Rien n'est prouvé par une localisation géographique commune. Si le 120 Broadway était un bâtiment massif, il n'était en aucun cas le plus grand de New York. Mais comment expliquer la concentration à une

---

[163] Jesse H. Jones, *Fifty Billion Dollars* pp. 209-210.

même adresse de tant de liens vers tant d'événements historiques importants ? On pourrait dire que les oiseaux d'une même plume se rassemblent. D'un autre côté, il est plus que plausible que ces Wall Streeters suivaient la maxime de Frederick Howe et trouvaient plus pratique, ou peut-être plus efficace pour leurs objectifs, d'être à une seule adresse. Le point à retenir est qu'il n'existe aucune autre concentration géographique de ce type et, si nous ignorons les personnes et les entreprises du 120 Broadway, il n'y a aucune raison d'établir un lien entre ces événements historiques et Wall Street. C'est d'ailleurs une excellente raison pour garder son point de vue en acceptant le fait que nous parlons d'une petite fraction de la communauté bancaire, une fraction qui a en fait trahi le centre financier d'une économie libre.

CHAPITRE XII

FDR ET LES SOCIALISTES D'ENTREPRISE

> *Lors de la première réunion du cabinet après l'entrée en fonction du président en 1933, le financier et conseiller de Roosevelt, Bernard Baruch et son ami le général Hugh Johnson, qui allait devenir le chef de l'administration du rétablissement national, sont venus avec un exemplaire d'un livre de Gentile, le théoricien fasciste italien, pour chaque membre du cabinet, et nous l'avons tous lu avec beaucoup de soin.*
>
> Mme Frances Perkins, Secrétaire au Travail de FDR.

Il convient de rappeler à ce stade l'épigraphe du chapitre 1, selon laquelle Franklin D. Roosevelt pensait en privé que le gouvernement américain était détenu par une élite financière. Cette observation n'a bien sûr rien de particulièrement original : elle était courante au XIXe siècle. À l'époque moderne, des écrivains aussi différents que Robert Welch et William Domhoff ont affirmé que l'Amérique était contrôlée par une élite financière basée à New York.

Les Soviétiques, qui n'ont pas toujours tort, ont utilisé ce thème dans leur propagande pendant des décennies, et c'était un thème marxiste avant l'arrivée de Lénine au pouvoir.[164]

---

[164] Il est peut-être superflu de citer cette littérature, mais par souci d'exhaustivité et pour le bénéfice du lecteur innocent, quelques titres peuvent être inclus : William Domhoff, *Who runs America?* (Englewood Cliffs, N.J. : Prentice-Hall, 1967) ; Ferdinand Lundberg, *The Rich and the Super Rich* (New York : Lyle Stuart, 1968), et Gary Allen, *None Dare Call It Conspiracy* (Seal Beach, Californie : Concord Press, 1972) Il est certain que si le poids du papier imprimé a une quelconque influence, le pouvoir de toute élite financière aurait dû s'effondrer depuis longtemps. L'establishment semble avoir une endurance considérable, mais son influence est loin d'être aussi importante que beaucoup le croient. La communauté universitaire est le pilier le plus important qui maintient la crédibilité et donc le pouvoir de l'élite. Ce groupe a, en grande partie, échangé

C'est sous Roosevelt que des notions keynésiennes pittoresques - les versions modernes du jeu d'escroquerie de John Law avec le papier-monnaie - ont été introduites à Washington, et c'est ainsi que les graines de notre chaos économique actuel ont été jetées au début des années 1930 sous Roosevelt. L'inflation actuelle à deux chiffres, un système de sécurité sociale en faillite, une bureaucratie étatique en panne, la hausse du chômage - tout cela et bien d'autres choses encore peuvent être attribués à Franklin Delano Roosevelt et à son tourbillon législatif.

Mais alors que nous payons aujourd'hui le prix de ces politiques malsaines et irresponsables, la désinformation est si répandue que même l'identité des initiateurs du New Deal de Roosevelt et leurs raisons ont été oubliées. Alors que nos économistes couvrent leurs tableaux noirs d'équations statiques dénuées de sens, une opération de pillage dynamique de l'économie est en cours de la part des véritables formulateurs du New Deal libéral.

Alors que les ingénieurs sociaux au cœur tendre ont crié au capitalisme comme étant la cause de la misère du monde, ils ont été béatement inconscients que leurs propres formules sociales émanaient en partie - et ont certainement été discrètement subventionnées - par ces mêmes soi-disant élites capitalistes. La vision étroite de notre monde universitaire est difficile à battre et n'a d'égal que son avidité à toucher des subventions.

Ce que nous constatons, c'est que l'intervention du gouvernement dans l'économie est à l'origine de nos problèmes actuels ; qu'une coterie de Wall Street dispose d'une force substantielle, bien que subtile, au sein de cette structure gouvernementale pour obtenir une législation qui lui soit bénéfique ; et qu'un exemple parfait de cette législation égoïste visant à établir un monopole légal sous le contrôle des grandes entreprises a été le New Deal de FDR et, en particulier, l'Administration Nationale de Redressement.

Le nom de Franklin Delano Roosevelt devrait suggérer, mais c'est rarement le cas, un lien avec Wall Street. Delano et Roosevelt sont tous deux des noms importants dans l'histoire des institutions financières américaines.

Qui était Franklin Delano Roosevelt ?

---

la vérité et l'intégrité contre une partie du pouvoir politique et de l'action financière. Apparemment, les universitaires peuvent être achetés - et pour pas trop cher !

La carrière pré-politique de Roosevelt ne peut être décrite que comme celle d'un financier. Sa famille et sa carrière avant 1928, ainsi que son élection au poste de gouverneur de New York, étaient toutes deux dans le monde des affaires, plus précisément dans le monde financier. Entre 1921 et 1928, Roosevelt a été directeur de 11 sociétés dont le siège se trouvait dans le cercle d'or de Wall Street et président d'une importante association commerciale. Le Conseil Américain de la Construction.

En outre, Roosevelt n'était pas seulement président de United European Investors, Ltd, créée pour tirer un avantage pécuniaire de la misère de l'hyperinflation allemande, mais il était l'un des organisateurs de l'American Investigation Corporation, un puissant syndicat financier. Les Roosevelt ont formé la société financière Roosevelt & Son à la fin du XVIIIe siècle, et les Delano ont opéré dans l'arène financière à partir du milieu du XIXe siècle au moins.

Les Roosevelt et les Delano n'ont peut-être pas amassé la grande richesse des Morgan et des Rockefeller, mais ils étaient des noms connus et respectés dans les cénacles de la finance internationale. Même dans les années 1920, nous trouvons l'oncle Frederic Delano au conseil de la Réserve Fédérale, et George Emlen Roosevelt comme directeur du Guaranty Trust, la bête noire des gauchistes.

On sait également que le Parti progressiste de Theodore Roosevelt, premier pas vers l'État-providence moderne, a été financé par les intérêts de J.P. Morgan ; il ne faut donc pas s'étonner que Wall Street ait soutenu Roosevelt en 1928, 1930 et 1932.

En bref, nous avons montré que Roosevelt était un Wall Streeter, descendant de familles importantes de Wall Street et soutenu financièrement par Wall Street. Les politiques mises en œuvre par le régime Roosevelt étaient précisément celles requises par le monde de la finance internationale. Il ne devrait pas être nouveau pour nous que les banquiers internationaux influencent la politique. Ce qui semble avoir été négligé dans l'histoire de l'ère Roosevelt, c'est que non seulement FDR reflétait ses objectifs, mais qu'il était plus enclin à le faire que le soi-disant réactionnaire Herbert Hoover. En fait, Hoover a perdu en 1932 parce que, selon ses propres termes, il n'était pas disposé à accepter le plan Swope, alias NRA, qu'il a qualifié, non sans raison, de "mesure fasciste".

On ne peut pas dire que le Wall Streeter Roosevelt a toujours été un promoteur très éthique dans ses décisions financières. Les acheteurs de ses obligations ont perdu de l'argent, et des sommes considérables, comme le suggère le bref tableau suivant, basé sur les données présentées :

Comment les investisseurs ont profité des mesures de FDR aux commandes

Société associée à FDR	Prix d'émission des actions	Historique des prix ultérieurs
United European Investors, Ltd	10 000 marks (environ 13 dollars)	Entreprise liquidée, les actionnaires se voient offrir 7,50$
International Germanic Trust Company, Inc.	$170	Il est passé à 257$ en 1928, puis a été liquidé en 1930 à 19$ l'action

La perte des fonds des actionnaires peut cependant être lié à un accident ou une mauvaise gestion. De nombreux financiers honnêtes ont échoué. Cependant, l'association avec des personnes de mauvaise réputation connues comme Roberts et Gould dans United European Investors, Ltd. n'était pas accidentelle.

L'association de FDR avec le Conseil Américain de la Construction rappelle l'*obita dicta d'*Adam Smith selon laquelle la loi "... ne peut empêcher les gens du même métier de se réunir parfois, mais elle ne doit rien faire pour faciliter ces réunions, et encore moins les rendre nécessaires".[165] Et pourquoi pas ? Parce que le Conseil Américain de la Construction agissait dans l'intérêt de l'industrie de la construction, et non dans celui du consommateur de services de construction.

L'activité de cautionnement à New York a été faite sur commande pour FDR. En tant que vice-président de la Fidelity & Deposit Company du Maryland, FDR savait précisément comment opérer dans le monde des affaires politisées, où le prix et la qualité des produits sur le marché sont remplacés par des questions telles que "Qui connaissez-vous ?" et "Quelles sont vos politiques ?"

Le coup des Investisseurs Européens Unis était une tentative de tirer profit de la misère de l'hyperinflation allemande de 1921-23. La société opérait sous une charte canadienne, sans doute parce que les conditions d'enregistrement au Canada étaient plus souples à l'époque. L'observation la plus flagrante concerne les associés de FDR à l'U.E.I., dont John von Berenberg Gossler, co-directeur de l'HAPAG du chancelier allemand Cuno, qui était responsable de l'inflation ! Et puis il y a William Schall, l'associé new-yorkais de FDR, qui, quelques années auparavant, avait participé à l'espionnage allemand aux États-Unis - au 120 Broadway. L'élément Roberts-Gould dans United European

---

[165] Adam Smith, *An Inquiry Into the Nature and Causes of the Wealth of Nations* (Londres : George Routledge s.d.), p. 102.

WALL STREET ET FRANKLIN D. ROOSEVELT

Investors faisait l'objet d'une enquête criminelle ; FDR savait qu'il faisait l'objet d'une enquête, mais il a continué ses associations d'affaires.

Nous avons ensuite découvert que le fond du New Deal était constellé de financiers de premier plan. Le volet "relance économique" du New Deal était une création de Wall Street - plus précisément de Bernard Baruch et Gerard Swope de General Electric - sous la forme du plan Swope. Dans le chapitre 5, nous avons donc développé l'idée de la politisation des affaires et formulé la thèse du socialisme d'entreprise : la manière politique de gérer une économie est plus attrayante pour les grandes entreprises parce qu'elle évite les rigueurs et l'efficacité imposée d'un système de marché libre. En outre, grâce au contrôle des entreprises ou à l'influence exercée par les organismes de régulation et le pouvoir de police de l'État, le système politique est un moyen efficace d'obtenir un monopole, et un monopole légal conduit toujours à la richesse. Par conséquent, Wall Street s'intéresse intensément à l'arène politique et soutient les candidats politiques capables de maximiser le nombre de décisions politiques, quelle que soit leur appellation, et de minimiser la mesure dans laquelle les décisions économiques de la société sont prises sur le marché.

Wall Street a un intérêt direct dans la politique, car, par le biais de la politique, elle peut faire en sorte que la société travaille pour Wall Street. Elle peut ainsi éviter les pénalités et les risques du marché.

Nous avons examiné une première version de cette idée : La société planifiée de Clinton Roosevelt, publiée en 1841. Nous avons ensuite brièvement discuté de la dictature économique de Bernard Baruch en 1917 et de son intention déclarée de suivre le cours d'une économie planifiée en temps de paix. Nous avons retracé l'histoire de Baruch et de son assistant économique Hugh Johnson jusqu'au cœur même de l'administration de la reprise nationale. Une certaine attention a ensuite été accordée au système de la Réserve Fédérale en tant qu'exemple le plus important de monopole légal privé et au rôle des Warburg par l'intermédiaire de l'International Acceptance Bank et à la manière dont la banque a pu amener la société à travailler pour Wall Street. Dans un dernier regard sur les années précédant le New Deal de FDR, nous avons examiné le fonctionnement de l'American Construction Council, une association commerciale dont le concept est né avec Herbert Hoover, mais dont FDR est le président. Le conseil avait pour objectifs déclarés de limiter la production et de réglementer l'industrie, un euphémisme pour dire que l'industrie contrôlait la maximisation de ses propres profits.

Ensuite, nous avons examiné les contributions financières des élections de 1928, 1930 et 1932 au motif que ces contributions sont une mesure très précise des tendances politiques. En 1928, un pourcentage extraordinaire des contributions les plus importantes, celles de plus de 25 000 dollars, provenait du cercle d'or de Wall Street. Des sommes aussi importantes sont révélatrices, car leurs contributeurs sont plus que probablement identifiables après les élections lorsqu'ils demandent des faveurs en échange de leurs subventions antérieures. Nous avons constaté que pas moins de 78,83% des contributions de plus de 1000 dollars à la campagne d'Al Smith pour la présidence provenaient d'un cercle d'un mile centré sur le 120 Broadway. De même, 51,4% des contributions de Hoover, un chiffre moins élevé, mais néanmoins significatif, provenaient de cette même zone. Nous avons ensuite démontré qu'après son élection, Herbert Hoover a reçu un ultimatum de Wall Street : soit il acceptait le plan Swope (la NRA), soit l'argent et l'influence de Wall Street allaient à FDR qui était prêt à mettre en place ce plan. Pour son honneur éternel, Herbert Hoover a refusé d'introduire un tel plan au motif qu'il était équivalent à l'État fasciste de Mussolini. FDR n'était pas si regardant.

Lors de la campagne de 1930 de FDR pour le poste de gouverneur de New York, nous avons identifié une influence majeure de Wall Street. Il y a eu un flux extraordinaire de fonds via la County Trust Company, et John J. Raskob de Du Pont et General Motors est devenu le président du Comité de campagne du partir démocrate et le pouvoir en coulisse déterminant l'élection de FDR. Soixante-dix-huit pour cent des contributions "early-bird" pré-convention pour la candidature présidentielle de FDR en 1932 provenaient de Wall Street.

Le plan Swope était un plan visant à contraindre l'industrie américaine à adhérer à des associations commerciales obligatoires et à l'exempter des lois antitrust. Il a utilisé l'appât d'une carotte sociale massive pour apaiser les craintes des travailleurs et d'autres groupes. L'administrateur de la National Recovery Administration, qui s'est développée à partir du Swope Plan, était l'assistant de Baruch. Le général Hugh Johnson. Les trois mousquetaires, le cercle des assistants de Johnson, comprenaient Gerard Swope de General Electric, Walter Teagle, de la Standard Oil du New Jersey, et Louis Kirstein de Filene's de Boston. L'adhésion aux codes de la NRA était obligatoire pour toutes les entreprises de plus de 50 employés. Le plan Swope NRA a été accueilli favorablement par des socialistes tels que Norman Thomas, dont la principale objection était qu'eux, les socialistes orthodoxes, ne devaient pas gérer le plan.

Heureusement, la NRA a échoué. Les grandes entreprises ont tenté d'opprimer la classe moyenne. Les codes étaient truffés d'abus et d'incohérences. La Cour suprême y a mis un terme dans l'arrêt Schechter Poultry de 1935, bien que son échec ait été évident bien avant la décision de la Cour suprême. En raison de l'échec de la NRA, la soi-disant affaire Butler de 1934 devient d'un intérêt particulier. Selon le témoignage du général Smedley Butler au Congrès, appuyé par des témoins indépendants, il y avait un plan pour installer un dictateur à la Maison-Blanche. Le président Roosevelt devait être mis à la porte et un nouveau secrétaire général, le général Butler, s'est vu offrir l'après-guerre pour prendre en charge l'économie au nom de Wall Street. Aussi farfelue que cette accusation puisse paraître, nous pouvons isoler trois grandes déclarations de fait :

1. Les déclarations du général Butler ont été confirmées de manière indépendante et, dans une certaine mesure, l'un des comploteurs n'a pas voulu les confirmer.

2. Wall Street avait un motif pour lancer un pari aussi désespéré : la proposition NRA-Swope était en train de s'effondrer.

3. L'identité présumée des hommes en coulisses est la même que celle des hommes identifiés dans la révolution bolchévique et dans la promotion politique de FDR.

Malheureusement, et à sa honte durable. Le Congrès a supprimé l'essentiel du témoignage de Butler. De plus, le *New York Times* a d'abord rapporté l'histoire de manière équitable, mais a ensuite enterré et déformé sa couverture, jusqu'à une indexation incomplète. Il reste une possibilité certaine que l'échec du plan Baruch-Swope-Johnson de la NRA soit suivi d'une prise de contrôle plus secrète et coercitive de l'industrie américaine. Cet événement mérite toute l'attention que des universitaires impartiaux peuvent lui porter. De toute évidence, l'histoire complète n'a pas encore été révélée.

Une fois de plus, comme dans le volume précédent, nous avons trouvé une concentration remarquable de personnes, d'entreprises et d'événements à une seule adresse : 120 Broadway, New York City. C'était l'adresse du bureau de FDR en tant que président de Fidelity & Deposit Company. C'était l'adresse de Bernard Baruch et celle de Gerard Swope. Les trois principaux promoteurs de la National Recovery Administration - FDR, Baruch et Swope - se trouvaient à la même adresse dans les années 1920. Le plus troublant est que la première réunion pour l'affaire Butler s'est tenue en 1926 au Bankers Club, également situé au 120 Broadway.

Aucune explication n'est encore donnée pour cette remarquable concentration de talents et d'idées à une seule adresse. Il est évident qu'il s'agit d'une constatation dont il faudra tôt ou tard tenir compte. Nous avons également trouvé une concentration de directeurs de l'American

International Corporation, le véhicule de l'implication de Wall Street dans la révolution bolchévique, et de gros contributeurs à la campagne Roosevelt.

Peut-on envisager cette histoire dans une perspective plus large ? Les idées derrière le Roosevelt New Deal n'étaient pas vraiment celles de Wall Street ; elles remontent en fait à l'époque romaine. De 49 à 44 avant J.-C., Jules César a eu ses projets de travaux publics dans le cadre du New Deal ; en 91 après J.-C., Domitien a fait appel à son équivalent de l'American Construction Council pour arrêter la surproduction. La chute finale de Rome a reflété tous les éléments que nous reconnaissons aujourd'hui : des dépenses publiques extravagantes, une inflation rapide et une fiscalité écrasante, le tout associé à une réglementation étatique totalitaire.[166]

Sous Woodrow Wilson Wall Street a obtenu un monopole de banque centrale, le Système de la Réserve Fédérale. L'importance de l'International Acceptance Bank, contrôlée par l'établissement financier de Wall Street, était que les banques de la Réserve Fédérale utilisaient le pouvoir de police de l'État pour se créer une machine à fabriquer de l'argent perpétuelle : la capacité de créer de l'argent d'un coup de crayon ou en appuyant sur une touche d'ordinateur. Les Warburg, personnages clés de l'International Acceptance Bank - une machine à fabriquer de l'argent à l'étranger - étaient des conseillers de l'administration Roosevelt et de ses politiques monétaires. L'or a été qualifié de "relique barbare", ouvrant la voie à une monnaie de papier sans valeur aux États-Unis. En 1975, au moment où nous écrivons, la monnaie fiduciaire du dollar inconvertible est manifestement en voie de dépréciation ultime.

Wall Street a-t-il reconnu le résultat du retrait de l'or comme soutien à la monnaie ? Bien sûr que oui ! Voici le témoignage de Paul Warburg devant une commission du Congrès :

> "L'abandon de l'étalon-or signifie une fluctuation brutale des taux de change et, par conséquent, la destruction de la libre circulation des capitaux et des affaires étrangères. Les pays faibles répudieront - ou, pour utiliser une expression plus polie, "financeront leurs dettes" - mais il n'y aura pas de démonétisation générale de l'or. À la fin de la guerre, l'or ne vaudra pas moins, mais plus."[167]

---

[166] H. J. Haskell, *The New Deal in Old Rome: How Government in the Ancient World Tried to Deal with Modern Problems* (New York : Knopf, 1947), pp. 239-40.

[167] Sénat des États-Unis, Hearings, Munitions Industry, partie 25, op. cit. p. 8105.

WALL STREET ET FRANKLIN D. ROOSEVELT

La conclusion inévitable que nous imposent ces preuves est qu'il existe effectivement une élite financière, comme l'a souligné Franklin D. Roosevelt, et que l'objectif de cette élite est l'acquisition monopolistique de la richesse. Nous avons qualifié cette élite de partisane du socialisme d'entreprise. Elle prospère grâce au processus politique, et elle s'éteindrait si elle était exposée à l'activité d'un marché libre. Le grand paradoxe est que l'influent mouvement socialiste mondial, qui se considère comme un ennemi de cette élite, est en fait le générateur de cette politisation de l'activité économique qui maintient le monopole au pouvoir et que son grand héros, Franklin D. Roosevelt, en a été un instrument à l'efficacité redoutable.

ANNEXE A

LE PLAN SWOPE

1. Toutes les sociétés industrielles et commerciales (y compris les filiales) employant 50 personnes ou plus et exerçant une activité interétatique peuvent former une association professionnelle qui sera placée sous la supervision d'un organisme fédéral visé plus loin.

2. Ces associations professionnelles peuvent décrire les pratiques commerciales, l'éthique des affaires, les méthodes de comptabilité standard et de calcul des coûts, les formulaires standard de bilan et de compte de résultat, etc. et peuvent collecter et distribuer des informations sur le volume des transactions commerciales, les stocks de marchandises en stock, la simplification et la normalisation des produits, la stabilisation des prix et toutes les questions qui peuvent se poser de temps à autre concernant la croissance et le développement de l'industrie et du commerce afin de promouvoir la stabilisation de l'emploi et de donner le meilleur service au public. Une grande partie de ce type d'échange d'informations et de données est déjà assurée par les associations professionnelles existantes. Un travail beaucoup plus précieux de ce type est possible.

3. L'intérêt public est protégé par la surveillance des entreprises et des associations commerciales par la Commission fédérale du commerce ou par un bureau du ministère du commerce ou par un organe de surveillance fédéral spécialement constitué.

4. Toutes les entreprises relevant de ce plan sont tenues d'adopter des systèmes de comptabilité et de coûts standard et des formes normalisées de bilan et de compte de résultat. Ces systèmes et formulaires peuvent différer selon les secteurs, mais ils suivront un plan uniforme pour chaque secteur, tel qu'adopté par l'association professionnelle et approuvé par l'organe de contrôle fédéral.

5. Toute société dont les participants ou actionnaires sont au nombre de 25 ou plus et qui réside dans plus d'un État, doit envoyer à ses participants ou actionnaires et à l'organe de surveillance, au moins une fois par trimestre, un état de ses activités et de ses bénéfices dans la forme prescrite. Au moins une fois par an, ils envoient aux participants ou actionnaires et à l'organe de surveillance un bilan et un compte de résultat complets dans la forme prescrite. De cette manière, les propriétaires seront tenus informés des conditions de l'entreprise de manière suffisamment détaillée pour qu'il ne puisse y avoir aucune critique d'irrégularité ou de rareté des états ou des méthodes de présentation.

6. L'organe fédéral de surveillance coopère avec le ministère des impôts et les associations professionnelles pour élaborer, pour chaque secteur, des formes normalisées de bilan et de compte de résultat, en fonction de la nature de l'entreprise, afin de rapprocher les méthodes de déclaration des actifs et des revenus avec la base des valeurs et des revenus calculés aux fins de l'impôt fédéral.

7. Toutes les sociétés du type décrit dans le présent document peuvent adopter immédiatement les dispositions de ce plan, mais sont tenues de le faire dans un délai de 3 ans, à moins que ce délai ne soit prolongé par l'organe fédéral de surveillance. Les sociétés similaires constituées après l'entrée en vigueur du plan peuvent entrer en activité immédiatement, mais sont tenues de le faire avant l'expiration d'un délai de trois ans à compter de la date de leur constitution, à moins que ce délai ne soit prorogé par l'organe fédéral de surveillance.

8. Pour la protection des salariés, les plans suivants sont adoptés par toutes ces entreprises :

A. Une loi sur l'indemnisation des travailleurs, qui fait partie de la législation nécessaire dans le cadre de ce plan, doit, après une étude approfondie, être modelée sur les meilleures caractéristiques des lois qui ont été promulguées par les différents États.

B. L'ASSURANCE VIE ET L'ASSURANCE INVALIDITÉ. Tous les employés des sociétés incluses dans ce plan peuvent, après deux ans de service dans ces sociétés, et doivent, avant l'expiration de cinq ans de service, être couverts par une assurance vie et invalidité.

1) La forme de la politique est déterminée par l'association dont la société est membre et approuvée par l'organe fédéral de surveillance. La police appartiendra à l'employé et pourra être conservée par lui et rester pleinement en vigueur lorsqu'il changera d'emploi ou cessera un service particulier comme indiqué plus loin.

2) La valeur nominale d'une police est d'un montant approximativement égal à une année de salaire, mais ne dépassant pas 5000 dollars, à l'exception du fait que l'employé peut, s'il le souhaite, augmenter à ses frais le montant

de l'assurance souscrite, sous réserve de l'approbation du conseil d'administration, défini ultérieurement.

3) Le coût de cette assurance vie et invalidité est payé pour moitié par l'employé et pour moitié par l'entreprise pour laquelle il travaille, à l'exception de ce qui suit : le coût de l'entreprise est déterminé sur la base des primes à l'âge réel des employés de moins de 35 ans et sur la base de 35 ans pour tous les employés de 35 ans ou plus et est d'une valeur nominale d'environ une demi-année de salaire, mais limité à une prime maximale de 2500$ d'assurance. L'employé qui souscrit une assurance à l'âge de 35 ans ou plus paiera la prime excédentaire par rapport au montant basé sur l'âge de 35 ans. Cette mesure supprimera la nécessité de restreindre l'embauche d'employés ou leur transfert d'une entreprise à une autre en raison de leur âge avancé, car elle n'imposera pas à l'entreprise une charge excessive de primes élevées.

4) L'assurance vie et invalidité peut être souscrite par une compagnie d'assurance vie choisie par l'association professionnelle et approuvée par l'organe de contrôle fédéral ou peut être souscrite par une compagnie organisée par l'association professionnelle et approuvée par l'organe de contrôle fédéral, ou une seule compagnie peut être constituée pour servir toutes les associations.

5) L'administration du régime d'assurance de chaque entreprise est placée sous la direction d'un conseil d'administration composé de représentants, dont la moitié est élue par les membres salariés. Les pouvoirs et les devoirs du conseil pour chaque entreprise seront de formuler des règles générales relatives à l'éligibilité des employés, etc., mais ces règles devront être en accord avec le plan général établi par le conseil d'administration général de l'association professionnelle dont l'entreprise est membre, et approuvé par l'organe fédéral de contrôle.

6) Les dispositions relatives à la poursuite d'une police après qu'un employé quitte une entreprise et va dans une autre dans la même association, ou va dans une entreprise dans une autre association professionnelle ; la poursuite de la police après la retraite à la retraite ; les dispositions relatives aux bénéficiaires ; l'invalidité totale ou partielle ; le mode de paiement des primes par retenues sur le salaire ou autrement, hebdomadaire, mensuel ou annuel, doit être incorporé dans le plan formulé par l'association professionnelle, avec l'approbation de l'organe fédéral de surveillance.

7) Si un salarié quitte une entreprise pour rejoindre une entreprise non membre de l'association professionnelle, s'il s'engage dans une activité commerciale pour lui-même ou s'il se retire d'une activité industrielle ou commerciale, il peut choisir de conserver la partie de la police qu'il a payée, en tout ou en partie, en continuant à payer les coûts des primes intégrales proportionnelles, ou il peut recevoir une police libérée, ou se voir verser la valeur de rachat de la partie pour laquelle il a payé les primes. La valeur de rachat de la partie de la police payée par la compagnie sera versée à la compagnie qui a payé les primes.

C. PENSIONS. Tous les employés des entreprises incluses dans ce plan sont couverts par des plans de pension de vieillesse qui seront adoptés par les associations professionnelles et approuvés par l'organe fédéral de contrôle. Les principales dispositions seront les suivantes :

1) Tout salarié peut, après deux ans de service dans une entreprise entrant dans le champ d'application de ce régime, et doit, avant l'expiration de cinq ans de service, être couvert par le régime de pension de vieillesse.

2) Tout salarié peut, après deux ans de service, et est tenu, après cinq ans de service, de mettre de côté pour le fonds de pension un minimum d'un pour cent de ses revenus, mais pas plus de 50 dollars par an. L'employé peut, s'il le souhaite, mettre de côté un montant plus important, sous réserve de l'approbation du conseil d'administration.

3) La société est tenue de mettre de côté un montant égal au minimum indiqué ci-dessus, à savoir un pour cent des revenus des employés, mais pas plus de 50 dollars par an et par employé.

4) Le pourcentage minimum ci-dessus est le même pour tous les employés qui ont moins de 35 ans lorsque les paiements commencent et le pourcentage minimum pour ces employés reste le même par la suite. Le pourcentage à mettre de côté par les employés qui entrent dans le régime de retraite à 35 ans ou plus est déterminé de telle sorte qu'il leur assure une allocation de retraite à 70 ans, comme s'ils avaient commencé à verser un pour cent à l'âge de 35 ans. Ces dispositions permettent aux salariés de passer d'une entreprise à l'autre dans la même association ou dans des associations différentes à tout âge avec une provision pour les allocations de retraite qui ne sera pas inférieure au taux minimum d'un salarié entré dans le régime de retraite à 35 ans.

5) Les montants mis de côté par l'employé et l'entreprise avec des intérêts composés semestriellement à 5% jusqu'à la retraite à 70 ans, pour un employé moyen typique, donneraient une rente d'environ la moitié du salaire.

6) L'administration du régime de retraite de chaque entreprise est placée sous la direction d'un conseil d'administration, composé de représentants, dont la moitié est nommée par la direction et l'autre moitié élue par les membres salariés. Les pouvoirs et les devoirs du conseil pour chaque entreprise seront de formuler des règles générales relatives à l'éligibilité des employés, aux conditions de retraite, etc., mais ces règles devront être en accord avec le plan général établi par le conseil d'administration général de l'association professionnelle dont l'entreprise est membre, et approuvé par l'organe fédéral de surveillance.

7) Les sommes collectées auprès des salariés et des entreprises sont placées dans le fonds de pension organisé par l'association, dont la gestion est placée sous la direction du conseil d'administration général visé ci-après. En aucun cas, ces fonds ne doivent être laissés sous le contrôle d'une entreprise individuelle.

8) Le fonds de pension doit investir tous les fonds et les placer au crédit des employés individuels, y compris les revenus gagnés par le fonds. Si un salarié passe d'une société à une autre dans la même association, les fonds accumulés à son crédit sont maintenus à son crédit avec un enregistrement de transfert en bonne et due forme. Si un salarié va dans une société d'une autre association, les fonds accumulés à son crédit sont transférés à son crédit dans le fonds de pension de l'association à laquelle il va. Si un salarié va dans une société qui ne relève pas des présentes dispositions ou qui n'est pas membre d'une association professionnelle, s'il se met à son compte ou s'il se retire d'une activité industrielle ou commerciale, le montant de ses versements, majoré des intérêts au taux moyen des fonds, lui est remis. Si un salarié décède avant d'avoir atteint l'âge de la retraite, son bénéficiaire recevra le montant de ses versements, majoré des intérêts au taux moyen acquis par les fonds. Lorsqu'un employé atteint l'âge de la retraite, la totalité du montant accumulé à son crédit, y compris ses propres paiements et ceux de l'entreprise, plus les intérêts accumulés, lui sera donnée sous forme de rente. Si un salarié va dans une entreprise qui ne relève pas de ces dispositions ou qui n'est pas membre d'une association professionnelle, s'il se met à son compte ou s'il se retire d'une activité industrielle ou commerciale, il peut choisir de laisser le montant à son crédit (à savoir ses propres paiements plus ceux de l'entreprise et les intérêts accumulés) à la fiducie de retraite pour le transférer, s'il retourne à l'emploi d'une entreprise relevant des dispositions de ce régime. S'il ne revient pas au service d'une entreprise relevant de ces dispositions, il peut à tout moment par la suite retirer le montant de ses propres versements plus les intérêts au taux moyen gagné par les fonds jusqu'à ce moment. Les cotisations de l'entreprise et les intérêts cumulés crédités aux salariés qui décèdent, ou qui, pour les raisons indiquées ci-dessus, reçoivent ou retirent leurs propres cotisations et intérêts, sont restitués à l'employeur ou aux employeurs qui ont versé les cotisations.

9) Les règles régissant le paiement des pensions de retraite et toutes les autres règles régissant leur maintien sont établies par l'association professionnelle, approuvées par l'organe fédéral de surveillance et observées par le conseil d'administration général et les conseils d'administration des sociétés membres.

D. L'ASSURANCE CHÔMAGE. Tous les employés travaillant à la pièce, à l'heure, à la journée, à la semaine ou au mois, avec un salaire normal de 5000$ par an ou moins (environ 96,15$ par semaine) sont couverts par l'assurance chômage.

1) Tous ces employés peuvent, après deux ans de service dans une entreprise relevant des dispositions du présent régime, et sont tenus, après cinq ans de service, de mettre chacun de leur côté un minimum de 1% de leur salaire, mais pas plus de 50$ par an pour une caisse d'assurance chômage.

2) La société est tenue de mettre de côté un montant égal à celui mis de côté par les salariés, comme indiqué ci-dessus, à savoir un pour cent du salaire de chaque salarié, mais pas plus de 50 dollars par an pour chacun de ces salariés.

3) Si une entreprise régularise et garantit l'emploi d'au moins 50% du salaire normal versé chaque année à ces employés, il n'est pas nécessaire de procéder à l'évaluation de l'entreprise pour les employés couverts par cette garantie, mais les employés verseront un minimum d'un pour cent de leurs revenus, mais pas plus de 50$ par an, dans un fonds spécial à leur propre profit.

Si un tel salarié quitte l'entreprise, décède ou prend sa retraite, le montant de son crédit dans le fonds spécial, majoré des intérêts au taux moyen du fonds spécial, lui est versé ou est versé à ses bénéficiaires ou est ajouté à sa pension.

4) Si une entreprise planifie son travail de manière à pouvoir réduire le chômage, lorsque le montant de son crédit dans la caisse de chômage normale est égal, mais non inférieur à 5% des revenus annuels normaux des salariés couverts, l'entreprise peut cesser de verser des cotisations à la caisse. Les versements des salariés continueront.

L'entreprise reprendra ses paiements lorsque son crédit dans la caisse de chômage normale tombera en dessous de 5% des revenus annuels normaux des salariés couverts.

5) Lorsque les versements hebdomadaires effectués par la caisse d'allocations de chômage s'élèvent à 2% ou plus du salaire hebdomadaire moyen des salariés participants, l'entreprise déclare l'urgence du chômage, et les versements normaux des salariés et de l'entreprise cessent. Par la suite, tous les salariés de l'entreprise (y compris les cadres supérieurs) qui perçoivent 50% ou plus de leur salaire moyen à temps plein versent 1% de leur salaire actuel à la caisse de chômage. Un montant similaire est versé au fonds par la société. L'urgence du chômage se poursuit jusqu'à ce que les conditions normales soient rétablies, ce qui est déterminé par le conseil d'administration de chaque société. À ce moment-là, les paiements normaux reprendront.

6) Les principales dispositions relatives à la répartition des fonds suivent ces principes, sauf modification par le conseil d'administration comme indiqué à la section D, paragraphe 7, du présent document. Un certain pourcentage des paiements normaux des salariés et de l'entreprise peut être considéré comme disponible pour aider les salariés participants dans le besoin. Un pourcentage plus important de ces paiements normaux peut être considéré comme disponible pour des prêts aux salariés participants pour des montants n'excédant pas 200 dollars chacun, avec ou sans intérêt, selon ce que détermine le conseil d'administration. Le solde des fonds sera disponible pour les indemnités de chômage. Les indemnités de chômage commencent à être versées après les deux premières semaines de chômage et s'élèvent à environ 50% du salaire hebdomadaire ou mensuel moyen du salarié participant pour un temps plein, mais en aucun cas à plus de 20$ par semaine. Ces versements aux salariés individuels se poursuivent pendant dix semaines au maximum au cours de douze mois consécutifs, sauf prolongation par le Conseil. Lorsqu'un employé participant travaille à temps partiel par manque de travail et reçoit moins de 50% de son salaire hebdomadaire ou mensuel moyen pour un temps plein, il peut prétendre à des versements à partir du fonds, s'élevant à la différence entre le montant qu'il reçoit comme salaire de la société et le maximum auquel il peut avoir droit comme indiqué ci-dessus.

7) La garde et le placement des fonds ainsi que l'administration du régime d'assurance chômage de chaque entreprise sont placés sous la direction d'un conseil d'administration composé de représentants, nommés pour moitié par la direction et élus pour moitié par les membres salariés. Les pouvoirs et les devoirs du conseil d'administration sont de formuler des règles générales concernant l'éligibilité des employés, le délai d'attente avant le paiement des prestations, le montant des prestations et leur durée au cours d'une année, la question de savoir si des prêts doivent être accordés en cas de chômage ou de besoin, si une partie des fonds doit être mise à la disposition du conseil d'administration pour soulager les besoins découlant de causes autres que le chômage, etc.

8) Si un salarié quitte l'entreprise et va travailler pour une autre entreprise relevant des dispositions de ce plan, le montant proportionnel restant de ses cotisations normales, plus les intérêts au taux moyen des fonds, est transféré à cette entreprise et à son crédit. S'il quitte l'entreprise pour d'autres raisons, s'il décède ou s'il prend sa retraite, la quote-part qui lui reste de ses cotisations normales, majorées des intérêts au taux moyen des fonds, lui est versée, ou à son bénéficiaire, ou est ajoutée à sa pension. Lorsque le crédit de ce salarié est transféré à une autre société, ou versé au salarié ou à son bénéficiaire en vertu de la présente disposition, un montant égal est versé à la société coopérante.

L'ADMINISTRATION GÉNÉRALE. Chaque association professionnelle formera un conseil d'administration général qui sera composé de neuf membres, dont trois seront élus ou nommés par l'association, trois seront élus par les employés des entreprises membres et trois, représentant le public, seront nommés par l'organe de contrôle fédéral. Les membres du conseil général, à l'exception des représentants des travailleurs, exercent leurs fonctions sans rémunération. Les représentants des salariés sont rémunérés au taux normal pour le temps consacré aux travaux du conseil, et tous les membres reçoivent une indemnité de déplacement, dont la totalité est à la charge de l'association professionnelle. Les pouvoirs et les devoirs de ce Conseil général sont d'interpréter les régimes d'assurance vie et invalidité, de retraite et de chômage adoptés par l'association professionnelle et approuvés par l'organe de contrôle fédéral, de superviser les conseils d'administration de chaque société, de constituer et de diriger un fonds de pension pour la garde, l'investissement et les débours des fonds de pension, et en général de superviser et de diriger toutes les activités liées aux régimes d'assurance vie et invalidité, de retraite et de chômage.

ANNEXE B

Sponsors des plans présentés pour la planification économique aux États-Unis en avril 1932.[168]

American Engineering Council, New York.

Fédération américaine du travail, Washington.

Associated General Contractors, Washington.

Charles A. Beard, New Milford, Conn.

Ralph Borsodi, auteur et économiste. New York.

Chambre de commerce des États-Unis, Washington.

Stuart Chase, auteur et économiste. Bureau du travail, New York.

Wallace B. Donham, doyen de la Harvard School of Business.

Ordre fraternel des aigles (Ludlow bill).

Jay Franklin, auteur, *The Forum*.

Guy Greer, économiste, *The Outlook*.

Otto Kahn, banquier. New York.

Sénateur Robert M. La Follette, Sénat américain.

Lewis L. Lorwin, économiste, Brookings Institute, Washington.

Paul M. Mazur, banquier d'affaires. New York.

McGraw-Hill Publishing Co., New York.

Conseil de la Nouvelle-Angleterre, Boston.

Conférence progressiste (projet de loi La Follette).

P. Redmond, économiste, Schenectady, N.Y.

Sumner Slichter, économiste et auteur, Madison Wis.

George Soule, éditeur, *The New Republic*.

---

[168] Liste compilée par le ministère américain du commerce.

C. R. Stevenson, de Stevenson, Jordanie, et Harrison, New York.

Gerard Swope, président de General Electric Co.

Wisconsin Regional Plan, State Legislature, Madison, Wis.

National Civic Federation, New York.

BIBLIOGRAPHIE SÉLECTIVE

SOURCES NON PUBLIÉES

Les archives de Franklin D. Roosevelt à Hyde Park, New York

SOURCES PUBLIÉES

Archer, Jules. *The Plot to Seize the White House*, (New York : Hawthorn Books, 1973)

Baruch, Bernard M., Baruch, *The Public Years*, (New York : Holt, Rinehart and Winston, 1960)

Bennett, Edward W., *Germany and the Diplomacy of the Financial Crisis, 1931*, (Cambridge : Harvard University Press, 1962)

Bremer, Howard, *Franklin Delano Roosevelt, 1882-1945*, (New York ; Oceana Publications, Inc., 1971),

Burton, David H., *Theodore Roosevelt*, (New York : Twayne Publishers, Inc., 1972)

Davis, Kenneth S., *FDR, The Beckoning of Destiny 1882-1928, A History*, (New York : G. P. Putnam's Sons, 1971)

Dilling, Elizabeth, *The Roosevelt Red Record and Its Background*, (Illinois : par l'auteur, 1936)

Farley, James A., *Behind the Ballots, The Personal History of a Politician*, (New York ; Harcourt, Brace and Company, 1938)

Filene, Edward A., *Successful Living in this Machine Age*, (New York : Simon and Schuster, 1932)

Filene, Edward A., *The Way Out, A Forecast of Coming Changes in American Business and Industry*, (New York : Doubleday, Page & Company, 1924)

Flynn, John T., *The Roosevelt myth*, (New York : *The* Devin-Adair Company, 1948)

Freedman, Max, *Roosevelt and Frankfurter*, Their Correspondence- 1928-1945, (Boston, Toronto : Little, Brown and Company, 1967)

Freidel, Frank, *Franklin D. Roosevelt, The Ordeal*, (Boston : Little, Brown and Company, 1952)

Hanfstaengl, Ernst, *Unheard Witness*, (New York : J.B. Lippincott Company, 1957)

Haskell, H.J., *The New Deal in Old Rome, How Government in the Ancient World Tried to Deal with Modern Problems* (New York : Alfred A. Knopf, 1947.)

Hoover, Herbert C., *Memoirs. The Great Depression, 1929-1941,* (New York : Macmillan Company, 1952), Vol. 3.

Howe, Frederic C., *The Confessions of a Monopolist,* (Chicago ; The Public Publishing Company, 1906)

Hughes, T.W., *Forty years of Roosevelt,* (1944...T.W. Hughes)

Ickes, Harold L., administrateur, *National Planning Board Federal Emergency Administration of Public Works,* (Washington, D.C. Government Printing Office, 1934). Rapport final 1933-34.

Johnson, Hugh S., *The Blue Eagle from Egg to Earth,* (New York : Doubleday, Doran & Company, Inc., 1935)

Josephson, Emanuel M., *Roosevelt's Communist Manifesto.* Incorporant une réimpression de *Science of Government Founded on Natural Law,* par Clinton Roosevelt, (New York : Chedney Press, 1955)

Kahn, Otto H., *Of Many Things,* (New York : Boni & Liveright, 1926)

Kolko, Gabriel, *The Triumph of Conservatism, A reinterpretation of American History,* (Londres : Collier-Macmillan Limited, 1963)

Kuczynski, Robert P., *Bankers' Profits from German Loans,* (Washington, D.C. : The Brookings Institution, 1932)

Laidler, Harry W., *Concentration of Control in American Industry,* (New York : Thomas Y. Crowell Company, 1931)

Lane, Rose Wilder, *The Making of Herbert Hoover,* (New York : The Century Co., 1920)

Leuchtenburg, William E., *Franklin D. Roosevelt and the New Deal 1932-1940,* (New York, Evanston, et Londres : Harper & Row, 1963)

Moley, Raymond, *The First New Deal* (New York : Harcourt Brace & World, Inc., n.d.)

Nixon, Edgar B., rédacteur, *Franklin D. Roosevelt and Foreign Affairs,* (Cambridge : The Belknap Press of Harvard University Press, 1969), Volume I : janvier 1933-février 1934. Bibliothèque Franklin D. Roosevelt. Hyde Park, New York.

Overacker, Louise, *Money in Elections,* (New York : The Macmillan Company, 1932)

Pecora, Ferdinand, *Wall Street Under Oath, The Story of our Modern Money Changers,* (New York : Augustus M. Kelley Publishers, 1968)

Peel, Roy V., et Donnelly, Thomas C., *The 1928 Campaign An Analysis*, (New York : Richard R. Smith, Inc., 1931)

Roos, Charles Frederick, *NRA Economic Planning*, (Bloomington, Indiana : The Principia Press, Inc., 1937)

Roosevelt, Elliott and Brough, James, *An Untold Story, The Roosevelts of Hyde Park*, (New York : G.P. Putnam's Sons, 1973)

Roosevelt, Franklin D., *The Public Papers and Addresses of Franklin D. Roosevelt*, (New York : Random House, 1938), Volume One.

Roosevelt, Franklin D., *The Public Papers and Addresses of Franklin D. Roosevelt*, (New York : Random House, 1938), Vol. 4.

Schlesinger, Arthur M., Jr, *The Age of Roosevelt, The Crisis of the Old Order 1919- 1933*, (Boston : Houghton Mifflin Company, 1957)

Seldes, George, *One Thousand Americans*, (New York : Boni & Gaer, 1947).

Spivak, John L. *A Man in His Time*, (New York : Horizon Press, 1967)

Stiles, Leia, *The Man Behind Roosevelt, The Story of Louis McHenry Howe*, (New York : The World Publishing Company, 1954)

Congrès des États-Unis, Chambre des représentants. Commission spéciale sur les activités américaines. *Enquête sur les activités de propagande nazie et enquête sur certaines autres activités de propagande*. 29 décembre 1934. (73e Congrès, 2e session. Audiences n° 73-D. C.-6). (Washington, Government Printing Office ; 1935)

Congrès des États-Unis, Sénat. Commission spéciale chargée d'enquêter sur les activités de lobbying. *Liste des contributions*. Rapport en vertu des Résolutions 165 et 184. (74e Congrès, 2e session). Washington, Government Printing Office, 1936)

Congrès des États-Unis. Sénat. Auditions devant une sous-commission de la commission des affaires militaires. *Mobilisation scientifique et technique*. 30 mars 1943. (78e Congrès, 1ère session. S. 702). Première partie. (Washington, Government Printing Office, 1943)

Congrès des États-Unis. Chambre des Représentants. Comité spécial sur les activités américaines (1934) *Investigation of Nazi and other propaganda*, (74e Congrès, 1ère session. Rapport n° 153) (Washington, Government Printing Office)

Congrès des États-Unis. Sénat, auditions devant la commission des finances. *Reprise industrielle nationale*. S. 1712 et H.R. 5755, 22, 26, 29, 31 mai et 1er juin 1933. (73e Congrès, 1ère session) (Washington, Government Printing Office, 1933)

Congrès des États-Unis. Sénat. Comité spécial chargé d'enquêter sur les dépenses de la campagne présidentielle. *Dépenses de la campagne présidentielle*. Rapport en vertu de la résolution 234, 25 février (jour civil, 28 février), 1929. (70e Congrès, 2e session. Rapport du Sénat 2024). (Washington, Government Printing Office, 1929)

Warren, Harris, Gaylord, *Herbert Hoover and the Great Depression,* (New York : Oxford University Press, 1959)

Wolfskill, George, *The Revolt of the Conservatives, A History of The American Liberty League 1934-1940,* (Boston : Houghton Mifflin Company, 1962)

DÉJÀ PARUS

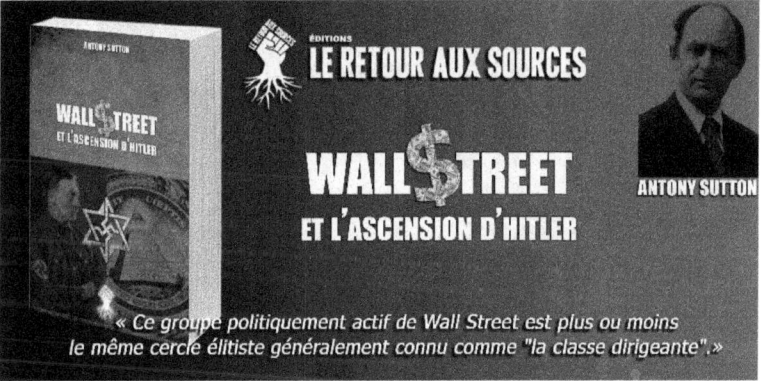

DÉJÀ PARUS

DÉJÀ PARUS

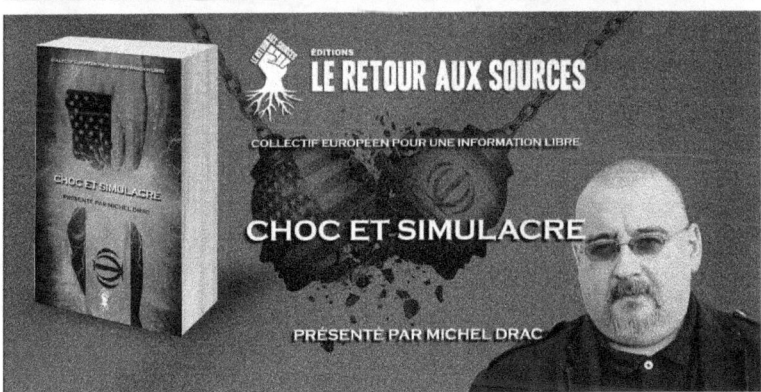

DÉJÀ PARUS

DÉJÀ PARUS

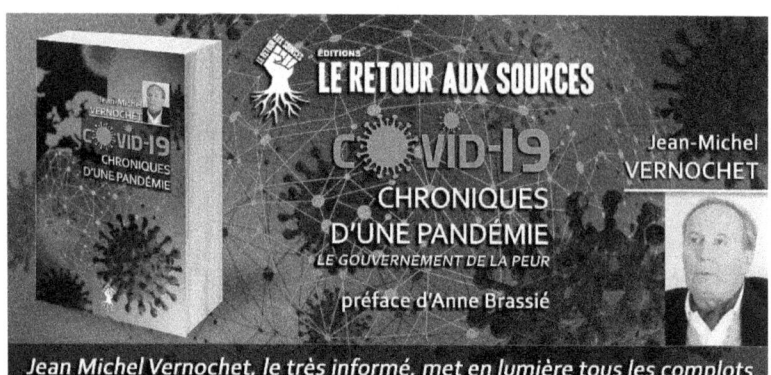

DÉJÀ PARUS

Les guerres actuelles sont des conflits de normalisation destinés à fondre les peuples, les identités et les souverainetés, dans le grand chaudron du mondialisme apatride, déraciné et nomade....

La social-démocratie, matrice toujours féconde, parturiente d'une humanité déchue...

L'incroyable histoire de l'engagé volontaire qui captura à lui seul 1180 prisonniers !

DÉJÀ PARUS

Déjà parus

www.leretourauxsources.com

www.ingramcontent.com/pod-product-compliance
Lightning Source LLC
Chambersburg PA
CBHW050144170426
43197CB00011B/1962